LIÇÕES DE INTEGRAÇÃO MONETÁRIA EUROPEIA

CARLOS LARANJEIRO

LIÇÕES DE INTEGRAÇÃO MONETÁRIA EUROPEIA

Reimpresssão da edição Setembro/2000

ALMEDINA

LIÇOES DE INTEGRAÇÃO MONETÁRIA EUROPEIA

AUTOR
CARLOS LARANJEIRO

EDITOR
EDIÇÕES ALMEDINA. SA
Av. Fernão Magalhães, n.º 584, 5.º Andar
3000-174 Coimbra
Tel.: 239 851 904
Fax: 239 851 901
www.almedina.net
editora@almedina.net

PRÉ-IMPRESSÃO | IMPRESSÃO | ACABAMENTO
G.C. GRÁFICA DE COIMBRA, LDA.
Palheira – Assafarge
3001-453 Coimbra
producao@graficadecoimbra.pt

Setembro, 2009

DEPÓSITO LEGAL
155916/00

Os dados e as opiniões inseridos na presente publicação são da exclusiva responsabilidade do(s) seu(s) autor(es).

Toda a reprodução desta obra, por fotocópia ou outro qualquer processo, sem prévia autorização escrita do Editor, é ilícita e passível de procedimento judicial contra o infractor.

Biblioteca Nacional de Portugal – Catalogação na Publicação

LARANJEIRO, Carlos

Lições de integração monetária europeia. – Reimp. – (Manuais universitários)
ISBN 978-972-40-1407-4

CDU 336
  339
  341
  378

PREFÁCIO

As 'Lições', que agora são dadas à estampa, tiveram origem em apontamentos, sob a forma de simples tópicos, começados a escrever em 1985-86 altura em que passei a ter a meu cargo a disciplina de Política Monetária do Curso de Estudos Europeus da Faculdade de Direito de Coimbra. Anualmente foram sendo acrescentados e actualizados para corresponder às quase permanentes novidades que iam surgindo no processo de integração monetária europeia. Por essa razão tornou-se particularmente aguda a consciência de uma rápida e inevitável desactualização do texto o que me levou a não publicar em livro nenhuma das versões anuais então disponibilizadas para os auditores do Curso.

Estamos, porém, em 2000 e, no fundamental, a integração monetária está concluída. As novidades que, neste domínio, possam surgir serão marginais relativamente ao esquema já implantado. É, por isso, o tempo certo para finalmente fixar um texto sem correr o risco de uma excessivamente rápida obsolescência.

*

Tendo sido escritas para uma audiência composta por licenciados nos mais variados domínios – do direito à engenharia, de farmácia às línguas – tive de partir do evidente princípio que quem as lê não dispõe de conhecimentos prévios no domínio económico e monetário.

O desafio que houve que enfrentar foi o de tornar as questões monetárias europeias acessíveis a qualquer um, independentemente da sua formação de base. Cabia-me desfazer a errada ideia de que as questões monetárias eram demasiado esotéricas para um absoluto leigo nestes domínios. Por isso, estas 'Lições' foram elaboradas tendo sempre em mente aquele condicionalismo e este desafio.

Por assim ser, tornou-se necessário introduzir um primeiro capítulo onde se apresentam algumas noções básicas essenciais para compreender os problemas em causa.

Por outro lado, optou-se por dar um claro pendor histórico na explicação do processo da integração monetária europeia. Só assim, a meu ver, a actual fase em que nos encontramos se torna minimamente compreensível.

Finalmente, sempre que necessário, introduziu-se e enfatizou-se a vertente política de todo o processo. A integração monetária não é um problema essencialmente económico antes um problema político com dimensão económica. Embora não evitando algumas questões de carácter mais técnico, a tónica foi colocada nas ideias e nos princípios fundamentais que foram dando forma ao que é hoje a CE.

Carlos Laranjeiro

Coimbra, Maio de 2000

CAPÍTULO I

NOÇÕES BÁSICAS

Embora desde 1 de Janeiro de 1999 exista um Banco Central Europeu e uma política monetária europeia, durante bastante tempo não existiu, a nível comunitário, uma política monetária que fosse directamente equiparável às políticas nacionais. As acções comunitárias no domínio monetário incidiram fundamentalmente sobre as relações cambiais.

Quer isto dizer que os efeitos sobre as principais variáveis monetárias internas se produziam de um modo indirecto, não existindo instrumentos que permitissem a uma autoridade comunitária, também então inexistente, actuar directamente sobre as taxas de juro ou sobre a quantidade de moeda.

Porém, de um modo indirecto, há já alguns anos que existe uma estreita interdependência entre as políticas monetárias nacionais impedindo, na prática, as autoridades de cada país de actuarem livremente. Esse efeito resulta, essencialmente, da forma como se processou a troca entre moedas comunitárias, i.e., dos regimes cambiais existentes, e das disposições relativas aos movimentos de capitais.

A seu tempo veremos, pormenorizadamente, a sua razão de ser.

Assumindo as questões cambiais um papel tão relevante, como acabou de referir-se, facilmente se compreenderá que, como questão prévia, tenhamos que começar por ver o que são os câmbios, os regimes cambiais e o modo como funcionam esses mercados.

Falar de câmbios, isto é, de trocas de moedas, significa implicitamente que nos estamos a situar no domínio das relações económicas internacionais.

Na verdade, a principal razão para alguém pretender trocar a moeda do seu próprio país – a única que pode usar nas transacções normais com os seus concidadãos – pela de um outro, é a necessidade de efectuar um pagamento no estrangeiro. Pode tratar-se da compra de um bem produzido externamente, ou a necessidade de enviar um rendimento para alguém que usa uma diferente moeda, só para dar dois exemplos.

Ora, sucede, que as transacções económicas efectuadas entre residentes em diferentes espaços monetários são objecto de um registo a que se chama *balança de pagamentos*.

Mesmo um leigo em questões económicas se dá conta da importância de tal registo. Simplificando um pouco as coisas, ele permite saber se um determinado país durante um certo período, comprou mais ao estrangeiro do que para lá vendeu ou vice-versa. Também se torna intuitivo que não é economicamente indiferente uma ou outra situação.

Teremos, então, de dizer algo sobre as balanças de pagamentos. Falar-se-á do modo como se registam os movimentos, como se analisa esse registo e, finalmente, como se articula a balança de pagamentos com os câmbios.

Ainda não acaba aqui o conjunto de questões que previamente haverá que abordar.

Estudar a política monetária europeia significa fazer referência a um conjunto limitado de países que, no entanto, não estão sós na cena internacional.

Os regimes cambiais de que falámos foram, e são, objecto de acordos internacionais e é no seu interior que a política europeia se desenvolveu e desenvolve. Seriam totalmente incompreensíveis as acções comunitárias no domínio monetário se não dispuséssemos de informação sobre o modo como se constituiu e evoluiu o sistema monetário internacional. Será este o último tópico a que se impõe uma referência, antes de entrarmos nas matérias estritamente comunitárias.

Estão, pois, definidos os domínios básicos que é necessário conhecer para iniciar o nosso estudo.

Comecemos por algumas noções fundamentais de política monetária.

1. A POLÍTICA MONETÁRIA

A política monetária é todo o conjunto de acções levadas a cabo pelo banco central com vista a controlar a moeda [1]. Para a compreensão do modo como ela actua, temos que referir alguns conceitos fundamentais, normalmente desconhecidos dos não especialistas.

---

[1] Ver MARQUES 1986, 13.

Antes de o fazer retenha-se, desde já, uma ideia força que nos permitirá uma mais fácil integração daqueles conceitos no quadro geral da política monetária:

O sentido essencial da política monetária é o de controlar ou manipular a quantidade de moeda podendo assim influenciar decisivamente as taxas de juro praticadas pelos bancos e instituições similares, bem como os montantes de crédito que são concedidos ao sistema económico [1].

Como é que tudo isto é feito?

1.1. A moeda

Quando o comum dos cidadãos fala de moeda está a pensar nas notas e moeda metálica que normalmente traz nos seus bolsos. Mas a definição rigorosa de moeda não é tão imediata nem simples.

1.1.1. Um primeiro conceito de moeda (M1)

Um conceito que se aproxima muito da noção comum é o de circulação monetária(CM). Trata-se do conjunto de notas e moedas que se encontram fora do sistema bancário [2], i.e., nas mãos do público. Quer dizer, o dinheiro que existe na carteira ou em casa dos cidadãos, ou nos cofres das empresas, por exemplo. Digamos que esta é a parte directamente visível, fisicamente manipulável pelas pessoas, e que está na sua posse.

Mas há ainda uma parte das notas que foram emitidas pelo banco emissor que se encontram fora do alcance dos particulares, não integrando, por isso, a circulação monetária: é todo aquele dinheiro que existe nos bancos – fruto dos depósitos que lá foram feitos – e pelas notas e moedas que, embora já produzidas e tendo existência física, não foram postas a circular pela autoridade monetária.

---

[1] Sob este ponto de vista, a moeda pode ser considerada como qualquer outra mercadoria. Se ela for mais abundante o seu preço – a taxa de juro – será mais baixo e vice-versa.

Os montantes de crédito concedidos pelo sistema bancário, por seu lado, dependem da taxa de juro. Quando esta é mais baixa aumenta o pedido de empréstimos feito por particulares e empresas; quando a taxa sobe reduzem-se os pedidos junto da banca.

[2] Chamado sistema não monetário.

Resumindo, de todo o dinheiro fisicamente produzido uma parte está nas mãos do público (é a circulação monetária); outra está nos cofres dos bancos (e constitui como que a sua matéria prima); outra ainda não foi posta a circular continuando na posse da entidade emissora.

Sendo a moeda um meio geral e definitivo de pagamento, i.e., um instrumento que permite a quitação definitiva de uma transacção, logo se vê que essa função não é exclusivamente realizada pelo dinheiro [1] que fisicamente está na posse dos particulares (CM).

Se, por exemplo, um de nós quiser pagar um televisor acabado de comprar, tem, no mínimo, uma alternativa à entrega de notas que possua no bolso. Pode passar um cheque sobre um depósito à ordem constituído junto de um banco. Está-se, então, a efectuar um pagamento – a usar moeda – que não passa pela utilização directa de notas. O cheque passado vai ter como efeito a redução do saldo bancário do comprador e o correspondente aumento do saldo do vendedor. O pagamento processa-se por mera alteração da escrita dos bancos envolvidos [2]. Por essa razão se designa esta forma de moeda por *moeda escritural* ou *moeda bancária* [3].

Conclui-se, pelo que foi dito, que a moeda é constituída pela circulação monetária (notas e moedas na posse do público) mais os depósitos à ordem existentes nos bancos. Este primeiro conceito de moeda, assim definido, designa-se M1.

---

[1] O próprio conceito de 'dinheiro' pode não corresponder à noção corrente que hoje temos. Todos sabem que em outros tempos e lugares foi 'dinheiro' o sal, de onde deriva a nossa palavra salário. Tal como é conhecimento comum que em certas circunstâncias, como nos períodos de guerra, ou em ambientes fechados, como as prisões, podem transformar-se em dinheiro o chocolate ou os cigarros.

Dinheiro pode, então, ser tudo aquilo que num determinado espaço seja aceite consensualmente como meio de pagamento. Esta é a sua característica mais importante. Aceitamos ser pagos com 'algo' que sabemos que os outros também aceitarão.

[2] O mesmo se passa se o pagamento for efectuado com um cartão de débito.

[3] Repare-se que tudo isto é feito sem que tenha de transferir-se moeda física. Se, por exemplo, comprador e vendedor forem clientes do mesmo banco, quando o cheque é depositado basta alterar em sentido inverso o saldo de ambos. O dinheiro existente nos cofres do banco fica inalterado. Mesmo que os bancos implicados sejam diferentes também não há obrigatoriamente lugar a circulação de moeda legal. Se um deles tem um crédito sobre outro, surgido pelo depósito de um cheque, é natural que no segundo suceda o mesmo em relação ao primeiro. Daí que créditos e débitos se compensem. Se a compensação não for integral, como em regra acontecerá, basta que seja liquidado o respectivo saldo. Por ser assim, podem efectuar-se pagamentos que envolvem grandes quantias recorrendo apenas a uma pequena fracção de moeda legal.

Cap. I – Noções Básicas

* O Multiplicador de crédito

Para um não iniciado nas questões monetárias poderá parecer que se está a complicar o que é simples. Então por que não se dirá simplesmente que moeda é toda a quantidade de dinheiro (notas e moedas metálicas) posta a circular pelo banco central? À primeira vista parece que somar o dinheiro na posse dos particulares aos depósitos à ordem por eles efectuados nos bancos dará um resultado idêntico à quantidade de moeda emitida pelo banco central. Na verdade assim não é.

Os bancos têm a possibilidade de criar moeda, i.e., meios de pagamento, a partir dos depósitos que neles são feitos. Por isso se disse atrás que eles eram a sua matéria prima.

O processo é, na verdade, muito simples. Todos sabemos que os bancos não são meros cofres onde guardamos o nosso dinheiro. Os bancos são empresas que recebem depósitos e concedem créditos. Tomemos o seguinte exemplo:

Um particular (A) deposita, à sua ordem, 1.000 unidades monetárias (u.m.) em notas. Com isso adquire o direito de efectuar pagamentos, movimentando esse depósito, até 1.000 u.m. Mas o banco não guarda integralmente o dinheiro depositado. Desde há muito – pelo menos desde os cambistas medievais – a experiência ensina que basta manter em caixa uma pequena fracção dos depósitos para fazer face às necessidades correntes. Permanentemente se verifica saída de dinheiro mas também novas entradas. Só se todos acorressem ao mesmo tempo a levantar os seus depósitos é que o banco se veria impossibilitado de honrar os seus compromissos. Foi o que sucedeu nos períodos de pânico bancário de que é exemplo bem conhecido o caso norte-americano na altura da grande depressão.

Nas situações normais, as 1.000 u.m. de (A) serão usadas parcialmente pelo banco para conceder empréstimos, ficando apenas com uma pequena reserva – 10%, por exemplo. Se, usando as 900 u.m. restantes, for concedido um crédito a (B), este passa a ter direito a efectuar pagamentos até esse montante. Repare-se que, neste momento, os meios de pagamento somam já 1.900 u.m. Os 1.000 iniciais mais os 900 de (B). Há moeda num montante de 1.900 u.m. a partir de 1.000 u.m. de moeda legal. Mas o processo não acaba aqui. Aqueles a quem (B) faz pagamentos, irão, por sua vez, depositar os respectivos cheques. E os bancos reiniciam o processo. De novo se constitui uma pequena reserva e o excedente será emprestado.

Aqui está como, a partir de uma determinada quantidade de moeda legal, os bancos são capazes de gerar meios de pagamento num valor muito superior. A relação entre o depósito inicial e os meios de pagamento que, a partir dele, o sistema bancário pode gerar chama-se multiplicador de crédito.

Como se vê a capacidade de criação de moeda bancária depende, em primeira linha, da percentagem de reserva que o banco tem de constituir. Daí que o multiplicador dependa dela. A sua fórmula é a seguinte:

$$\frac{1}{r}$$

em que r é a percentagem de reserva.

No nosso exemplo o banco constituía uma reserva de 10% (100 em 1.000) e emprestava 900. Usando a fórmula do multiplicador teríamos: 1/0,10=10. Isto significa que o sistema bancário, a partir de um depósito de 1.000 u.m., podia criar inicialmente moeda bancária no valor de 900 u.m.. Mas essa criação inicial seria multiplicada por um factor de 10 (900x10=9.000 u.m.). É claro que este valor representa o limite teórico da criação de moeda. Para ele efectivamente se verificar tem de assumir--se que os bancos apenas constituem reservas mínimas (no exemplo, 10%), são capazes de emprestar todo o excedente e que não há fugas do sistema bancário.

1.1.2. A quase moeda (M2)

Aquela primeira definição de moeda não esgota ainda todas as possibilidades. Já vimos que o elemento essencial para qualificarmos a moeda é a possibilidade de efectuar pagamentos. Por isso falámos de notas e depósitos à ordem. Mas há ainda que considerar os depósitos a prazo. Quanto a estes é claro que não podem ser usados imediatamente para efectuar pagamentos. O dinheiro depositado a prazo só pode ser usado pelo depositante quando terminar o prazo acordado. No entanto, é muito fácil levantar esse dinheiro, anulando o depósito a prazo, mesmo sujeitando-se à perda do respectivo juro. O que de qualquer modo se verifica é que os montantes depositados a prazo rapidamente se podem converter num meio de pagamento normal. Daí que em relação a eles se fale de *quase moeda*. Ao adicionar à circulação monetária, os depósitos

Cap. I – Noções Básicas 13

à ordem e os depósitos a prazo, obtém-se um segundo agregado monetário chamado M2.

Repare-se que M2 inclui a quase moeda, i.e., aplicações monetárias de poupança que facilmente se podem converter em meios de pagamento. Tradicionalmente eles eram constituídos na sua maior parte por simples depósitos a prazo. Hoje, porém, há outras formas de aplicação monetária e que podem igualmente transformar-se com facilidade em meios de pagamento. Por isso se elaboraram outros agregados monetários que pretendem expressar aquela mesma ideia.

1.1.3. O Agregado (M3)

O agregado M3 é o que é hoje utilizado pelo Banco Central Europeu na condução da política monetária. M3 inclui, além da circulação monetária, depósitos pelo prazo de um dia (overnight), depósitos até 2 anos, depósitos reembolsáveis com pré-aviso até 3 meses, acordos de recompra, títulos de dívida com prazo até 2 anos, unidades de participação em fundos do mercado monetário e títulos do mercado monetário.

A este conceito mais alargado de moeda (M3) chama-se *massa monetária*. É um agregado fundamental para a compreensão do funcionamento da política monetária visto que é o controlo desta variável que constitui um dos objectivos essenciais da política monetária.

Como foi referido, os bancos podem criar moeda bancária ou escritural a partir da moeda legal. Daí que M3 seja já o resultado da acção do sistema bancário. Interessa, então, determinar qual é a base sobre a qual o sistema bancário age para criar moeda, ou, em termos mais gerais, saber qual o ponto de partida para se chegar a M3.

1.1.4. Base monetária

A massa monetária é o resultado final da acção do sistema bancário. A base monetária é o seu ponto de partida. Então, se o objectivo essencial da política monetária é o controlo de M3, logo se vê que as autoridades têm de poder agir sobre a base monetária.

A *base monetária* é composta pela circulação monetária(CM) e pelas reservas dos bancos(R).

O conceito de circulação monetária é já nosso conhecido. Vamos pois tratar das reservas dos bancos.

Considera-se reserva das Instituições Financeiras Monetárias (IFM) – que simplificadamente serão referidas como 'bancos' – o numerário que têm em caixa e depósitos que eles efectuam junto do banco central. Quanto ao numerário em caixa não se requer qualquer explicação adicional. É apenas a quantidade de moeda legal na posse directa dos bancos.

Os depósitos no banco central são as contas por ele abertas aos chamados bancos comerciais, de um modo semelhante ao que estes fazem para com o público. O banco central (BC) é, por isso, o banco dos bancos [1].

É a partir da moeda na posse do público (CM) mais a moeda existente nos cofres dos bancos mais a moeda depositada por estes no BC que se constitui a base monetária, o ponto de partida para o funcionamento de todo o sistema. Essa a razão porque também se lhe chama *moeda primária* ou moeda central.

1.1.4.1. Criação da Base monetária

Mas como surge a base monetária? O que determina o seu volume exacto?

As notas mandadas imprimir pelo BC só podem sair da sua posse e entrar em circulação como contrapartida de uma qualquer operação. Assim haverá aumento da base monetária quando:

- o BC concede crédito ao sistema bancário. Ao fazê-lo entrega moeda aos bancos que estes irão utilizar nas suas operações;
- o BC concede crédito ao sector público. Ao efectuar esta operação coloca moeda ao dispor do Estado;
- há entrada no país de moeda estrangeira. O banco central converte a moeda estrangeira em moeda nacional. O BC passa a dispor de mais *reservas cambiais* sobre o exterior [2] e em contrapartida entrega moeda legal.

A moeda que saiu do banco central por estas operações vai integrar a circulação monetária (a parte da moeda que fica na posse do público) ou as reservas dos bancos. O seu conjunto constitui a base monetária, como vimos. A partir dela vai obter-se M1, M2 e M3.

---

[1] Como teremos oportunidade de ver mais adiante, os depósitos feitos junto do banco central estão sujeitos a regulamentação e são um dos instrumentos de actuação da política monetária.

[2] Calculada em termos líquidos, i.e., feito o saldo das entradas e saídas de créditos sobre o exterior, obtêm-se as chamadas Reservas Líquidas sobre o Exterior.

1.2. Instrumentos da política monetária

O BC é a autoridade monetária máxima e superintende o sistema bancário através de uma acção de vigilância e produzindo regulamentação que os bancos devem respeitar. Além disso intervém no sistema monetário através de instrumentos específicos que lhe permitem manter o controlo dos agregados que acabámos de analisar. Os instrumentos tradicionais são a taxa de redesconto, as reservas obrigatórias e as operações de 'open market'. Vejamos, em termos gerais, em que consiste cada um deles. Mais adiante serão concretizados com referência ao Banco Central Europeu.

1.2.1. Redesconto

O redesconto é uma operação efectuada pelo BC com os bancos comerciais. Tal como os particulares podem descontar títulos de crédito (letras, por exemplo) junto dos bancos, também estes podem efectuar uma operação semelhante perante o banco central. Daí o nome de *re*desconto. Ora, tal como o particular que pretende obter crédito mediante o desconto de letras paga uma taxa sobre essa operação – a taxa de desconto [1] – igualmente os bancos o terão de fazer perante o BC – é a taxa de redesconto.

A taxa de redesconto está sobre o controlo directo do BC e pode, portanto, manipulá-la conforme as suas conveniências. Se decidir aumentar a taxa de redesconto os bancos comerciais vêm subir o custo do seu financiamento. O que normalmente acontecerá é uma diminuição do crédito concedido aos bancos comerciais, reduzindo-se a base monetária. Por outro lado, em resposta a esta situação, os bancos comerciais irão repercutir sobre os seus clientes o aumento da taxa de redesconto subindo também a sua taxa de desconto.

A partir deste momento também os particulares passam a confrontar-se com uma maior dificuldade na obtenção de crédito, devido ao custo acrescido que terão de suportar. A reacção normal será então

---

[1] A taxa de desconto é uma das taxas de juro existentes no mercado monetário. Não existe apenas uma taxa de juro mas antes um leque de taxas que são aplicadas conforme a duração e o grau de risco, avaliado pelos bancos.

Quando se fala de alterações na taxa de juro está-se a fazer uma simplificação. Mas como as várias taxas mantêm uma relação mais ou menos estável entre si, quando é alterada uma delas pode assumir-se que todas se modificam no mesmo sentido.

um decréscimo nos pedidos de financiamento e nas concessões de crédito, resultando tudo, afinal, numa menor criação de moeda bancária e na redução de M3.

Conclui-se que este instrumento – a taxa de redesconto – funciona como taxa piloto para o complexo de taxas de juro praticadas pelo sistema bancário. A sua manipulação permite ao BC fazer subir ou descer as restantes taxas ao mesmo tempo que se exerce uma acção em sentido inverso sobre a massa monetária.

O redesconto, embora permita controlar a liquidez do sistema bancário, pelo modo que vimos, tem, porém, algumas limitações, de que não curaremos. Ultimamente este instrumento tem perdido operacionalidade. O Banco de Portugal já não o usava como taxa de intervenção nos mercados o mesmo sucedendo actualmente com o Banco Central Europeu.

Existem, no entanto, outras formas de actuar sobre o sistema recorrendo a outros instrumentos.

1.2.2. As reservas mínimas

Já tivemos oportunidade de ver que os bancos não mantêm nos seus cofres a totalidade da moeda legal que neles é depositada. Apenas uma fracção é mantida como reserva.

Os bancos são obrigados a manter reservas mínimas (também chamadas disponibilidades mínimas de caixa) [1] sobre os depósitos neles efectuados – bem como sobre outras responsabilidades – que têm actualmente o valor de 2% [2].

Estas reservas mínimas obrigatórias são constituídas por depósitos à ordem que os bancos mantêm junto do BC. Estes depósitos são

---

[1] Só as instituições de crédito sujeitas a este regime podem participar no mercado monetário interbancário e nas operações com o banco central (chamadas contrapartes elegíveis).

Existe uma lista de todas estas instituições actuando na área do euro. Em Portugal o seu número ascende a cerca de 230. Inclui os principais bancos nacionais, os bancos estrangeiros que actuam em Portugal e as muitas Caixas de Crédito Agrícola aqui existentes. Na zona euro são cerca de 7.900.

[2] Até Novembro de 1994 a taxa de reserva mínima em Portugal era de 17%. Por razões de uniformização a nível comunitário, essa taxa passou então para 2%. A libertação dos montantes disponíveis foi, no entanto, condicionada pela obrigatoriedade dos bancos comerciais adquirirem títulos, com maturidade de alguns anos, junto do Banco de Portugal. Por essa razão só lentamente se efectivou o aumento das disponibilidades.

remunerados a uma taxa de juro que é calculada com base nas operações de mercado aberto [1].

Fazendo variar a percentagem das reservas obrigatórias, o banco central aumenta ou diminui a capacidade dos bancos criarem moeda escritural. Quanto menor forem essas reservas mais fácil se torna a criação monetária e a concessão de crédito e mais baixas serão as taxas de juro [2].

Os tipos de depósito e outras responsabilidades que ficam sujeitas às reservas mínimas estão hoje legalmente definidos pelos Regulamentos (CE) n.º 2531/98 de 23/11/1998 e (CE) n.º 2818/98 de 1/12/1998, que adiante veremos em pormenor.

1.2.3. Operações de mercado aberto (*open-market*)

O instrumento mais importante – e que tem longa tradição, especialmente nos EUA – são as chamadas *operações no mercado aberto* ou, como normalmente referidas em língua inglesa, operações de *open-market*.

Tal como o redesconto e a variação das reservas, estas operações permitem controlar a liquidez e as taxas de juro mas actuam através da formação de um preço no mercado e não por imposição regulamentar. A taxa a que vão efectuar-se as operações não é simplesmente ditada pelo banco central. Este consegue os seus objectivos intervindo no mercado de modo a alterar as relações entre oferta e procura.

O procedimento básico consiste no fornecimento de crédito ao sistema bancário, feito pelo BC, mediante a contrapartida de títulos de crédito. Estas operações estão sujeitas a um regime de leilão de taxas de juro ou de montantes que permitem ao BC influenciar decisivamente as taxas praticadas e os montantes de crédito fornecidos à economia.

Mais adiante, quando se explicar o funcionamento do BCE, serão apresentados os pormenores dessas operações.

1.3. A moeda e os preços de bens e serviços

A relação entre a moeda, os preços e a produção é um problema que tem sido debatido ao longo da história do pensamento económico e

---

[1] Ver infra Cap. VIII.
[2] Recorde-se o multiplicador de crédito referido no ponto 1.1.1.

ao qual se têm dados diferentes respostas [1]. Não podemos entrar a fundo nessa questão pelo que apenas se fará uma referência geral e simplificada ao problema em causa.

Segundo uma das abordagens – historicamente a primeira – ao fazer variar a quantidade de moeda tem-se como consequência uma variação proporcional do nível geral de preços, mantendo-se a produção real inalterada.

Esta ideia veio a ser formalizada usando a seguinte equivalência, que é conhecida como equação das trocas ou equação de Fisher [2]:

$$MV \equiv PT$$

em que M representa a quantidade de moeda, V a sua velocidade de circulação [3], P os preços e T as transacções.

Os termos MV e PT são equivalentes – é uma simples tautologia – já que se trata apenas de olhar a mesma realidade por dois prismas diferentes. Se multiplicarmos as unidades monetárias existentes pela velocidade com que cada uma circula teremos de obter o mesmo que multiplicando os preços de todos os bens pelas transacções efectuadas. É o mesmo que dizer que o que gastam os compradores é igual ao que recebem os vendedores.

Suponha-se que a quantidade de moeda existente é 20 e a velocidade de circulação é 1. Então (20x1=20) foram efectuadas transacções monetárias no montante de 20. Se tais transacções tiveram lugar é porque, por exemplo, se comprou 1 bem com o preço de 20 em 1 transacção ou 2 bens com o preço de 10 em 2 transacções. Se alguém está a despender 20 unidades monetárias (M) – que é a totalidade da moeda existente – é porque aquilo que está a comprar tem o preço de 20(P). Se a mesma unidade monetária servir apenas uma vez(V) então só pode haver lugar a 1 transacção(T).

---

[1] A relação entre a quantidade de moeda e os preços foi particularmente sentida na sequência dos descobrimentos. Nessa época os metais preciosos funcionavam como moeda. Com o afluxo de ouro e prata, vindo em especial das américas, assistiu-se ao que então se chamou a 'revolução dos preços' e que hoje designaríamos por inflação.

Jean Bodin foi o primeiro a reflectir sobre este problema mas foi David Hume em 1752 nos ensaios *Of Money* e *Of Interest* que definiu a base da teoria quantitativa e a concepção da neutralidade da moeda.

[2] Do nome do seu autor – Irving Fisher – que a apresentou numa obra de 1911. Ver FISHER 1911. Ver igualmente NUNES 1999, 27 ss.

[3] Ou seja a quantidade de vezes que uma mesma unidade monetária é utilizada. Se num determinado período, A paga a B com uma unidade monetária e este paga a C com a mesma unidade monetária e este paga a D uma unidade monetária, então a mesma unidade serviu 3 vezes. V seria igual a 3.

A equação das trocas não pode, porém, elucidar-nos sobre as causas de um movimento inicial nem sobre o que acontece aos outros elementos quando varia um deles. Se aumentar M poderá também variar V, de forma a manter-se MV constante. E se aumentar MV pode manter-se P variando T, ou vice-versa.

A Teoria Quantitativa interpreta a equação das trocas considerando que V pode assumir-se constante – porque depende dos hábitos de consumo que tendem a ser estáveis – e T é igualmente estável – porque se assume pleno emprego, i.e., produção máxima. Nestas condições M determina P. Assumindo que o aumento da moeda gera um equivalente aumento da despesa, os preços irão variar na mesma proporção da variação de M.

Suponha-se que a economia está a produzir o máximo possível (T constante) e se mantém constante a velocidade de circulação. Se, nessas condições, duplicarmos a moeda existente (M) então duplicarão os preços. Isto acontece porque para a mesma quantidade de bens disponíveis (oferta) há agora o dobro da procura. O equilíbrio só pode ser atingido variando os preços. Os vendedores rapidamente se apercebiam que podiam continuar a vender todos os seus bens ao dobro do preço.

Esta é a chamada formulação rígida da Teoria Quantitativa.

Suponha-se agora que continua constante a velocidade de circulação mas que também duplica a produção de bens (T) quando a quantidade de moeda passa para o dobro (M). Neste caso os preços serão constantes. Ao dobro da procura corresponde o dobro da produção de bens.

Isto é o que podia suceder se a economia estivesse abaixo do pleno emprego. O aumento da procura, desencadeado por M, provoca um aumento equivalente da produção. Como este caso limite dificilmente se verificará, o mais provável seria assistir-se a algum aumento dos preços e a algum aumento da produção. Na formulação mitigada a Teoria Quantitativa afirma que o nível dos preços varia no mesmo sentido da quantidade de moeda mas não obrigatoriamente na mesma proporção [1].

Como se vê o efeito sobre os preços da variação da quantidade de moeda depende do que considerarmos que vai suceder a V e a T.

---

[1] Para uma análise mais pormenorizada pode consultar-se TEIXEIRA RIBEIRO 1963, 31 ss.
Para melhor compreender as implicações da teoria quantitativa e do papel de David Hume veja-se LUCAS 1996.

Durante uma boa parte do século XX, na sequência da obra de J. M. Keynes 'A Teoria Geral do Emprego do Juro e da Moeda', publicada em 1936, aceitou-se que se devia promover a máxima utilização de recursos e a redução do desemprego recorrendo a uma política monetária expansiva, com baixas taxas de juro [1]. Entendia-se que o estímulo monetário tinha repercussões fundamentalmente sobre a produção e não sobre os preços. Se havia recursos desaproveitados, ao aumento da procura respondiam os produtores com o aumento da produção, absorvendo assim os recursos disponíveis, entre os quais os trabalhadores desempregados.

A partir dos anos 80 tornou-se dominante, porém, uma outra concepção que está muito mais próxima das teses clássicas iniciais. As políticas de estímulo da procura global só têm, quando muito, efeitos passageiros sobre a produção acabando, tarde ou cedo, por gerar inflação. Para os defensores desta tese a política monetária deve ser conduzida de forma a evitar a subida de preços.

Se o objectivo fixado para a política monetária for então o da estabilidade dos preços, cabe ao banco central geri-la tendo em mente a relação entre a quantidade de moeda (M) e os preços (P). Se for admitida uma determinada variação futura de V e de T, então o banco central irá aumentar M numa quantidade tal que permita a manutenção de P. O mesmo é dizer que não é a moeda que está a ser usada como estímulo para o volume da produção mas antes se ajusta à produção prevista de modo a manter os preços estáveis.

Adiante se verá que é justamente este tipo de análise a que preside à política monetária actualmente levada a cabo pelo Banco Central Europeu.

1.4. Conclusão

Como vimos o objectivo nuclear da política monetária é o controlo da quantidade de moeda e, ao mesmo tempo, das taxas de juro.

Os instrumentos de política monetária permitem, como supra se referiu, gerir a capacidade de todo o sistema, criar meios de pagamento e determinar a taxa de juro das operações.

---

[1] Esta era apenas uma das vertentes, aquela a que Keynes atribuía menor capacidade para controlar a economia. Ao lado da política monetária estava a política fiscal e orçamental. Era a sua utilização conjunta que caracterizava as políticas keynesianas.

Este tipo de visão pode historicamente filiar-se nas ideias mercantilistas – dos séculos XVI a XVIII – que no entanto, tinham uma muito escassa estruturação teórica.

Cap. I – Noções Básicas 21

No entanto, tudo isto se processa a partir da *base monetária*, como igualmente tivemos oportunidade de ver. Ora, um dos elementos de criação da base monetária são as reservas líquidas sobre o exterior, i.e., os créditos que um determinado país tem para com o estrangeiro. Tais créditos resultam da posição da balança de pagamentos e das relações cambiais entre os países.

Uma balança de pagamentos excedentária significa, *grosso modo*, que o país em causa vende mais ao estrangeiro do que lhe compra. O reflexo monetário desta situação será um aumento das disponibilidades sobre o exterior e, logo, um aumento da base monetária. Por outro lado, tratando-se de relações com o estrangeiro, no centro das trocas internacionais efectuadas está o mercado cambial, aquele em que se realiza a conversão de uma moeda em outra.

Por fim, como veremos, a taxa de câmbio e a taxa de juro influenciam-se reciprocamente.

Por tudo isto, e dado que a política monetária europeia incidiu durante décadas sobre as questões cambiais, é então claro que teremos de analisar em seguida as balanças de pagamentos e os mercados de câmbios para compreender todo o processo que nos conduziu à situação actual.

2. BALANÇA DE PAGAMENTOS

2.1. Definição

A balança de pagamentos (BP) é o registo de todas as transacções económicas efectuadas durante um certo período entre residentes e não residentes [1] de um determinado país ou espaço monetário.

As operações a crédito de um país (os EUA, por exemplo) podem desagregar-se do seguinte modo:

1. Exportação de produtos (v.g., venda de computadores para o estrangeiro);

---

[1] Deve ter-se em atenção que o elemento essencial para definir estas transacções é a residência e não a nacionalidade. As transacções efectuadas entre um português residente em Portugal e um português residente nos Estados Unidos são, obviamente, registadas nas respectivas balanças de pagamentos. Embora da mesma nacionalidade os agentes envolvidos pertencem a diversos espaços cambiais.

2. Prestação de serviços a estrangeiros (v.g., alojamento de turistas estrangeiros num hotel americano);
3. Rendimentos produzidos no estrangeiro que revertem a favor de residentes nacionais (v.g., *cachet* de um artista americano actuando na Europa);
4. Transferências unilaterais (como as remessas de emigrantes);
5. Importação de capitais a curto e longo prazo (v.g., venda de acções ou obrigações de empresas americanas a residentes no estrangeiro).

Todas estas operações dão origem a um crédito sobre o exterior, i.e., correspondem a uma oferta de moeda estrangeira. Assim, no caso da exportação de computadores, é claro que o respectivo importador terá de pagar essa sua compra. Como só dispõe da sua moeda nacional e precisa de dólares dirige-se ao mercado cambial oferecendo a sua própria moeda e procurando a moeda americana [1].

O mesmo se pode dizer das outras operações enumeradas. Convém, no entanto, dar especial atenção às operações de tipo 5, as importações de capitais. À primeira vista poderia parecer que ao vender para o estrangeiro obrigações ou acções nacionais se estivesse a efectuar uma exportação, tal como a venda de computadores. Trata-se, porém, de uma importação de capitais justamente porque, à semelhança da exportação de produtos, é um movimento que origina um crédito sobre o exterior. Na verdade o comprador estrangeiro das obrigações também ele terá de trocar (oferecer) a sua moeda por dólares. Por isso, ao contrário dos movimentos de mercadorias, as exportações de capitais são um movimento que gera um débito enquanto as importações geram um crédito [2].

Os débitos, a que corresponde uma procura de moeda estrangeira, são compostos pelas operações inversas, como a importação de produtos, os serviços prestados no estrangeiro a residentes nacionais, etc.

---

[1] Na prática este tipo de operações é realizada entre os bancos com que operam importador e exportador. No entanto, tudo funciona como se o importador tivesse de trocar manualmente a sua moeda por dólares (câmbio manual) e posteriormente efectuasse o pagamento devido.

Como se vê há uma ligação directa entre as operações registadas na balança de pagamentos e os mercados cambiais que será analisada dentro em breve.

[2] Adiante veremos a importância da balança dos capitais quando analisarmos o modo como funcionou o sistema monetário internacional até aos anos 70.

No seu conjunto a BP está sempre equilibrada devido à regra contabilística da dupla entrada – da qual nos não ocuparemos. Daí que, quando se fala do desequilíbrio da balança de pagamentos, se esteja a pensar apenas numa parte da balança.

2.2. Divisões da Balança de Pagamentos

Os movimentos que vimos anteriormente podem agrupar-se, juntando os movimentos a crédito e a débito, dando origem às seguintes balanças:
1. Balança do Comércio; 2. Balança dos Serviços; 3. Balança dos Rendimentos; 4. Balança das Transferências Unilaterais; 5. Balança dos Capitais.

Na balança do comércio, por exemplo, serão agrupadas as exportações e as importações de mercadorias, podendo calcular-se o saldo desse tipo de operações.

Estas 5 balanças podem, por sua vez, ser agrupadas segundo vários critérios fundamentais. O mais usado diz respeito à natureza das operações. Segundo ele, a BP divide-se em Balança dos Pagamentos Correntes ou de Transacções Correntes, que engloba as balanças 1. a 4., e Balança dos Capitais, composta pela balança 5..

Uma outra forma de agrupar as várias sub-balanças é a chamada Balança Básica ou Fundamental que incluiu a Balança de Transacções Correntes e os movimentos de capitais a médio e longo prazo, com o que se pretende mostrar as linhas de força da situação económica externa.

É em face destas divisões que se determina o equilíbrio económico da BP. Vejamos um exemplo.

Um país pode ter uma Balança Comercial deficitária (compra mais mercadorias do que vende ao estrangeiro) – como é tradicionalmente o caso de Portugal – mas esse défice pode ser mais que compensado por eventuais superavit nas restantes três balanças. Neste caso a Balança de Transacções Correntes será excedentária, sendo deficitária na situação inversa.

Por outro lado, mesmo com uma Balança de Transacções Correntes deficitária, a situação externa do país em causa não é necessariamente má. Basta que a Balança Básica esteja equilibrada ou excedentária. Neste caso a entrada de capitais não voláteis pode compensar o défice da Balança de Transacções Correntes tornando relativamente confortável a posição externa desse país.

Ao contrário dos movimentos de capitais de curto prazo, os de longo prazo têm uma grande estabilidade. De entre os primeiros podem destacar-se as aplicações em títulos, como acções ou obrigações, que a qualquer momento podem ser desinvestidos, originando uma rápida saída de capitais. Quanto aos de longo prazo tal não se passa. Se um residente no exterior efectua um investimento directo na construção de uma fábrica, por exemplo, é claro que muito mais dificilmente se procede ao desinvestimento e à correspondente saída de capitais.

Daí que seja de todo o interesse distinguir entre aqueles dois tipos de movimentos de capitais e registá-los separadamente na BP. Para calcular o saldo da Balança Básica entra-se em linha de conta apenas com os movimentos de longo prazo.

Como as exportações – e movimentos equivalentes – dão origem a oferta de moeda estrangeira/procura de moeda nacional e as importações – e movimentos equivalentes – dão origem a procura de moeda estrangeira/ /oferta de moeda nacional, é evidente que um saldo positivo ou negativo da BP se reflecte no mercado de moedas, i.e., no mercado cambial.

Vejamos, então, como ele funciona.

3. CÂMBIOS

3.1. Mercados cambiais

Câmbio é o preço de uma moeda expresso noutra moeda. A relação de troca entre as moedas, ou taxa de câmbio, é determinada nos mercados cambiais.

O mercado cambial é basicamente idêntico a qualquer outro mercado. Há agentes que se encontram – raramente de um modo físico – e em que uns procuram comprar um bem, que neste caso é uma moeda, enquanto outros o oferecem para venda. Logo se vê, que o preço (a taxa de câmbio) a que tal transacção terá lugar depende, em primeira linha, da relação entre oferta e procura. Se num determinado momento a procura de uma moeda exceder a sua oferta no mercado haverá tendência para o seu preço (taxa de câmbio) subir e vice-versa.

As operações nos mercados de câmbios obedecem a três tipos fundamentais:[1]

---

[1] Para uma visão mais minuciosa deste tipo de operações pode ver-se QUELHAS 1996.

i) Operações à vista ou a contado (*spot*), em que num mesmo momento se procede à troca das respectivas moedas ao câmbio momentaneamente vigente [1].
ii) Operações a termo ou a prazo (*forward*), em que dois agentes contratam uma troca das respectivas moedas, a efectivar em momento posterior. A taxa de câmbio é desde logo fixada entre os contraentes mas a transacção só será realizada algum tempo depois (passados 3 meses, por exemplo).
iii) Operações de reporte (*swap*) que é uma combinação das anteriores. Consiste na compra (venda) *spot* de uma moeda ao mesmo tempo que se contrata a sua venda (compra) *forward*. Trata-se de uma dupla troca de moedas em que, por exemplo, se compram hoje dólares com ienes à taxa *spot*, combinando desde logo que daqui por três meses se comprarão ienes com dólares à taxa *forward* hoje vigente.

A taxa de câmbio nas operações a termo é diferente da taxa à vista. Facilmente se compreende que se for contratada para daqui a três meses a troca de ienes por dólares a taxa de câmbio poderá não ser igual à taxa *spot*, que vigora no momento do contrato. Poderá ser superior ou inferior conforme as expectativas de evolução futura e os diferenciais nas respectivas taxas de juros internas.

Como ninguém pode saber em absoluto qual a situação futura, este tipo de operações pode ser usado para a cobertura de riscos cambiais ou para realizar operações especulativas e de arbitragem. Comecemos por estas últimas, com o auxílio do Quadro I-1.

---

[1] O câmbio à vista é o mais familiar para o público em geral. Quando se pretende uma pequena quantidade de moeda estrangeira para fins turísticos, basta dirigirmo-nos ao balcão de um banco e trocar *à vista* a nossa moeda pela moeda pretendida. A taxa de câmbio é, em regra, fixa durante um mesmo dia. Porém, as transacções internacionais de moedas, realizadas normalmente por mediação bancária e por meios electrónicos, estão sujeitas a flutuações permanentes da taxa de câmbio. O verdadeiro câmbio *spot* é o que resulta da troca de moedas realizada entre esses operadores, à taxa formada pelo mercado no momento da transacção. O câmbio do dia é normalmente o valor da moeda no momento do fecho de um determinado mercado.

Quadro I-1

Arbitragem de taxas de juro

	IENE		DÓLAR	
Taxa de câmbio *spot*	100,00	=	1,00	
	1.000,00	=	10,00	
Taxa de juro	2,00%		5,00%	
Investimento à taxa de juro interna				
Valor investido	1.000,00		10,00	
Valor final	1.020,00		10,50	
				Implica que
Taxa *forward* de equ.	97,14	=	1,00	com 1.020 ienes se obtenham 10,50 dólares
Se a taxa *forward* não for de equilíbrio				
Taxa de câmbio spot	100,00	=	1,00	Mantendo-se a taxa spot
Taxa *forward* de deseq.	99,00	=	1,00	mas supondo uma taxa *forward* de desequilíbrio
Investimento com operação cambial				
Valor investido	1.000,00	>	10,00	Com 1.000 ienes compram-se 10 dólares
Valor final	1.039,50	<	10,50	À taxa de 5% obtêm-se 10,50 dólares com que se compram 1.039,50 ienes
Lucro comparativo	19,50			obtendo mais 19,50 que com o investimento interno(1.020,00)
Investimento com operação cambial e empréstimo				
Empréstimo	1.000,00	>	10,00	Com 1.000 ienes emprestados compram-se 10 dólares
Valor final	1.039,50	<	10,50	À taxa de 5% obtêm-se 10,50 dólares com que se compram 1.039,5 ienes
Juros a pagar	20,00			Pagando os 20 de juros
Empréstimo a pagar	1.000,00			mais os 1.000 do empréstimo
Lucro	19,50			ainda restam 19,50 de lucro
As novas taxas de câmbio de equilíbrio talvez se fixassem em:				O aumento da procura de dólares *spot* e de ienes *forward*
Taxa *spot*, de 100 para	101,000	=	1,00	faria apreciar o dólar/depreciar o iene *spot*
	1.000	=	9,90	
Valor final do investimento	1.020,00	=	10,40	
Taxa *forward*, de 99 para	98,114	=	1	e apreciar o iene/depreciar o dólar *forward*

Em cada espaço cambial existe num determinado momento uma certa taxa de juro, uma taxa de câmbio *spot* e outra *forward*. Suponha-se que a taxa de câmbio *spot* é de 100,00 ienes = 1 dólar e a taxa de juro do dólar é de 5% enquanto a do iene é de 2%.

Com 1.000 ienes podem comprar-se 10 dólares à taxa *spot* vigente. Aplicando esses dólares, à taxa de juro americana, obtêm-se $10,5 ao fim de um ano. Porém, se esses mesmos 1.000 ienes forem colocados a render juros, à taxa japonesa, ao fim do mesmo período valerão 1.020 ienes.

Nestas condições a taxa *forward* de equilíbrio, a um ano, tem de ser 1.020/10,5=97,14.

Uma diferente taxa *forward* daria lugar a operações lucrativas de arbitragem. Se fosse, v.g., de 99,00 ienes por 1 dólar, valia a pena aos detentores de ienes (1.000) comprar dólares (10) *spot* e ienes *forward* à taxa de $1=99 ienes. É que aplicando aqueles 10 dólares obtêm-se ao fim de um ano 10,5 dólares. Ao trocá-los, nessa altura, à taxa previamente fixada conseguem-se (10,5*99=) 1.039,5 ienes, mais 19,50 do que a aplicação dos 1.000 ienes à taxa interna de 2%.

Mesmo não tendo ienes, compensava pedi-los emprestados, gastando 20 nos juros e 1.000 no capital porque ainda restavam 19,50 de lucro.

Este lucro da operação de arbitragem teria como resultado um aumento da procura de dólares *spot* – fazendo subir a respectiva taxa de câmbio – e a oferta de dólares *forward* contra ienes, fazendo descer a taxa até ao ponto de equilíbrio.

As operações a prazo funcionam igualmente como um processo simples de cobrir eventuais riscos cambiais. Se um importador vai precisar de dólares daqui a três meses, poderá contratar de imediato no mercado *forward*, sabendo com exactidão a taxa de câmbio a praticar no momento do pagamento, podendo efectuar os seus cálculos com total precisão. Não corre o risco de entretanto a taxa de câmbio do dólar ter subido. Isto não significa que o risco cambial possa ser ignorado. Para efectuar estas operações de cobertura é, obviamente, necessário pagar os respectivos custos.

As operações especulativas, finalmente, jogam com a eventual alteração das taxas de juro e/ou de câmbio. Se um número significativo de operadores estiver convencido que a taxa de câmbio de uma moeda vai descer a curto prazo, trocam-na contra outra considerada mais estável ou com possibilidade de valorização. Mesmo que a taxa *forward* seja de equilíbrio, como vimos supra, haverá lugar à fuga da moeda considerada em risco de desvalorização ou depreciação [1], pretendendo obter ganhos quando esta se efectivar. O mesmo se poderá dizer, *mutatis mutandis*, para as expectativas de alteração a curto prazo das respectivas taxas de juro.

Por ser assim, as autoridades podem compensar, ou tentar compensar, uma expectativa de desvalorização da sua moeda, fixando taxas de juro mais elevadas. Como a evolução futura é incerta, haverá operadores que consideram demasiado arriscado jogar na mera hipótese de desvalorização perdendo as possibilidades de obter lucros com operações de arbitragem sobre as taxas de juro. É claro que se os mercados registarem uma grande onda especulativa – o que significa que os operadores antecipam com grande convicção uma desvalorização – mesmo a manipulação significativa das taxas de juro [2] pode não ser suficiente para estabilizar o mercado [3].

A simples observação dos tipos fundamentais de operações cambiais faz imediatamente ressaltar a articulação que existe entre a taxa de juro e a taxa de câmbio. Uma das variáveis fundamentais da política monetária, a taxa de juro, está directamente relacionada com a taxa de câmbio dessa moeda. Esta relação, no entanto, fica condicionada pelo regime cambial que tiver sido adoptado.

---

[1] Fala-se de desvalorização/revalorização quando uma moeda tem fixado um determinado valor de referência e este é alterado para baixo ou para cima. Como veremos, este tipo de valor de referência foi durante largos anos adoptado no sistema monetário internacional e no Sistema Monetário Europeu.

Depreciação/apreciação refere-se à variação diária da cotação das moedas nos mercados cambiais. O dólar, por exemplo, pode hoje valer um pouco mais face ao iene – apreciou-se – mas amanhã poderá valer um pouco menos – depreciou-se.

[2] Em períodos de grande instabilidade nos mercados cambiais assiste-se, por vezes, à fixação de taxas de juro de curtíssimo prazo (*overnight*) na ordem das centenas por cento.

Suponha-se que os operadores antecipam uma desvalorização para o mês seguinte que equivale a 5% ao ano. Neste caso as obrigações a um ano, ou activos equivalentes, deverão ter um diferencial na sua taxa de juro de 5%. Nos activos a 3 meses o diferencial deverá ser de 20%, a um mês de 60% e *overnight* superior a 100%. Ver BLADEN--HOVELL, 1997, 341.

[3] A estabilização é tanto mais difícil quanto tem vindo a aumentar exponencialmente o montante diariamente transaccionado nos mercados cambiais. Em 1986 estimava-se um volume de 205 mil milhões de dólares; em 1995 a estimativa atingia 1.000 milhares de milhões de dólares. Para se ter uma ideia do que representa este número, ele é equivalente à totalidade das reservas externas dos 140 países que integram o Fundo Monetário Internacional. Cf. CURRENCY FORECAST 1995.

A fixação das taxas de câmbio depende, como vimos, da oferta e da procura de moedas, mas é ainda preciso analisar o tipo de mercado em que as moedas se transaccionam, i.e., o regime cambial.

3.2. Regimes cambiais

Os regimes cambiais podem variar dentro de uma larga faixa cujos limites são os câmbios fixos e os câmbios livremente flutuantes.

Câmbios livremente flutuantes ou perfeitamente flexíveis são aqueles em que o preço (taxa de câmbio) se determina no mercado livre sem nenhuma interferência das autoridades ou, pelo menos, sem que exista da sua parte qualquer obrigação de intervir [1].

Os câmbios fixos podem ser de dois tipos: câmbios estáveis ou rígidos, como os associados ao padrão-ouro (*gold bullion* ou *gold exchange*) ou a certas formas de uniões monetárias [2]; os câmbios fixos mas ajustáveis (*adjustable peg*) em que a taxa de câmbio é, em princípio fixa, podendo, em determinadas circunstâncias, ser alterada.

Nos regimes de câmbios fixos mas ajustáveis o valor externo de referência das moedas é fixado por acordo e os respectivos bancos centrais intervêm no mercado, sempre que necessário, controlando a taxa de câmbio ao actuarem sobre a oferta e/ou procura de moedas. Em certas circunstâncias, o valor que havia sido fixado pode ser alterado para cima (revalorização) ou para baixo (desvalorização).

---

[1] Mesmo no regime de câmbios flutuantes – em que as autoridades não são obrigadas a intervir em qualquer circunstância – é normal assistir-se a intervenções mais ou menos assíduas. Quando o mercado tende a elevar ou a fazer descer em demasia o valor externo de uma moeda o respectivo banco central – eventualmente em conjugação com outros – pode entrar no mercado oferecendo ou procurando essa moeda de modo a influenciar a taxa de câmbio. Devido a estas intervenções designa-se tal regime como de flutuação *suja*.

[2] No padrão-ouro o facto das moedas representarem uma quantidade fixa de ouro tem como efeito que as relações de troca entre elas nunca se afaste do seu valor metálico. A taxa de câmbio é, por isso, muito estável.

No caso das uniões monetárias, em que subsistem as moedas nacionais, os países participantes subscrevem um acordo segundo o qual a paridade das respectivas moedas se manterá inalterada.

Mais adiante estudaremos ambos os casos em pormenor.

3.3. Câmbios e reequilíbrio da Balança de Pagamentos

Como vimos supra, as transacções com o exterior, registadas na Balança de Pagamentos(BP), dão origem à procura e oferta de moedas. Daí que os desequilíbrios da BP actuem sobre os câmbios na medida em que provocam alterações na relação oferta/procura de moedas. Por outro lado, como as transacções externas são mediadas por moeda, as alterações cambiais influenciam o comportamento da BP.

3.3.1. Equilíbrios automáticos

As BPs podem, em teoria, equilibrar-se automaticamente, ou seja, sem qualquer intervenção por parte das autoridades.

3.3.1.1. Equilíbrio via-preços ou o modelo das elasticidades

Como foi referido, os mercados cambiais podem assumir várias configurações. Numa delas é possível fazer derivar do mero funcionamento do mercado cambial o reequilíbrio da balança de pagamentos.

Em regime de câmbios flutuantes um défice da BP, por exemplo, provoca um excesso de procura de moeda estrangeira relativamente à sua oferta.

Balança deficitária significa – considerando simplificadamente um modelo a 2 países – que o país em causa compra mais ao estrangeiro do que lhe vende. Dado que as transacções são mediadas por moeda, é o mesmo que dizer ser maior a procura de moeda estrangeira – para pagar as importações – que a oferta de moeda estrangeira – com que lhe são pagas as exportações.

Como resultado o valor da moeda mais procurada tende a subir enquanto desce a moeda do país deficitário. Expressas em moeda do país deficitário, as mercadorias importadas tornam-se mais caras, diminuindo as quantidades compradas. Por seu lado, para o país cuja moeda subiu de valor relativo, são agora mais baratos os produtos provenientes do país em défice, o que faz aumentar as suas exportações.

Este tipo de reequilíbrio não é mais do que uma simples aplicação das leis de mercado. É a lei da oferta e da procura que explica a subida/descida do valor externo das moedas. Tal como é a lei da procura que nos indica as consequências nas quantidades procuradas das variações do preço.

Por essa razão este mecanismo é de fundamental importância já que nos fornece o quadro de fundo de todos os mercados cambiais.

A lei da oferta e da procura, porque é uma lei básica no funcionamento dos mercados, nunca deixa de actuar. Seja qual for o condicionamento institucional dos mercados, a lei da oferta e da procura não pode nem ser afastada, nem ser violada. Como teremos oportunidade de ver, as diversas modalidades de funcionamento dos mercados cambiais apenas visam actuar sobre a oferta e/ou a procura de modo a ser atingido um objectivo previamente fixado. Esse objectivo pode ser o de admitir uma pequena margem de variação das taxas de câmbio ou mesmo a total supressão da sua variação.

Vejamos, então, como podemos observar o livre funcionamento da oferta e da procura num mercado de câmbios.

Para que não haja qualquer interferência por parte das autoridades nesse mercado, temos que começar por supor que nos encontramos num mercado de câmbios livremente flutuantes. Nesse mercado confronta-se uma oferta com uma procura de moeda. O equilíbrio entre ambas é atingido pela variação do preço do bem procurado, que neste caso é a moeda.

Vamos admitir que se efectuam transacções comerciais apenas entre dois países e que se trocam apenas dois bens. Teremos os Estados Unidos (EUA) – que produzem o bem (x) – e o Japão (JAP) – que produz o bem (y) –, bem como duas moedas, o dólar e o iene.

Configure-se agora uma situação de equilíbrio nas trocas realizadas entre os dois, o mesmo é dizer que as respectivas balanças de pagamentos se encontram em equilíbrio. Se não considerássemos as moedas implicadas nas transacções internacionais podíamos expressar esse equilíbrio no quadro seguinte:

Quadro I-2

	(EUA)	(JAP)
compra	100 (y)	100 (x)
venda	100 (x)	100 (y)

Os (EUA) compram 100 unidades do bem (y) ao (JAP) e este compra 100 unidades do bem (x) aos (EUA).

Mas, por via de regra, as transacções internacionais não são feitas por troca directa, i.e., permutando um bem por outro. O que na verdade acontece é a mediação monetária, ou seja, cada um dos países compra com moeda o bem que deseja adquirir. Temos então de introduzir as respectivas moedas e a taxa de conversão de uma em outra: a taxa de câmbio.

Admita-se que a taxa de câmbio é de $1=50 ienes.

Suponha-se finalmente, que cada unidade do bem (x) – produzido pelos (EUA) – custa $1, e cada unidade do bem (y) – produzido por (JAP) – custa 50 ienes e ainda que tais preços se mantêm constantes.

Nestas condições, para que as transacções representadas no quadro se efectuem é necessário que os (EUA) gastem $100 da sua moeda, com os quais adquirem no mercado cambial 5.000 ienes; (JAP) gasta 5.000 ienes ao comprar $100.

Esqueçamos, por momentos, as transacções reais e olhemos apenas para o mercado de câmbios (Quadro I.3).

Quadro I-3

	(EUA)	(JAP)
oferta	$100	5.000¥
procura	5.000¥	$100

Como este é um mercado como qualquer outro, apenas vemos os (EUA) a oferecer 100 dólares no mercado e a procurar 5.000 ienes. O (JAP) oferece 5.000 ienes e procura os 100 dólares de que precisa. O montante que um pretende procurar é igual ao montante que o outro pretende oferecer. Neste caso o preço estabelecido neste mercado – a taxa de câmbio – é de equilíbrio, no sentido de não haver qualquer tendência para que ele se altere.

Suponha-se agora que, subitamente, os residentes no (JAP) alteram as disposições de procura passando a comprar o dobro das unidades de (x), enquanto nos (EUA) se continua a consumir a mesma quantidade de (y). Já se vê que uma tal situação representa um desequilíbrio das balanças de pagamentos. A dos (EUA) torna-se superavitária – porque vende mais do que compra – a do (JAP) é agora deficitária – porque compra mais do que vende. Mantendo-se os preços unitários em 50¥ e 1 dólar, no mercado de bens e no cambial teríamos, então:

Quadro I-4

Mercado					
Bens			Cambial		
	(EUA)	(JAP)		(EUA)	(JAP)
compra	100(y)	200(x)	procura	5.000¥	$200
venda	200(x)	100(y)	oferta	$100	10.000¥

Nesta nova situação já não há equilíbrio no mercado dos câmbios. Não existem compradores dispostos a absorver todos os ienes que são oferecidos (procura=5.000¥ / oferta=10.000¥), tal como não existem vendedores suficientes para os dólares procurados (procura=$200 / oferta=$100).

Estamos perante uma situação em que um bem (o dólar) é mais procurado que oferecido e um outro (o iene) é mais oferecido que procurado.

O mercado só ficará em equilíbrio se descer o preço do iene, que o mesmo é dizer, subir o do dólar. Admita-se que a taxa de câmbio passa para $1=100¥.

Repare-se que foi o desequilíbrio no mercado dos bens, resultante de uma alteração nas quantidades procuradas, que provocou a variação no mercado cambial, na medida em que alterou a relação entre oferta e procura de moedas.

Com esta nova cotação cambial as 200 unidades de (x) compradas pelo (JAP) continuam a custar $200, mas custam 20.000¥ na moeda nacional; as 100 unidades de (y) compradas pelos (EUA) continuam a custar 5.000¥, mas apenas $50 na sua moeda nacional.

Isto significa que no Japão o bem (x) viu o seu preço, em ienes, duplicar, enquanto que nos EUA o bem (y) passou a custar metade dos dólares para o consumidor americano.

É desde logo evidente que esta alteração de preços, motivada pela variação cambial, vai ter efeitos sobre o mercado dos bens. É o efeito inverso daquele que há pouco vimos. O mercado cambial vai agora afectar o mercado dos bens.

Todos sabemos, pela lei da procura, que quando o preço de um bem sobe se reduzem as quantidades procuradas e vice-versa. Sendo assim é claro que os japoneses vão passar a comprar menos quantidades do bem (x), do mesmo modo que os americanos vão passar a comprar mais quantidades do bem (y). Quer dizer, reduzem-se as importação do (JAP) e aumentam as dos (EUA), por mero efeito da variação cambial.

O desequilíbrio da balança de pagamentos vai ser automaticamente corrigido em virtude do regime dos câmbios flutuantes.

Será que o equilíbrio é efectivamente atingido?

Para responder a esta pergunta tem de entrar-se em linha de conta com as **elasticidades das procuras** de (x) e (y).

Uma coisa é afirmar que se reduzem as quantidades procuradas quando sobe o preço (e vice-versa), outra é saber **o grau** dessa redução. Não é indiferente, como está bem de ver, que havendo redução, perante um mesmo aumento de preço, esta seja de 10% ou de 50%. O conceito de elasticidade da procura pretende, precisamente, medir o grau de variação percentual das quantidades procuradas perante uma variação de 1% do preço.

Quando a taxa de câmbio passa de $1=50¥ para $1=100¥ vão reduzir-se as importações do Japão – que eram de 200 – e aumentar as importações dos EUA – que eram de 100. Mas para quanto se reduzem umas e aumentam outras?

Atente-se no Quadro I-5 em que se sintetizam as várias situações, sob o ponto de vista do Japão, quando a taxa de câmbio duplica para $1=100¥:

Quadro I-5

	Importações do Japão			
	Quantidade	Preço	Procura de dólares	
E=1	100	$1	$100	(=10.000¥)
E>1	90	$1	$90	(=9.000¥)
E<1	150	$1	$150	(=15.000¥)
	Exportações do Japão			
	Quantidade	Preço	Oferta de dólares	
E=1	200	50¥	$100	(=10.000¥)
E>1	250	50¥	$125	(=12.500¥)
E<1	150	50¥	$75	(=7.500¥)

Há 3 hipóteses distintas quanto ao comportamento das importações e exportações japonesas.

Na primeira (E=1) supõe-se que a elasticidade da procura do bem importado e exportado é igual a 1, isto é, varia na mesma proporção da variação do preço [1].

Neste caso a subida do câmbio do dólar provocou uma redução nas importações e um aumento das exportações japonesas que reequilibrou a balança de pagamentos ao mesmo tempo que o mercado cambial atingiu novo equilíbrio. Neste último caso verifica-se que a procura de dólares iguala a sua oferta.

Significa isto que o aumento da procura do bem (x), que era incompatível com o equilíbrio da balança de pagamentos, foi compatibilizada através da variação cambial.

O súbito desequilíbrio introduzido pelo nosso exemplo foi corrigido através da interacção entre o mercado dos bens e cambial, num processo parecido com o dos vasos comunicantes.

Há, porém, uma situação em que tal não sucede. Quando a soma das elasticidade das importações e exportações é inferior à unidade – como nas hipóteses E<1 – o reequilíbrio não se dá. A redução, das importações e o aumento das exportações foi tão pequeno que a procura de divisas continua superior à sua oferta. A balança não se reequilibra continuando a acumular défices [2].

---

[1] A elasticidade calcula-se recorrendo à fórmula:

$$E = \frac{\wedge Q}{(Q_1+Q_2)/2} : \frac{\wedge P}{(P_1+P_2)/2}$$

em que $\wedge Q$ e $\wedge P$ são as variações da quantidade e do preço;
Q_1 e Q_2 são a quantidade inicial e final;
P_1 e P_2 são o preço inicial e final.
O resultado em módulo, i.e., ignorando o sinal, será igual, superior ou inferior a 1.

Exemplificando para a hipótese em que E=1:
Ao duplicar a taxa de câmbio do dólar (50-100) o bem importado pelo Japão passou a custar o dobro em ienes (50-100) e as quantidades importadas passaram de 200 para 100.

$$E = \frac{100}{(200+100)/2} : \frac{50}{(50+100)/2} = 1$$

[2] Como o mercado cambial está em desequilíbrio, o valor do dólar continuaria a subir. Porém, mantendo-se as elasticidades perversas, o equilíbrio não seria atingido.

Nos casos em que a oferta de dólares é superior à procura, o mercado atingirá o equilíbrio quando a taxa de câmbio do iene subir um pouco – o que provocará uma pequena redução das exportações e aumento das importações.

A estas elasticidades que não contribuem para o reequilíbrio, antes o perpetuam, chamam-se **elasticidades perversas**.

Como será referido infra, existem situações reais – e historicamente importantes – em que tal se verifica.

*

No exemplo apresentado admitiu-se um desequilíbrio, não explicado, na BP que veio a dar origem a variações cambiais e ao eventual posterior reequilíbrio. Podemos, no entanto, supor em vez disso que no Japão o preço do produto exportado subiu devido a um processo inflacionista, mantendo-se os preços – ou subindo menos – nos restantes países.

Se o preço de (y) duplicar – passar de 50¥ para 100¥ – e se mantiver a taxa de câmbio de $1=50¥, os EUA vão reduzir a quantidade procurada. Se tal redução fosse proporcional (elasticidade igual a 1, quantidade 50) as receitas japonesas em divisas mantinham-se constantes (50x100=5.000¥=$100).

Embora o mercado cambial pudesse manter-se em equilíbrio, mesmo assim haveria efeitos negativos resultantes da redução da produção e do emprego.

Mas como, em regra, se está a competir com outros produtores nos mercados externos, seria natural que a redução da procura fosse mais intensa por perda de competitividade relativa. Se a procura de (y) descesse para 40 o mercado cambial ficaria de imediato em desequilíbrio (40x100=4.000=$80).

Por outro lado, dificilmente se manteria o equilíbrio cambial porque a inflação japonesa levaria igualmente a uma redução na procura de bens internos – agora mais caros – que seriam substituídos por bens importados – relativamente mais baratos. Os efeitos conjugados conduziriam a um desequilíbrio cambial que só podia ser corrigido com a descida do valor externo do iene.

O diferencial nas taxas de inflação tem, pois, um efeito negativo tanto no desempenho económico como na posição da BP e no comportamento tendencial da taxa de câmbio.

3.3.1.2. Equilíbrio via-rendimentos ou o modelo do multiplicador

Independentemente do regime cambial a BP pode equilibrar-se por efeito da variação do rendimento nacional. Ao contrário do caso anterior, vamos agora abstrair do que se passa no mercado cambial e concentrar a atenção nos efeitos sobre o rendimento nacional de um desequilíbrio na BP.

Partindo de uma posição de equilíbrio, um superavit da BP, por exemplo de 1.000, corresponde a um aumento idêntico do rendimento nacional [1]. Se as empresas exportadoras venderam mais 1.000 que anteriormente tal significa que produziram mais 1.000 e receberam um rendimento nesse montante, com o qual pagaram salários, juros e rendas e o restante foi o seu lucro. Em conjunto, trabalhadores, capitalistas, rentistas e empresários receberam mais 1.000 de rendimento. Ora, é sabido, que quando aumenta o rendimento tende também a aumentar o consumo, embora não na mesma proporção. Suponha-se que é de 8/10 a propensão marginal ao consumo. Tal significa que dos 1.000 de variação de rendimento se forma uma poupança de 200 enquanto 800 serão gastos em consumo. Destes, por sua vez, uma parte será despendida na aquisição de bens nacionais e outra na de bens externos. Admita-se que a propensão marginal ao consumo de bens nacionais é de 6/10 (600) e a propensão marginal ao consumo de bens importados é de 2/10 (200) [2].

Neste momento verifica-se já que o aumento de rendimento inicial, resultante de um superavit de 1.000 na BP, provoca um aumento das importações de 200.

Este efeito inicial será multiplicado durante os períodos seguintes. O aumento de consumo de bens nacionais (600) gera um acréscimo

---

[1] Na Contabilidade Nacional pode calcular-se o valor do Produto adoptando 3 ópticas diferentes que conduzem ao mesmo resultado (Produto=Despesa=Rendimento). Na óptica da Despesa o Produto ou Rendimento há-de ser igual à totalidade das despesas de consumo, mais as despesas de investimento, mais o valor das exportações, menos o valor das importações (P=R=D=C+I+X-M).

Repare-se que quando se vende um produto para o estrangeiro (exportação) isso corresponde a uma despesa, por eles feita, geradora de produto interno. Quando se compra um bem ao estrangeiro (importação) a despesa efectuada não gera produto interno. Corresponde a Produto e a Rendimento gerado em outro país. Daí que o aumento das exportações gere mais rendimento interno.

[2] Os conceitos de *propensão marginal* referidos no texto definem-se do seguinte modo:
– propensão marginal ao consumo, é a relação entre a variação do consumo e a variação do rendimento (800/1.000 = 8/10);
– propensão marginal ao consumo de bens domésticos, é a relação entre a variação do consumo de bens produzidos internamente e a variação do rendimento (600//1000 = 6/10);
– propensão marginal à importação, é a relação entre a variação na compra de bens importados e a variação do rendimento (200/1.000 = 2/10).

correspondente de rendimentos nas empresas que os produzem. Também elas distribuem mais 600 em salários, juros, rendas e lucros. De novo 6/10 destes rendimentos se dirigirão à compra de bens nacionais (360) e 2/10 à compra de bens importados (120) e assim sucessivamente.

O resultado final daquela série infinita é-nos dado pela fórmula do *multiplicador do comércio externo* (K):

$$K = \frac{1}{1-c}$$

em que c representa a propensão marginal ao consumo de bens internos. Aplicando ao nosso exemplo temos:

$$K = \frac{1}{1-6/10} = \frac{1}{4/10} = \frac{10}{4} = 2,5$$

O aumento inicial das importações, provocado por um aumento de 1.000 nas exportações, seria multiplicado por 2,5:

$$200 \times 2,5 = 500.$$

Ainda assim, como se vê, a BP continuaria em desequilíbrio positivo. Temos, no entanto, de olhar agora para o efeito gerado no país deficitário. Os superavit de uns são necessariamente os défices de outros. Daí que, num modelo a dois países, consideremos o que se passa num país com um défice de 1.000 na sua BP.

Aí o rendimento reduziu-se de 1.000 relativamente à situação inicial de equilíbrio. Passou a haver 1.000 de rendimento que foram desviados para a produção externa. Internamente foram distribuídos menos 1.000 de rendimentos. Devido ao efeito multiplicador, o consumo, tanto de bens internos como importados, também se iria contrair. Se admitirmos que as propensões marginais são iguais às do país superavitário, haveria uma redução final das importações no valor de 500. Quer dizer, o país superavitário aumentava as importações em 500 e via reduzidas as suas exportações em 500. A BP teria saldo zero. No país deficitário reduziam--se as importações em 500 e aumentava as suas exportações em 500. O saldo da BP seria igualmente de zero.

Este exemplo, muito simplificado, mostra-nos como existe uma *tendência* para o equilíbrio por mera variação dos rendimentos. Porém, o equilíbrio só seria realizado no fim das séries infinitas que constituem o processo do multiplicador. Um equilíbrio operativo, num prazo suficientemente curto, só podia ser alcançado se a soma das propensões marginais à importação fossem iguais a 1 (2/10+8/10). Nesse caso o aumento das importações do país superavitário (200) seria compensado pela redução das importações do país deficitário (800).

Independentemente de se atingir ou não o equilíbrio, o multiplicador do comércio externo mostra-nos como as variações no rendimento nacional podem ter reflexos quase imediatos na posição da Balança de Pagamentos [1].

3.4. Medidas de política económica

Os dois casos de reequilíbrio automático da BP permitem inferir algumas medidas activas de política económica.

No caso de a taxa de câmbio ser fixa, e não livremente flutuante, o primeiro equilíbrio automático, acima descrito não pode funcionar. Porém, se nessas circunstâncias, um país apresentar uma BP deficitária isso significa que os créditos sobre o exterior são menores que os respectivos débitos. Pode corrigir-se essa situação manipulando a taxa de câmbio. Procedendo a uma desvalorização, os produtos estrangeiros tornam-se mais caros e os nacionais mais baratos para os estrangeiros. Em consequência, reduzem-se as importações e aumentam as exportações.

Se considerarmos agora os efeitos da variação do rendimento sobre a BP, pode inferir-se que uma política restritiva, que reduza o

---

[1] A análise com base no multiplicador do comércio externo veio a dar origem à teoria do reequilíbrio da BP pela chamada *via da absorção*.

Dado o carácter elementar do nosso curso, aqui fica, apenas, uma exposição simplificada da ideia geral:

Na Contabilidade Nacional o rendimento (Y) é necessariamente igual à Despesa. Esta, por sua vez, decompõe-se em consumo (C) + investimento (I) + despesa pública (G) + o saldo da balança de transacções correntes (B=X-M). Se designarmos por absorção (A) o conjunto da despesa C+I+G, teremos Y=A+B ou B=Y-A.

Esta apresentação mostra-nos que o saldo da BP (B) resulta da diferença entre o rendimento nacional e a parte da despesa que é *aborvida*, i.e., gasta em consumo, investimento e despesas públicas. Logo, se o rendimento (Y) aumentar mantendo-se (ou crescendo menos) (A) a posição da balança melhora, e vice-versa.

Para mais desenvolvimentos consultar WINTERS 1985, 212; MARQUES 1986, 151.

rendimento, tem efeitos benéficos sobre o défice externo. A própria política monetária também pode ser mobilizada, neste contexto. Aumentando a taxa de juro reduz-se a procura de crédito e o ritmo de crescimento da economia. O seu efeito sobre o rendimento terá igualmente consequências sobre a BP. Estaríamos, pois, perante uma política económica restritiva nas suas várias vertentes.

Vimos como existe uma interacção entre a balança de pagamentos e os mercados cambiais. Falta, porém, saber em concreto qual o regime cambial em que efectivamente funcionavam as economias quando teve início a integração europeia. Para melhor compreender esta questão temos de ir um pouco mais longe e analisar, mesmo que brevemente, os padrões monetários.

4. PADRÕES MONETÁRIOS

4.1. Padrão-ouro

Embora o regime do padrão-ouro tenha sido abandonado nos anos 30, justifica-se uma breve referência ao seu funcionamento por duas ordens de razões.

Por um lado o padrão-ouro representa um sistema em que um conjunto de países utiliza a mesma moeda, o ouro, sendo por isso uma boa analogia com um sistema de moeda única e em que, como veremos, os bancos centrais perdem a sua autonomia [1].

Por outro lado, mesmo depois do fim deste padrão monetário o ouro continuou, sob novas vestes, a condicionar o sistema monetário internacional até aos anos 70.

---

[1] Foi a estrita disciplina monetária, que o padrão-ouro exige, que explica o facto de em 1980 o Congresso americano ter instituído uma Comissão para estudar a hipótese de um regresso a esse padrão. Cf. GUSTIN 1984.

A ideia de um regresso ao padrão-ouro foi, aliás, um *leitmotiv*, desde que o Sistema de Bretton Woods começou a entrar em dificuldades.

Em 1975, quando se discutia a reformulação do Fundo Monetário Internacional, a França propunha, mais uma vez, a utilização do ouro como único meio de pagamento internacional. Cf. DE VRIES, 1986, 130.

No padrão-ouro¹ o valor da moeda corresponde a um certo peso fixo de ouro. Em 1931 – altura em que Portugal abandonou o padrão-ouro, seguindo a Grã-Bretanha – um escudo português equivalia a 0,06651 gramas/ouro.

Num sistema puro – que nunca existiu – todos os pagamentos seriam efectuados com ouro amoedado.

Se um bem custasse 1.000$00 isso era o mesmo que dizer que custava 66,51 gramas de ouro.

A liberdade de amoedamento significava que qualquer um podia transformar barras de ouro em moedas ou fundir estas naquelas e vendê--las a peso. Uma moeda que contivesse 66,51 gramas de ouro teria necessariamente um valor facial 1.000$00. Se o valor facial fosse de 1.000$00 mas o seu conteúdo em ouro fosse de apenas 950$00, valia a pena transformar as barras de ouro em moedas. Se o valor metálico fosse superior ao valor facial valia a pena fundir essa moeda e vender o ouro a peso.

Se a liberdade de amoedamento garante a identidade entre o valor facial e metálico, então a quantidade de moeda em circulação fica dependente da quantidade de ouro disponível. Como esta não varia muito, em prazos curtos, a quantidade de moeda tende a ser constante.

---

¹ O padrão-ouro, isto é, um sistema baseado num único metal, surgiu na sequência do sistema bimetalista – em geral ouro e prata – que era dominante até ao século XIX. O problema dos sistemas bimetalistas era a manutenção do valor monetário relativo dos dois metais com o seu valor de mercado. Sempre que este se alterava era necessário corrigir a respectiva equivalência monetária, ou seja, a equivalência entre as moedas de prata e ouro. Como as variações do preço de mercado foram frequentes em alguns períodos, as autoridades não conseguiam acompanhar com suficiente rapidez essas variações. O resultado era o desaparecimento ou grande rarefacção das moedas de um dos metais. Foi durante um desses episódios em 1717 – altura em que se assistia à descida do preço do ouro, provocada em grande parte pelo ouro brasileiro que chegava à Europa – que o então presidente da Casa da Moeda britânica, Sir Isaac Newton, fixou um valor inapropriado para a relação monetária do ouro e da prata. Embora tenha proposto a correcção desse valor ela não chegou a ser feita com suficiente presteza. Como resultado desapareceu a moeda de prata ficando no terreno apenas o ouro, tornando--se um padrão unimetalista de facto.

Foi este acontecimento fortuito que veio a dar origem formal ao sistema do padrão-ouro em Inglaterra no ano de 1821 quando a prata deixou legalmente de ser usada como moeda.

Portugal foi o primeiro país a seguir a Grã-Bretanha ao adoptar o padrão-ouro em 1854.

Recordando o que atrás se disse sobre a relação entre quantidade de moeda e preços, pode concluir-se que este sistema permitia, em princípio, assegurar preços estáveis, isto é, ausência de inflação ou deflação porque o banco central não podia fazer variar a seu bel prazer a quantidade em circulação. Como veremos, porém, o funcionamento internacional deste sistema acabava por conduzir a resultados bem diferentes.

4.1.1. Tipos

O padrão-ouro existiu sob várias formas.

No **padrão espécies-ouro** a circulação só parcialmente é composta por moedas de ouro. A parte restante é constituída por notas convertíveis.

As notas não eram mais que certificados de depósito efectuados junto dos bancos. Se alguém depositasse uma certa quantidade de ouro o banco emitia um documento que permitia ao portador levantá-la em qualquer momento. As notas podiam, assim, ser utilizadas para efectuar pagamentos já que o valor nelas inscrito era equivalente a uma certa quantidade de ouro. Era moeda representativa conhecida como moeda de papel. Em qualquer altura as notas podiam ser apresentadas pelo portador ao banco para serem convertidas em metal.

A diferença em relação a um sistema de padrão-ouro puro resulta da atitude dos bancos. Como sabem que nem todos apresentam as notas para conversão ao mesmo tempo, podem emitir mais notas do que o ouro mantido nos seus cofres. Cria-se desta forma mais moeda do que a totalidade do ouro existente, embora fosse legalmente exigida uma percentagem mínima que geralmente rondava os 40%[1]. Como o público continua a aceitar estas notas porque tem fé que serão convertíveis em ouro, chama-se-lhe também moeda fiduciária.

Este tipo de padrão-ouro vigorou até 1914. Com a I Guerra os Estados viram-se obrigados a financiá-la mediante a emissão de notas que, obviamente, não tinham cobertura integral em ouro. Se continuasse a ser possível a conversão das notas todo o sistema bancário entraria em ruptura. As notas passaram a ter curso obrigatório, i.e., não podiam converter-se em ouro.

Quando a guerra terminou voltou-se ao padrão-ouro sob a forma de **padrão barra-ouro**. Agora apenas circulam notas convertíveis em barras

---

[1] Confronte-se o processo de criação de moeda bancária descrito supra.

de ouro. Como cada barra tinha cerca de 13,5 quilos a conversão apenas era feita para elevados pagamentos, em regra internacionais. O ouro quase desapareceu das mãos do público em geral.

Os países que não tinham reservas de ouro suficientes para fundarem o seu sistema monetário recorreram a um outro tipo de padrão-ouro: o **padrão divisas-ouro** em que circulam notas que são convertíveis em moeda estrangeira, que por sua vez é convertível em ouro.

A reserva do banco central é agora composta por moeda estrangeira – libras, por exemplo – que poderão converter-se junto do banco inglês. A ligação ao ouro é agora indirecta [1].

4.1.2. Reequilíbrio da balança de pagamentos(BP) em padrão--ouro

Num sistema em que vários países integram o padrão-ouro, a moeda de todos eles é o ouro. Podem charmar-se escudos, francos ou libras mas como cada uma delas corresponde a uma certa quantidade fixa de ouro é este o verdadeiro meio de pagamento.

As taxas de câmbio resultam directamente dos respectivos pesos.

Se o escudo equivalia a 0,06651 gramas/ouro e a libra esterlina a 7,32241 gramas/ouro então a relação de troca das moedas (taxa de câmbio) era de 7,32241/0,06651=110$09. O conteúdo em ouro de uma libra era igual ao conteúdo em ouro de 110$09.

Este regime cambial, em que a troca de moedas depende do respectivo valor em ouro, permitia o reequilíbrio automático das balanças de pagamentos [2].

Suponha-se um padrão-ouro puro (só circulam moedas de ouro) e que a BP de um país entra em défice. A menor procura e maior oferta da sua moeda tem como consequência a descida do seu valor nos mercados cambiais, tornando os produtos estrangeiros mais caros. Como, porém, o padrão-ouro funciona internacionalmente, a partir de certa altura é preferível comprar ao estrangeiro pagando directamente em ouro [3]. Atingido o

---

[1] Para uma análise pormenorizada e recente do padrão-ouro pode consultar-se EICHENGREEN 1999.
[2] Foi David Hume, no século XVIII, quem expôs pela primeira vez este mecanismo.
[3] Isto é, em vez de se trocarem moedas de ouro, facialmente identificadas como escudos, por moedas de ouro, facialmente identificadas como libras, transformam-se as

ponto de saída do ouro diminui a circulação interna – as moedas foram transformadas em barras e exportadas – e os preços domésticos baixam. No país superavitário verificam-se os efeitos opostos. A entrada de ouro, a seguir amoedado, faz aumentar a quantidade de moeda em circulação provocando a subida dos preços [1].

A descida de preços internos no país deficitário e a sua subida no superavitário conduz ao reequilíbrio da BP [2]. É a variação dos preços internos – e não da taxa de câmbio – que induz mais importações/menos exportações do país cujos preços sobem e menos importações/mais exportações do país cujos preços baixam.

Este automatismo já não se verifica nos restantes tipos de padrão--ouro.

Quando há meios de pagamento superiores ao ouro existente, a saída/entrada de metal não se reflecte directa e proporcionalmente na circulação monetária. Nestes casos é necessário que o banco central leve a cabo uma política monetária interna que produza os efeitos acima descritos. Nos países em défice é necessário aumentar as taxas de juro e reduzir o crédito para que diminua a moeda em circulação e, em consequência, os preços. O comportamento inverso terá de ser adoptado no país superavitário.

Estas regras de comportamento dos bancos centrais vieram a ser designadas por **regras do jogo** [3]. A obrigatoriedade de cumprimento das regras do jogo impede os bancos centrais de usarem a política monetária de um modo discricionário como instrumento de condução da economia. Foi por essa razão que o presidente americano F. Roosevelt, na altura da grande depressão, proibiu a exportação de ouro. O objectivo era aumentar a quantidade de moeda para combater a deflação que então existia. É esta

---

moedas de escudo em ouro em barra. Depois de transportado para Inglaterra amoeda-se esse ouro em libras e efectuam-se os pagamentos necessários.

Por essa razão no mercado cambial deixam de procurar-se libras e de oferecer escudos. Como consequência as taxas de câmbio estabilizam a esse nível.

É este mecanismo que explica a grande estabilidade cambial do padrão-ouro. Os câmbios apenas variam até ao momento em que se atinge o ponto de saída do ouro – o que representa variações percentuais muito pequenas.

[1] Recorde-se mais uma vez a equação das trocas referida no ponto 1.3.

[2] Repare-se como as autoridades monetárias estão desprovidas de qualquer espécie de controlo nem têm capacidade de intervenção.

[3] A expressão 'regras do jogo' foi criada em 1925 por J.M. Keynes. Cf. EICHENGREEN 1999, 53.

incompatibilidade entre padrão-ouro e a política monetária como instrumento económico que acabou por determinar o seu abandono.

4.1.3. Reservas ouro e circulação monetária

Para o funcionamento estável do sistema de pagamentos o padrão--ouro tinha de ser internacional e precisavam de ser cumpridas as regras do jogo. Após a I Guerra o ouro concentrou-se num pequeno número de países e o mecanismo de formação dos preços afastava-se cada vez mais do modelo concorrencial puro, dificultando as rápidas e necessárias subidas e descidas de preços. A aceitação das regras do jogo implicaria grande inflação em alguns países e profunda depressão em outros.

Com as convulsões provocadas pela Grande Depressão de 1929 as reservas ouro não podem mais funcionar como base monetária. Todos os países vão sucessivamente abandonando o padrão-ouro que acaba em 1936, tendo sido a França o último país a fazê-lo.

4.1.4. Fim do padrão-ouro

Embora o padrão-ouro tenha terminado em 1936 alguns dos princípios que o regem continuaram válidos sob o novo padrão: o papel-moeda. Como veremos, no que respeita aos pagamentos internacionais, os Acordos de Bretton Woods instituíram um sistema baseado no padrão divisas--ouro.

A supremacia que, de facto, o dólar veio a ter sobre o ouro foi, aliás, posta em causa pela França de De Gaulle. Nos anos 60, aquando das discussões sobre a reforma do Sistema Monetário Internacional, a França propunha, ao contrário dos seus parceiros da CEE, um regresso ao *Gold-standard* [1].

4.2. Papel-moeda

No papel-moeda circulam internamente como meios de pagamento apenas notas inconvertíveis, i.e., com curso forçado. Ao invés do padrão-

---

[1] As atitudes anti-americanas de Charles de Gaulle têm a sua raiz na Crise do Suez de 1956 em que os americanos fizeram valer a sua posição hegemónica, relativamente aos aliados, ao impor o fim da ocupação anglo-francesa. Cf. GADZEY 1996, 156.

-ouro a moeda deixa de ter valor intrínseco ou de nele ser convertível. É agora apenas papel impresso ou rodelas de metal.

4.2.1. Desmonetarização interna do ouro

No sistema do papel-moeda o valor da moeda deixa de depender do ouro, o que dá uma muito maior liberdade de acção às autoridades monetárias.

Anteriormente para aumentar a quantidade de moeda era necessário aumentar a quantidade de ouro detida pelo banco central. Agora basta estampar papel, fazer notas, para a circulação monetária se expandir quanto se deseje [1].

Torna-se assim possível uma política expansiva ou restritiva sem estar condicionada pelas reservas de ouro e evitar deste modo as subidas e descidas de preços, impostas pelas regras do jogo.

A moeda pode agora ser utilizada para prosseguir um objectivo de equilíbrio interno, isto é, a estabilidade de preços, evitando as inflações e deflações que aquele sistema impunha.

Com o papel-moeda, porém, uma política dirigida à estabilidade interna dos preços pode ser conflituante com o equilíbrio externo, com a posição da balança de pagamentos.

4.2.2. Opção entre equilíbrio interno e externo

No padrão-ouro a estabilidade dos câmbios era assegurada à custa da instabilidade interna dos preços (as regras do jogo). Os preços teriam sempre de subir nos países com balanças excedentárias e descer nos que apresentavam balanças deficitárias.

---

[1] É claro que uma das consequências desta liberdade é a possibilidade de se desencadearem hiper-inflações. Se o banco central lançar desregradamente em circulação quantidades crescentes de notas, os preços de bens e serviços sobem também desregradamente. Foi o que sucedeu na Alemanha no início dos anos vinte. O que antes da I Guerra custava 125 em 1923 custava 126 200 000 000 000!

Na Hungria, após a II Guerra, os preços chegaram a subir o valor dificilmente imaginável de 158 000 vezes por dia.

Estas inflações foram provocadas por um crescimento descontrolado da quantidade de moeda emitida pelos respectivos bancos centrais. Em regime de padrão-ouro, é claro, que tal seria impossível.

Com o papel moeda era possível uma gestão monetária que assegurasse a estabilidade dos preços mas nesse caso o equilíbrio automático da BP supunha câmbios flutuantes [1]. Verificou-se, porém, que a instabilidade cambial acabava ela própria por provocar a instabilidade dos preços internos.

Sempre que a taxa de câmbio da moeda nacional descia, o aumento do preço dos produtos externos reflectia-se no nível de preços interno. Para um país importador de energia, por exemplo, a descida do valor externo da sua moeda fazia aumentar o preço interno da energia e, por essa via, acabava por provocar a subida generalizada dos preços.

A opção seguida foi então a de tentar a estabilidade interna com câmbios igualmente estáveis.

O equilíbrio interno assim conseguido não assegurava, no entanto, o equilíbrio externo. Caso a BP se desequilibrasse não existia qualquer mecanismo automático, suficientemente eficaz, que a reequilibrasse [2]. Só através de um conjunto de medidas de política económica interna seria possível alcançar esse objectivo.

4.2.3. Bases para o surgimento do FMI

O dilema referido supra só poderia ser parcialmente ultrapassado se, face a um défice externo, o país em questão dispusesse de meios de pagamento sobre o exterior. Uma vez que as reservas que eventualmente possua são esgotáveis, tudo se resume ao apoio que os países credores lhe queiram dar. A lógica da cooperação internacional inscreve-se directamente no problema que temos vindo a considerar.

Para termos câmbios estáveis é necessário fornecer crédito internacional para que o país em causa tenha tempo suficiente para levar a cabo as políticas internas necessárias à eliminação do défice.

---

[1] Recorde-se esta temática supra 3.3.1.1.
[2] Recorde-se, no entanto, que uma das formas de promover o equilíbrio da balança de pagamentos sem recorrer à taxa de câmbio é através da variação do rendimento nacional. Confronte-se supra, ponto 3.3.1.2.

5. ORGANIZAÇÃO DO SISTEMA MONETÁRIO INTERNACIONAL

A Conferência de Bretton Woods reuniu delegados de 45 países e teve lugar entre 1 e 22 de Julho de 1944, cerca de 3 semanas após o desembarque dos aliados na Normandia.

A Conferência integrou-se num conjunto de acções então em curso, como a criação das Nações Unidas, em que os EUA abandonaram o seu isolacionismo do período entre as Guerras e tomaram a liderança política, militar e económica do mundo ocidental.

O sistema monetário internacional estava nessa altura em colapso virtual. Não admira, pois, que existissem vários planos, em especial para a criação de um Fundo.

Em Bretton Woods confrontaram-se o plano White – de Harry Dexter White – que vinha já de 1940, e o plano Keynes – de John Maynard Keynes – de 1941 [1].

O plano Keynes previa a criação de uma União Monetária Internacional ou Câmara de Compensação Internacional que funcionaria como um banco o qual manteria contas dos bancos centrais nacionais, tal como o banco central de cada país mantém contas dos bancos comerciais. Estas contas seriam denominadas numa nova moeda internacional, o *bancor*, o qual seria definido em termos do ouro. Os países membros podiam obter *bancor* em troca de ouro mas não ouro em troca de *bancor*. As taxas de câmbio seriam fixas em termos do *bancor* e não podiam ser alteradas sem autorização do Conselho de Governadores. Dentro de certos limites os países podiam ter défices para com a União.

O plano White tinha outra abordagem. Em vez de um banco propunha a criação de um fundo com objectivos essencialmente creditícios. Os objectivos do Fundo eram a estabilização das taxas de câmbio, encorajar o fluxo de capital produtivo entre nações, ajudar em caso de desequilíbrio nas balanças de pagamentos e reduzir os controlos de câmbios e as barreiras alfandegárias. Ao invés do plano Keynes a instituição prevista por White

---

[1] Para além destes planos havia ainda os apresentados pela França e Canadá que foram debatidos em 1942. O debate que teve lugar em 1943 nos EUA andava à volta da questão de saber se a economia mundial devia ser estruturada e regulamentada através de mecanismos intergovernamentais – que era o parecer de Keynes – ou deixado ao livre jogo do mercado, opinião defendida pelos economistas mais tradicionais, banqueiros e homens de negócios.

era do tipo contributivo, i.e., cada país entrava com uma quota realizada em ouro e em moeda nacional. Cada país podia comprar moeda de outro, dentro de limites pré-definidos [1].

O sistema aprovado em Bretton Woods privilegiou a proposta americana sendo criado o FMI e o Banco Internacional de Reconstrução e Desenvolvimento, conhecido como Banco Mundial.

O FMI supunha a existência de um código de conduta, plasmado nos artigos do FMI, que se baseava na estabilidade cambial, acordos cambiais segundo certas normas, evitar desvalorizações concorrenciais e um regime liberal de pagamentos internacionais. Além disso o Fundo dispunha de meios a que os países podiam recorrer para facilitar o reequilíbrio das BPs. O Fundo ficou assim com 2 funções: 1 – funções de regulação, destinadas a fazer cumprir o código de conduta; 2 – funções de financiamento, pondo ao dispor os seus recursos [2].

O FMI visa a concessão de créditos aos países devedores – mais exactamente, àqueles que tinham défices temporários nas suas balanças de pagamentos – mediante a entrega de moeda nacional. A cada país foi atribuída uma quota que servia de referência para os montantes de crédito a serem concedidos.

Eram esses créditos, em parte automáticos, que forneciam um alívio temporário a um país em dificuldades. Em vez de ser forçado a recorrer a uma desvalorização cambial – já que o que se pretendia era um sistema de câmbios tanto quanto possível estáveis – as causas profundas do desequilíbrio externo podiam ser atacadas através de medidas de política económica interna.

Para o funcionamento do Fundo era, porém, necessário determinar as paridades das várias moedas de molde a ser garantida a estabilidade cambial.

5.1. Papel do ouro e do dólar

O ouro, embora tivesse deixado de fundamentar a circulação monetária interna, continuou a ser – e ainda hoje é – uma das formas por

---

[1] Para um breve cotejo dos planos Keynes e White pode consultar-se PORTO e Victor Calvete, 1999, 463.

[2] Como estamos particularmente interessados nos aspectos cambiais do Acordo apenas se faz uma breve referência ao papel creditício do FMI. Para uma visão mais desenvolvida podem consultar-se:

DE VRIES 1986; DAM 1985; PORTO e Victor Calvete 1999.

excelência de reserva de valor, visto que em todo o mundo assim é considerado.

Ao invés, as moedas nacionais em regime de papel-moeda apenas têm poder liberativo interno não sendo aceites num diferente espaço monetário.

Os Acordos de Bretton Woods elegeram o ouro como padrão de referência de valores colocando-o no centro do sistema cambial.

Isto foi conseguido porque os EUA comprometeram-se a converter a sua moeda em ouro a uma taxa fixa de $35 por onça, sempre que para tal solicitados pelos outros bancos centrais. O ouro era, portanto, comprado e vendido a um preço fixo de $35/onça [1]. Por isso, ter dólares era o mesmo que ter ouro [2] e qualquer referência a dólares era igual a uma referência ao ouro.

O sistema cambial funcionava com base numa declaração inicial da paridade de cada moeda em relação ao ouro ou ao dólar [3].

O valor externo de cada moeda ficavam assim fixado relativamente ao ouro – tal como sucedia internamente no defunto padrão-ouro – mesmo que mediado pelo dólar. No plano internacional, estamos perante um sistema que é basicamente o do padrão divisas-ouro. Embora cada moeda nacional não seja convertível em ouro é convertível em dólares (a uma taxa fixa) e estes em ouro (a uma taxa fixa).

Na prática, o dólar veio a substituir quase integralmente o ouro sendo a partir daí usado por todos os países para regularizar os seus pagamentos. Quer dizer, o dólar, moeda interna de um país, tornou-se moeda internacional [4].

5.2. Margens de oscilação cambial

As taxas de câmbio, sendo baseadas em paridades fixas, não eram totalmente rígidas. Admitia-se uma flutuação de 1% acima e abaixo da

---

[1] A onça *troy* equivale a 31,1035 gr.
[2] Na verdade era melhor. O ouro implica despesas de armazenagem, segurança e transporte. O dólar, por seu lado, pode ser depositado em contas bancárias ou em Títulos do Tesouro americano, rendendo juros.
[3] Portugal, quando aderiu ao FMI em 1960, declarou a paridade de $1=28$75.
[4] Esta potencial contradição entre moeda interna/moeda internacional levou Robert Triffin, ainda em finais dos anos 50, a prever sérios problemas para a manutenção de um sistema baseado nestes princípios. Cf. TRIFFIN 1960.

taxa de câmbio de paridade com o dólar. A margem total de flutuação era assim de 2%. Nos limites da margem os bancos centrais eram obrigados a intervir efectuando compras/vendas de moedas e/ou ouro. Veja-se a Figura I-1

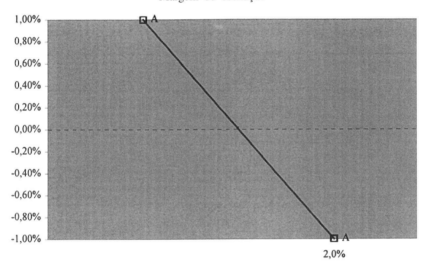

Figura I – 1
BRETTON WOODS
Margem de oscilação

Nos mercados cambiais cada moeda é diariamente procurada e oferecida fixando-se uma taxa de câmbio de equilíbrio. Sempre que a procura exceda a oferta o seu valor tende a subir e vice-versa. É esta flutuação diária que se acordou limitar a 1%.

Se a moeda A se depreciar em 1%, relativamente ao dólar, o respectivo banco central intervém no mercado comprando a sua moeda (aumentando a procura) com dólares (aumenta a sua oferta). A tendência de descida da moeda em causa será invertida mantendo-se dentro da margem.

Como todos os países ficavam obrigados a manter as suas moedas dentro dos limites em relação ao dólar, as autoridades americanas não precisavam de qualquer actuação no plano cambial. A estabilidade do sistema recaía sobre todos os países menos os EUA.

Além desta estreita margem de variação era ainda possível proceder a alterações da paridade central, desvalorizando ou revalorizando uma moeda. Como o objectivo era, porém, a estabilidade cambial, obviamente que estas soluções só seriam aplicadas em casos excepcionais e mediante o acordo prévio do FMI.

5.3. A crise do sistema de Bretton Woods

No imediato pós-guerra viveu-se um período de grande escassez de dólares, conhecido pelo 'dollar gap'.

Com o Plano Marshall, as despesas militares da Guerra Fria, o desenvolvimento económico europeu e a saída de capitais americanos em direcção à Europa para investimentos directos, inverteu-se aquela situação.

Sob o ponto de vista técnico, as necessidades de liquidez internacional eram satisfeitas pelo défice da BP americana. Embora a sua balança comercial fosse altamente excedentária, os fluxos de saída de capitais provocavam um défice na balança de capitais. Daí que a balança básica fosse deficitária [1]. O défice sistemático só era possível dado o seu financiamento ser feito com moeda nacional (o dólar). As compras feitas ao estrangeiro podiam ser pagas emitindo mais dólares que eram aceites por todos dada a garantia de convertibilidade em ouro.

Os EUA podiam assim, ao contrário de todos os outros países, delinear a sua política económica interna sem ter em conta a sua balança de pagamentos. Foi a política conhecida como *benign neglect*.

5.4. A balança de pagamentos americana

Nos anos sessenta, particularmente após 1965 com o aumento das despesas militares derivadas da guerra do Vietname, o défice acumulado atingiu valores preocupantes. A quebra de confiança no dólar conduziu a uma corrida ao ouro sem precedentes (2.000 milhões de dólares de compras ouro só em 1967, 800 dos quais em apenas 1 mês).

Essa quebra de confiança pode ser avaliada pelas reservas americanas de ouro. Entre 1957 e 1967 as reservas ouro dos EUA passaram de 22,9 para 11 mil milhões de dólares, como resultado dos pedidos de conversão de dólares em ouro.

---

[1] Recorde-se o que foi dito no ponto 2.1. sobre importação e exportação de capitais. A exportação de capitais corresponde a oferta de moeda nacional, neste caso o dólar, e a procura de moeda estrangeira.

Os distúrbios monetários, que afectaram em especial a libra e depois o dólar, acabaram por impor medidas relativamente ao ouro. A 15/3/1968 é fechado o mercado londrino de ouro. A *pool do ouro*, em vigor desde 1961 e constituída por 8 bancos centrais [1], é dissolvida e institui-se o mercado duplo para o ouro. Enquanto os bancos centrais continuam a comprar e vender ouro entre si ao preço fixo de $35 por onça, os particulares passaram a fazê-lo num mercado livre, em que o preço depende apenas da oferta e procura, tal como qualquer outro metal. O ouro deixou desde então de ter um preço fixo, que apenas continuava a vigorar nas relações entre bancos centrais.

5.5. Os Eurodólares [2]

A enorme quantidade de dólares que circulavam fora do território americano passou a constituir um mercado autónomo: os eurodólares.

A origem deste mercado é um pouco nebulosa. A explicação mais comum é algo irónica. A União Soviética, em resultado dos fluxos comerciais internacionais, detinha créditos em dólares, normalmente depositados em bancos americanos. Dado o clima de guerra fria, corria o risco de tais créditos serem congelados pelos EUA [3], podendo ficar numa situação delicada em termos de reservas externas. A solução foi depositar esses activos na filial francesa do Gosbank – que tinha o endereço telegráfico 'Euro-bank' [4]. Os eurodólares são, portanto, "depósitos em dólares pertencentes a não-residentes dos EUA, feitos e geridos por bancos situados fora dos EUA (especialmente na Europa) e utilizados por não-residentes dos EUA para operações de crédito internacional. O critério essencial é, portanto, o da extraterritorialidade do local de detenção, de gestão e utilização relativamente ao local de emissão originária do depósito." [5]

---

[1] A *pool* do ouro permitia pôr em comum as reservas dos bancos aderentes. Sempre que fosse solicitada a um deles a troca de dólares por ouro, os restantes apoiavam com a sua reserva essas operações aliviando a pressão sobre as reservas americanas.
[2] O mercado dos eurodólares deu origem a uma vastíssima literatura. Para uma análise sintética pode ver-se: HOGAN 1984.
[3] Este procedimento é relativamente comum em situações de crise aguda. Em 1990, por exemplo, antes da guerra do golfo, os EUA congelaram os activos iraquianos.
[4] Cf. BIACABE 1970.
[5] Idem, 549.

Sendo bancos situados fora dos EUA não estão sob o controlo das autoridades americanas; trabalhando com dólares, ficam fora do controlo das autoridade monetárias do local onde operam.

Foi este mercado [1], privado e desregulado, que assumiu grande importância numa época em que dominavam as restrições aos movimentos de capitais [2].

Os diferenciais nas taxas de juro entre o mercado das eurodivisas e os mercados nacionais geravam operações de arbitragem e de especulação [3]. A pressentida sobreavaliação do dólar alimentava os movimentos especulativos que por sua vez reforçavam essa tendência, num movimento auto-sustentado. Como consequência a instabilidade cambial tornava-se cada vez maior [4].

5.6. Fim da convertibilidade do dólar

O conjunto de elementos desagregadores do sistema de Bretton Woods que se vinha manifestando desde o início dos anos 60, culmina no ano de 1971. Pela primeira vez no séc.XX a balança comercial americana apresenta um défice. Em Maio de 1971 assiste-se a nova onda especulativa e à flutuação [5] ou revalorização das moedas europeias. Do lado americano a situação é insustentável. Nessa altura as reservas ouro dos EUA eram já de apenas 1,1 mil milhões de dólares enquanto os dólares que circulavam no exterior atingiam 47 m.m., estando 23,3 m.m. na posse de instituições oficiais.

Em 15 de Agosto o presidente Nixon declara unilateralmente que o dólar deixa de ser convertível em ouro e passa a impor-se uma sobretaxa sobre as importações.

---

[1] Um mercado de tipo 'grossista' já que as operações são em regra superiores a 1 milhão de dólares. Os principais intervenientes são outros bancos, Estados e empresas transnacionais.

[2] Embora a primeira e mais importante moeda fosse o dólar, seguiram-se-lhe outras divisas como a libra, o marco ou o franco. De mercado do eurodólar passou a falar-se de eurodivisas, cada uma com a sua taxa de juro própria.

[3] Relembre-se o que foi dito no ponto 3.1. A arbitragem, neste caso, era feita entre o mercado oficial do dólar e o eurodólar.

[4] Actualmente continua a existir uma rede de bancos chamados 'off-shore' que utilizam moedas diferentes da do país onde se situam. São particularmente abundantes em paraísos fiscais, como alguns países das Antilhas, ou em praças 'off-shore' como é o caso da Zona Internacional da Madeira.

[5] O que contrariava os Acordos de Bretton Woods.

Com o fim da convertibilidade desaparece o fundamento essencial em que assentava o acordo de Bretton Woods. A estabilidade cambial é agora, de facto, substituída pela tendência de flutuação.

5.6.1. Acordo Smithsoniano e novas margens de oscilação

A não convertibilidade do dólar em ouro e a sobretaxa sobre as importações funcionavam como elemento de pressão sobre as moedas europeias. A correcção do desequilíbrio americano deveria ser conseguida parcialmente à custa de revalorizações das mais importantes moedas europeias. Para tentar salvar o regime de câmbios fixos ensaiou-se uma nova solução [1].

A 18/12/1971, no edifício da *Smithsonian Institution* em Washington, é acordada uma nova paridade para o dólar: o preço oficial do ouro passa de 35 para 38 dólares/onça, o que representa uma desvalorização da moeda americana; as principais moedas europeias são realinhadas com base nos valores do período em que flutuaram. É sobre estas novas taxas de câmbio que se pretende reconstituir o modelo dos câmbios fixos embora com novas margens de oscilação.

O Acordo Smithsoniano alarga os anteriores limites de 1% para 2,25%. Ver Figura I-2.

Figura I – 2
ACORDO SMITHSONIANO

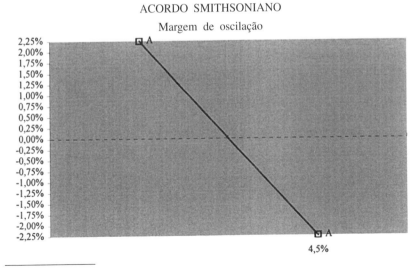

---

[1] Os acordos prévios foram conseguidos numa reunião entre os então presidentes dos EUA e da França – R. Nixon e G. Pompidou – que teve lugar nos Açores.

Como em todos os acordos cambiais, as margens são respeitadas devido à obrigação de cada banco central intervir quando atingidos os limites acordados.

Na margem superior, agora de +2,25%, o banco central em causa compra dólares com a sua moeda. No limite inferior, de -2,25%, o banco central compra a sua própria moeda com dólares. Ao inverter a relação entre procura e oferta, que colocava a moeda na respectiva margem, a acção do banco permite que seja mantida a cotação dentro dos limites acordados. Com estas novas margens, cada moeda pode variar 4,5% em relação ao dólar.

Antes de vermos a consequência que o Acordo Smithsoniano veio a ter sobre as questões monetárias europeias, temos ainda de fazer uma breve referência à situação no continente europeu no imediato pós-guerra.

CAPÍTULO II

POLÍTICA MONETÁRIA EUROPEIA ANTERIOR AO SME

1. PRIMEIRA EXPERIÊNCIA REGIONAL EUROPEIA

Passemos agora a analisar as questões monetárias sob a óptica europeia desde o fim da II Guerra até à instauração, em 1978, do Sistema Monetário Europeu.

1.1. Situação europeia no pós-guerra

Logo após o fim da II Guerra a situação económica da Europa era desoladora. A destruição física de uma boa parte do aparelho produtivo tornava muito difícil uma rápida recuperação das economias. Por outro lado, a situação política era marcada pela divisão do Continente em dois sistemas político-sociais antagónicos.

Desde o seu início a Guerra Fria caracterizou-se não só pelo confronto militar dissuasivo – primeiro a NATO de um lado, depois o Pacto de Varsóvia por outro – mas também por um confronto de tipo económico. O apoio concedido pelos EUA à Europa integrava-se (também) nessa estratégia e visava evitar o surgimento de situações consideradas economicamente favoráveis ao que então se chamava 'expansionismo soviético'.

O auxílio financeiro vindo dos Estados Unidos, o Plano Marshall[1], não era, por si só, suficiente para resolver os problemas europeus.

Uma das dificuldades estava centrada no comércio intra-europeu e nos respectivos pagamentos. O comércio entre grande parte dos países

---

[1] Deve notar-se que o Plano Marshall foi inicialmente proposto a todos os países, incluindo a União Soviética. Foi esta que resolveu rejeitá-lo por considerar que ficaria numa situação de inaceitável dependência relativamente aos EUA.

estava limitado pelos acordos de *clearing* [1] e pela não convertibilidade das moedas. Dada a ausência de reservas externas, os países europeus não podiam financiar os seus défices.

1.2. União Europeia de Pagamentos

A Organização Económica de Cooperação Europeia (O.E.C.E.), que havia sido criada para administrar os fundos do Plano Marshall, criou em 1950 a União Europeia de Pagamentos (UEP). A UEP era basicamente uma câmara de compensação internacional que tornava possível, dentro de certos limites, a inter-convertibilidade das moedas europeias [2].

1.2.1. Criação da U.C.E.

Foi no âmbito da UEP que se assistiu à criação da primeira unidade de conta europeia (UCE), na qual se contabilizavam os saldos positivos ou negativos da balanças de pagamentos. O seu valor foi fixado em relação ao ouro e equivalia ao dólar americano. Era portanto uma unidade

---

[1] Como vimos, num sistema de padrão-ouro os pagamentos internacionais não constituem qualquer problema. Todos os países aderentes ao sistema funcionam com uma mesma moeda, o ouro.

No regime de papel moeda já assim não é. A moeda não tem valor intrínseco pelo que só será aceite internacionalmente se houver garantias da sua conversão num qualquer valor considerado seguro. Durante a Guerra, e alguns anos após o seu fim, nenhuma daquelas condições estava preenchida. Daí a necessidade dos acordos *clearing*.

Os acordos de *clearing* bilaterais (entre dois países) funcionavam do seguinte modo:

Os importadores do país A não podem livremente comprar as divisas de que precisam para pagar aos credores do país B. Em vez disso pagam com a sua própria moeda a uma câmara de compensação, em regra o respectivo banco central, a uma taxa de câmbio fixa. Os exportadores do país A também não recebem directamente divisas dos seus devedores no país B. É o banco central que efectua esse pagamento com a moeda antes entregue pelos importadores. Já se vê que o comércio entre estes dois países fica limitado ao montante das importações. Se os exportadores tentassem vender mais do que o montante importado não haveria dinheiro para serem pagos na totalidade.

Por outro lado torna-se impossível o comércio multilateral, já que todas as operações são realizadas com os países emparelhados dois a dois. Não podem usar-se saldos positivos com uns para cobrir saldos negativos com outros.

[2] Para uma análise do funcionamento da UEP pode consultar-se TEIXEIRA RIBEIRO 1962, 223 ss, e EICHENGREEN 1999, 165 ss.

de conta do tipo paritário. Continuou a ser utilizada pela CEE até 1977, sobrevivendo assim à UEP.

1.3. Acordo Monetário Europeu

Em 1958 o Acordo Monetário Europeu substituiu a UEP. Ficou desde então assegurada a convertibilidade das moedas europeias com base na fixação de câmbios relativamente ao ouro e ao dólar, tal como acordado em Bretton Woods.

O Acordo Monetário Europeu incluía uma limitação às margens de flutuação cambial de Bretton Woods. As moedas aderentes, em vez de flutuarem dentro da margem de 1%, acordaram em limitar a oscilação a 0,75% em relação ao dólar, ou seja, 1,5% de flutuação total. Veja-se a Figura II-1.

Figura II – 1
ACORDO MONETÁRIO EUROPEU
Margens cruzadas de oscilação

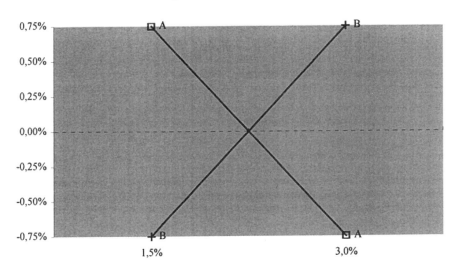

Com margens de 0,75% cada moeda podia ter uma variação teórica de 1,5% em relação ao dólar e de 3% entre duas quaisquer moedas integrantes do Acordo. Se a moeda A e B estiverem, num determinado dia, nas respectivas margens superior e inferior, então a moeda A pode, no dia seguinte, descer até -0,75% enquanto a moeda B pode subir até +0,75%. Uma em relação à outra variaram 3%. São as chamadas margens cruzadas.

Este acordo manteve-se em vigor até ao fim do sistema de Bretton Woods.

2. EVOLUÇÃO MONETÁRIA NO QUADRO DA CEE: 1958-71

2.1. Escassa importância das questões monetárias no texto original do Tratado de Roma

As referências às questões monetárias, no texto original do Tratado de Roma que instituiu a Comunidade Económica Europeia, eram feitas no âmbito das disposições relativas à balança de pagamentos [1].

Os princípios propostos eram quase todos de carácter não vinculativo e mesmo assim nem sempre foram respeitados. Claramente o objectivo em vista em 1957 não passava ainda pela constituição de uma união monetária. Só posteriormente, depois de alcançadas outras metas não tão ambiciosas, os problemas monetários se vieram a colocar na perspectiva de uma verdadeira política comum. Porém, como veremos, durante muitos anos andou-se bem longe de uma política monetária central e única da Comunidade.

Deve igualmente ter-se presente o condicionalismo político que subjaz à elaboração e aprovação do Tratado de Roma. A ênfase nos aspectos chamados de "integração negativa" em detrimento dos de "integração positiva" resulta precisamente da maior dificuldade em obter um acordo [2].

---

[1] Artigos 104.º a 109.º antes das revisões efectuadas pelo Tratado da União Europeia e pelo Tratado de Amesterdão.

[2] A "integração negativa" significa que o objectivo a atingir poderá ser alcançado removendo apenas obstáculos existentes. É tipicamente o caso da união aduaneira. O elemento central consiste na eliminação das barreiras alfandegárias antes existentes. Um outro exemplo é permitir a livre circulação de trabalhadores acabando com as restrições então em vigor.

A "integração positiva" não se realiza da mesma forma. Neste caso será necessário pôr de pé uma estratégia e medidas comuns visando um certo objectivo. A PAC ou a política monetária são bons exemplos. É impossível construir uma política comum eliminando apenas obstáculos. Tem de erigir-se um sistema inovador e especificamente pensado para o efeito.

Além disso a Europa vivia ainda na fase da passagem à conversão multilateral [1], pelo que não seria de esperar um plano muito ambicioso neste domínio.

Mesmo assim foi instituído um Comité Monetário [2] e ficou previsto um esquema de assistência mútua em caso de dificuldade nas balanças de pagamentos [3].

No domínio da cooperação económica veio a ser criado em 1960 um Comité de Política Conjuntural.

2.2. A Primeira Directiva sobre a liberalização dos movimentos de capitais

Pelo que já foi dito no capítulo anterior, é fácil compreender como a liberdade – ou a sua ausência – de circulação de capitais pode afectar o funcionamento dos mercados cambiais e as taxas de câmbio. Adiante se voltará a este tema no capítulo dedicado aos movimentos de capitais, ficando, para já, uma simples referência aos diplomas mais importantes.

Em 12/7/1960 é publicado o primeiro documento CEE que visa liberalizar os movimentos de capitais dando cumprimento ao então artigo 67.º do Tratado.

Basicamente foram totalmente liberalizados os movimentos associados aos investimentos directos, os de carácter pessoal e os créditos ligados a operações comerciais.

No final de 1962 o Conselho aprovou uma Segunda Directiva sobre os movimentos de capitais que alterou ligeiramente a anterior.

Seguiram-se novas Directivas em 1986 e 1988 que infra serão analisadas com mais pormenor.

---

[1] Quando o Tratado CEE foi assinado vigorava ainda a UEP e só em 1958 entra em funcionamento o Acordo Monetário Europeu.

[2] Ver artigo 105.º TCEE (redacção de 1957) e JOL n.º 17 de 6/10/58, 390 [EE 10 F1, p.3].

As letras e números entre parêntesis rectos referem-se à Edição Especial em português do Jornal Oficial que foi feita aquando da integração de Portugal nas Comunidades.

[3] Artigo 108.º TCEE (redacção de 1957). Embora previsto no articulado, só em 1971 a assistência mútua veio a ser efectivada pelo Mecanismo de Apoio Financeiro a Médio Prazo.

2.3. A Revalorização do Marco e do Florim em 1961

No plano interno da Comunidade não existia qualquer pressão assinalável no sentido da cooperação monetária, tanto mais que todos os países apresentavam balanças de pagamentos excedentárias.

Porém, em 1961, tanto a Alemanha como os Países-Baixos revalorizaram as suas moedas para fazer face a importantes excedentes relativamente a países não comunitários. Dados os evidentes efeitos intracomunitários dessas medidas pôs-se pela primeira vez o problema de uma efectiva coordenação das políticas monetárias.

Na verdade, se um Estado-membro revaloriza (ou desvaloriza) a sua moeda provoca uma alteração nas relações comerciais intracomunitárias. Neste caso concreto, os produtos alemães e holandeses tornaram-se mais caros para os seus parceiros enquanto os produtos destes últimos ficaram mais baratos para os primeiros.

Num processo de integração as questões cambiais deixam de ser meramente internas e passam a ter uma nova dimensão. Esta ideia estava já presente na redacção original do artigo 107.º. Depois de, no seu n.º 1, se declarar a política cambial como 'assunto de interesse comum', permitia-se mesmo, no n.º 2, que os Estados-membros tomassem medidas apropriadas quando um deles procedesse a alterações na taxa de câmbio falseadoras da concorrência. Visava-se, fundamentalmente, evitar as chamadas 'desvalorizações competitivas' em que, artificialmente, se aumentava a competitividade externa de uma economia à custa das restantes. Se a desvalorização fazia aumentar as exportações – os seus produtos tornavam-se externamente mais baratos – tinha também a nada agradável consequência de reduzir as exportações dos outros Estados-membros – cujos produtos se tornavam, no país que desvalorizasse, internamente mais caros. A este tipo de políticas, em que se pretendem obter vantagens à custa de outros países, chamam-se políticas de 'beggar-thy-neighbor'.

2.4. O "Programa de Acção" de 1962

No seguimento de um relatório apresentado pelo Comité Monetário, a Comissão fez incluir no seu "Programa" de 1962 disposições de carácter monetário. Surge aí a primeira referência a uma união monetária europeia embora a efectivar segundo um processo faseado. A ideia central era a de que se tornava necessário proceder a alguma centralização nos domínios económico e monetário.

Entre as propostas apresentadas destaca-se a criação de:
- um Comité de Governadores de Bancos Centrais;
- um Comité de Política Orçamental;
- um Comité de Política Económica de Médio Prazo.

A maior parte dos países comunitários veio a receber com frieza as propostas da Comissão. A oposição alemã, pela voz do então Chanceler L. Erhard, foi particularmente forte. Depois disso, a crise política aberta com o veto francês à entrada do Reino Unido (1963) no Mercado Comum pôs fim a qualquer esperança de acordo no domínio monetário.

Porém, em 1963, a Comunidade viu-se confrontada com o seu primeiro grave desequilíbrio interno. Pressões inflacionistas em França e Itália; défice da balança de pagamentos italiana e movimentos especulativos contra a lira, pressionando a revalorização do marco.

Os alemães, em especial, compreenderam que não lhes era indiferente o que sucedia nos restantes Estados-membros. Neste caso a crise da lira provocava a apreciação do marco e a eventual necessidade de uma revalorização. As exportações alemãs seriam mais caras, prejudicando o sector exportador. Esta crise criou as condições favoráveis para a adopção das propostas já contidas no "Programa de Acção".

Com a inversão da atitude inicial, em Abril de 1964 o Conselho aprovou a criação de um *Comité de Política Económica de Médio Prazo* – e uma recomendação sobre medidas anti-inflacionistas que incluía um limite de 5% para o crescimento das despesas públicas – e em Maio os *Comités de Governadores dos Bancos Centrais* [1] e de *Política Orçamental*.

2.5. A PAC e a ilusão de estabilidade monetária

2.5.1. A U.C.E. de 1962

Com a instauração da PAC em 1962 foi criado um constrangimento às flutuações cambiais. A fixação dos preços agrícolas passou a ser expressa – em 1964 – na unidade de conta europeia que vinha já, como vimos, da UEP. Tratando-se de uma unidade de conta-ouro, as revalorizações ou desvalorizações implicavam modificações nos preços agrícolas internos. Assim, em caso de desvalorização, os produtores eram incentivados a

---
[1] Que só veio a ser alterado em 1990 pela Decisão 90/142 de 24/3.

uma sobreprodução e geravam-se tensões inflacionistas; no caso oposto assistia-se a uma penalização dos agricultores, o que criava problemas políticos internos.

A estabilidade cambial, reinante no interior da Comunidade desde 1964 até 1968, tornava as tentativas institucionais de avanço em direcção à integração monetária aparentemente redundantes. Existia no espírito de muitos uma união monetária de facto.

A estratégia neo-funcionalista dava assim os seus frutos. Além disso, as questões monetárias eram dominadas pelas discussões sobre a reforma do Sistema Monetário Internacional, pelo que ficava em segundo plano o problema regional europeu. Ainda neste contexto é de referir a posição do general de Gaulle, divergente da dos seus parceiros europeus. Após uma famosa conferência de imprensa em Fevereiro de 1965, a favor do regresso ao padrão-ouro, a França ameaçou converter os seus activos/ /dólares em ouro [1].

2.6. O Plano Werner e o 1.º Plano Barre

Em Janeiro de 1968 Pierre Werner apresentou um "Plano de Acção" relativamente às questões monetárias. Propunha que se avançasse para uma fixação irrevogável de taxas de câmbio, a constituição de um Fundo Monetário Europeu, e a adopção de uma Unidade de Conta Europeia.

Um mês mais tarde um *Memorandum* da Comissão (conhecido como 1.º Plano Barre) acolhia algumas das suas propostas embora em termos bem mais cautelosos, sendo mais acentuado o aspecto da cooperação do que o da integração propriamente dita.

Mesmo assim, adiantava-se com a proposta de constituição de um mecanismo de apoio monetário de curto prazo e de ajuda financeira a médio prazo; a obrigatoriedade de prévio acordo dos países parceiros

---

[1] O que, na história monetária francesa, nem sequer foi original. Já em 1927, na vigência do padrão-ouro, o governo de Raymond Poincaré tomou uma atitude semelhante transformando em ouro os créditos em libras esterlinas, na altura a moeda de referência.

Desde a Conferência de Génova de 1922 que a França se opunha tenazmente a conceder estatuto internacional privilegiado a uma moeda nacional.

A posição do dólar no sistema monetário internacional era considerada por de Gaulle um "privilégio exorbitante". Daí a politização das questões monetárias e a proposta de regresso ao padrão-ouro, acerrimamente defendida pelo economista e então ministro Jacques Rueff.

para efectuar alterações de paridade cambial; conversações no sentido de uma futura eliminação das margens de flutuação cambial; finalmente, fazia-se referência à definição de uma nova unidade de conta.

2.7. A instabilidade monetária e a crise de 1968

O recrudescimento do interesse pelas questões monetárias foi marcado no ano de 1968 por diversos acontecimentos.

A crise do sistema monetário internacional, que em 1967 se tinha manifestado no mercado do ouro, acarretou a desvalorização da libra [1] e políticas restritivas em Inglaterra. Ao mesmo tempo, e pelas mesmas razões, políticas idênticas são postas em execução pela administração americana de L. Johnson (entre elas a subida das taxas de juro) [2]. O efeito de contracção económica destas medidas ameaçava a robustez das economias europeias.

Entretanto o segundo veto francês à entrada do Reino Unido no Mercado Comum foi parcialmente justificado por de Gaulle recorrendo a argumentos monetários. A fraqueza da libra, segundo ele, podia gerar instabilidade no seio da Comunidade e contribuir assim para uma menor força integradora [3].

A posição política francesa, por outro lado, criou um profundo mal-estar no interior da Comunidade. Ao findar o período transitório a CEE precisava claramente de uma nova força motriz.

Quando se dá o Maio de 68 em França a História pregou uma partida a de Gaulle. A situação política e social em França teve quase imediatas repercussões monetárias. A especulação contra o franco foi fortíssima e jogava no sentido da revalorização do marco, como sempre moeda refúgio. Era agora o franco que espalhava instabilidade nos mercados cambiais. Só a obstinação do general de Gaulle impediu o que a todos parecia inevitável: a desvalorização do franco [4].

---

[1] Veja-se o que foi dito no ponto 5.4. do Cap. I.

[2] Uma das consequências foi a arbitragem com as taxas de juro do eurodólar, de que supra se falou.

[3] A recente desvalorização e a pesada dívida externa eram, segundo disse de Gaulle numa Conferência de Imprensa de Novembro de 1967, factores que "não permitiam ao país [o Reino-Unido] fazer parte da sólida, interdependente e forte associação entre o franco, o marco, a lira, o franco belga e o florim." Citado por TSOUKALIS 1977, 69.

[4] Uma das razões que podem explicar a decisão de não desvalorizar o franco francês prende-se com uma declaração pública do então Ministro dos Negócios

Foi só três meses após a demissão do General de Gaulle, apresentada em Abril 1969 [1], que o franco desvalorizou em 11%. O que de Gaulle havia criticado à libra inglesa abatia-se agora sobre o franco francês.

2.8. Surgimento dos Montantes Compensatórios Monetários

A desvalorização do franco, feita sem prévia consulta aos países parceiros, deitou por terra a ilusão de uma união monetária de facto. A necessidade da introdução dos Montantes Compensatórios Monetários (MCM) provou que em vez da Política Agrícola Comum tornar impossível as alterações cambiais eram estas, afinal, que impediam o bom funcionamento da PAC. A flutuação e posterior revalorização do marco alemão em 9,3% em Outubro de 1969, deu novo golpe no funcionamento da Política Agrícola. A partir daí generalizaram-se os MCMs [2].

Estrangeiros alemão, Franz J. Strauss – que tinha o nada diplomático cognome de 'Touro da Baviera'. Strauss declarou publicamente, após uma reunião do Grupo dos Dez em Bona, que previa a curto prazo uma desvalorização do franco. (Cf. TSOUKALIS 1977, 71).

Anunciar a desvalorização de uma moeda é, sem dúvida, o mais mortal dos pecados da política cambial!

[1] Na sequência de um referendo sobre regionalização no qual o general tinha apostado a sua cabeça política.

[2] Como os preços agrícolas eram fixados numa unidade de conta-ouro com valor estável, a desvalorização de uma moeda relativamente ao ouro fazia variar os preços agrícolas.

Tomemos um exemplo:

Admita-se que um franco francês equivale a dez unidades de conta e um marco alemão corresponde a 5 unidades de conta. Temos deste modo estabelecida a relação FF/DM=2/1.

No âmbito da PAC, suponha-se que foi fixado o preço de uma unidade de um produto agrícola (v.g., uma tonelada de trigo) em 100 unidades de conta. Isto significa que o preço em França desse produto é de 1.000 FF e na Alemanha é de 500 DM.

Nesta situação um francês pode importar da Alemanha uma unidade do produto agrícola considerado pagando ao exportador 500 DM, i.e., gastando 1.000 FF. Por sua vez um importador alemão poderá importar de França uma unidade do mesmo produto pagando 1.000 FF que obtém com 500 DM. O preço do bem agrícola é assim idêntico nos dois países.

Admitamos agora que o FF desvaloriza, relativamente ao ouro, em 10%. A uma unidade de conta-ouro correspondem agora 11 FF. A nova relação entre o FF e o DM é de 2,2/1.

Se não for introduzida nenhuma correcção, o mesmo produto agrícola terá agora em França um preço interno de 1.100 FF e na Alemanha continua a custar 500 DM.

Estava definitivamente demonstrado que a estabilidade cambial teria de ser directamente construída.

2.9. Cimeira de Haia e a UEM

A Cimeira de Haia, de Dezembro de 1969, foi marcada por dois importantes acontecimentos políticos: a eleição do presidente Pompidou, em França, e a subida ao poder de Willy Brandt (do SPD), na Alemanha. Pela primeira vez depois da II Guerra a França conhecia um novo presidente e a Alemanha via a coligação conservadora CDU/CSU abandonar o poder.

O Chanceler Brandt avançou uma proposta com vista à criação de uma União Económica e Monetária a efectivar em duas fases. Na primeira devia tentar harmonizar-se a política económica de curto prazo e centralizar, a nível comunitário, a definição dos objectivos de médio prazo. Atingido o primeiro objectivo, poderia então construir-se uma verdadeira UEM com a constituição de um Fundo Europeu de Reservas.

O presidente Pompidou não só apoiou a iniciativa alemã como propôs a criação de um mecanismo de apoio monetário de curto prazo e uma parcial junção de reservas externas.

2.10. Definição de União Económica e Monetária

Será talvez este o momento apropriado para introduzir uma definição do que se entende por União Económica e Monetária.

Para evitar a variação do preço em França recorreu-se aos MCMs.

Uma exportação para a Alemanha renderia ao exportador francês 1.100 FF. Como se pretende anular o efeito da desvalorização nos preços internos, faz-se incidir um imposto de 100 FF. Deste modo o importador alemão gasta 500 DM mas o exportador francês só obtém uma receita líquida de 1.000 FF, tal como sucedia antes da desvalorização.

Por outro lado se houver uma importação por parte da França, seria necessário despender 1.100 FF para obter uma unidade do produto na Alemanha (1.100 FF=500 DM). Para o evitar, a França concede um subsídio à importação no valor de 100 FF pelo que o gasto efectivo do importador se fixa novamente em 1.000 FF.

Conjugando este sistema de impostos/subsídios com uma redução dos preços de intervenção nos mercados agrícolas num montante equivalente à desvalorização, consegue-se manter inalterado o preço interno e evitar os efeitos perniciosos da variação da taxa de câmbio.

Sob o ponto de vista teórico, a União Monetária tem duas componentes: união cambial e integração do mercado de capitais.

Quanto à união cambial pode distinguir-se entre pseudo união cambial e união cambial completa.

Na primeira, os membros apenas se comprometem a manter taxas de câmbio fixas e inalteráveis; na segunda deve acrescentar-se a existência de um banco central, que controla a política monetária da união, e a centralização de todas as reservas externas.

Nos textos oficiais da Comunidade a integração monetária aparece caracterizada por três elementos essenciais: 1 – moeda única; 2 – política monetária unificada ao nível da união; 3 – controlo, por parte da união, das reservas e da taxa de câmbio externa.

Tanto na sua definição teórica como nos documentos comunitários, a união monetária implica a total liberalização dos movimentos de capitais, matéria que, como veremos, estava muito longe de ser uma realidade em 1969.

A união económica e monetária (UEM) tem um conteúdo mais vasto. Para além da união monetária deve ainda existir alguma centralização das decisões sobre os principais objectivos económicos a atingir no interior da união, o que implica uma coordenação estreita das políticas económicas nacionais.

2.11. O Conselho de Janeiro de 1970

Já em Julho de 1969 o Conselho tinha chegado a um acordo sobre algumas das propostas do primeiro Plano Barre. Em Janeiro de 1970 o Conselho aprovou por fim um sistema de consultas prévias e a constituição de um mecanismo de apoio monetário de curto prazo (A.M.C.P.), que o Comité dos Governadores dos Bancos Centrais activou em 9/2/1970.

Embora os resultados da Cimeira de Haia representassem uma importante viragem, continuavam a subsistir divergências de monta no que se refere à instauração da União Económica e Monetária. As necessárias reformas a introduzir no funcionamento da Comunidade eram entendidas de forma diversa.

2.12. As duas posições sobre a integração monetária

Embora parecesse haver acordo quanto ao objectivo final – a UEM – permaneciam diferentes visões estratégicas no que concerne à sua realização. De um lado encontrava-se um grupo de países ditos "monetaristas"[1], do outro os chamados "economistas".

2.12.1. Os "monetaristas"

França, Bélgica e Luxemburgo advogavam uma acção imediata no domínio monetário tendo em vista uma fixação irrevogável de taxas de câmbio. Para além disso, foi mesmo proposta a constituição de um Fundo Europeu de Reservas para conceder apoio às balanças de pagamentos deficitárias.

Segundo esta estratégia, a unificação económica seria resultado de um constrangimento cambial. A ideia é a seguinte:

Se os países fixarem as respectivas taxas de câmbio, tornando-as inalteráveis, então as outras variáveis económicas terão de comportar-se em conformidade. A taxa de inflação, por exemplo, deve obrigatoriamente convergir. Se um país tivesse uma taxa mais elevada reduziam-se as exportações, aumentavam as importações e em breve estaria perante uma grave crise cambial sem meios de satisfazer os seus compromissos e/ou perante uma redução da produção e do emprego. Para evitar um tal cenário teria de conduzir a política económica de molde a evitar o diferencial na taxa de inflação.

Quanto à política monetária seria forçada a manipular as taxas de juro de modo a poder manter a taxa de câmbio em equilíbrio estável[2].

Como se vê, o acordo cambial conduz à necessidade de uma determinada política económica sem que ela seja directamente imposta.

2.12.2. Os "economistas"

A Alemanha, a Holanda e em parte a Itália, situavam-se no campo oposto. Para eles qualquer avanço no domínio monetário teria de ser precedido por uma efectiva e eficaz coordenação das políticas económicas. A integração monetária seria assim o coroar de uma previamente realizada unificação económica.

Retomando o exemplo anterior, esta estratégia consistia em nivelar primeiro as taxas de inflação e só depois avançar para a fixação irrevogável de taxas de câmbio.

---

[1] Não confundir com a corrente de economistas chamados monetaristas, cuja figura liderante mais conhecida é Milton Friedman.
[2] Recorde-se o que foi dito no Cap. I.

2.13. O Relatório Werner

Face às divergências, foi criado um grupo de trabalho, presidido por Pierre Werner – Primeiro Ministro do Luxemburgo – que apresentou o seu relatório final em Outubro de 1970. O objectivo central do Relatório era indicar os procedimentos para a criação de uma UEM, segundo um processo faseado, até finais da década de 70.

De entre as inúmeras propostas merecem destaque:

No campo institucional, a criação de um Centro de Decisão de Política Económica – que poderia fazer propostas de limitação para os orçamentos nacionais – e a criação de um Sistema Comunitário para os Bancos Centrais, do tipo do FED norte-americano.

Quanto ao procedimento na primeira e segunda fases, acentuou-se a necessidade de uma maior coordenação das políticas económicas e avançou-se uma metodologia pormenorizada nos vários domínios dessas políticas.

No que se refere especificamente à política monetária era proposta, para uma primeira fase, a diminuição das margens de flutuação cambial; numa segunda etapa seria criado um Fundo Europeu de Cooperação Monetária que asseguraria a realização do objectivo final, i.e., a fixação de taxas de câmbio inalteráveis e a plena convertibilidade, o que se realizaria com uma moeda comum e um sistema comunitário de bancos centrais.

O Relatório Werner pretendia assim uma solução de compromisso entre "economistas" e "monetaristas".

2.14. O Conselho de Março de 1971 e a Resolução sobre a UEM

A tentativa de compromisso representada pelo Relatório Werner não foi, porém, bem sucedida. A posição francesa foi de clara rejeição dos aspectos supranacionais patentemente revelados pelo Relatório Werner. A alteração da política francesa levou à curiosa inversão dos pontos de acordo. Inicialmente tinha-se estabelecido um acordo quanto aos fins mas não quanto aos meios; agora havia poucas divergências no que se refere aos meios e forte oposição quanto aos fins [1].

A solução de compromisso, apresentada pela Comissão, deu particular importância às medidas que deveriam ser adoptadas numa primeira fase,

---

[1] Para uma apreciação do Relatório Werner veja-se TSOUKALIS 1977 e BAER 1989.

deixando quase sem referência tudo o que se relacionava com a transferência de poderes para instâncias comunitárias.

Em 22 de Março de 1971, o Conselho adoptou uma Resolução [1] sobre a realização por fases de uma UEM de que se destaca:

- a coordenação e harmonização das políticas monetárias;
- a redução experimental das margens de flutuação cambial;
- o início de estudos com vista à constituição de um Fundo de Cooperação Monetária.

Na mesma data aprovou uma Decisão que criou um mecanismo de apoio financeiro a médio prazo [2].

2.15. A crise do dólar de Agosto de 1971 e as implicações do Acordo Smithsoniano

A Resolução de 22 de Março de 1971 não pôde ser integralmente executada.

Como foi visto no final do capítulo anterior, no início de 1971 assiste-se a uma nova escalada especulativa contra o dólar, pressionando fortemente o marco alemão. Numa reunião de emergência, os países da Comunidade não aceitaram a proposta alemã de flutuação conjunta das suas moedas. A reacção europeia foi, portanto, descoordenada.

O marco e o florim entraram em regime de flutuação, os outros países introduziram controlos de capitais suplementares, tentando com isso evitar excessivas variações cambiais.

Após 15 de Agosto a situação deteriora-se ainda mais. As moedas europeias são incapazes de responder em bloco ao fim do sistema de Bretton Woods. O marco e a lira flutuam livremente, as moedas do Benelux flutuam em conjunto dentro de margens mais estreitas, o franco passa a ter um mercado cambial duplo e a libra alarga as margens de oscilação.

No âmbito do Acordo Smithsoniano o marco é revalorizado em 13,57%, o franco e a libra 8,57%. O dólar é desvalorizado em 7,89%. As margens de flutuação, com base no Acordo Smithsoniano, passam de 1% para 2,25%, como vimos supra.

---

[1] JOC n.º 28 de 27/3/1971, 28 [EE 10 F1 p. 34].
[2] JOL n.º 73 de 27/3/71 [EE 10 F1 p. 39]. Mais adiante dele se falará.

2.15.1. Implicações da oscilação cruzada das moedas europeias

O principal problema para as moedas europeias, posto pelo Acordo Smithsoniano, era agora o da sua oscilação cruzada.

Mesmo durante a vigência do sistema de Bretton Woods as moedas europeias estavam em desvantagem em relação ao dólar. Enquanto este podia variar um máximo de 2%, as margens cruzadas entre quaisquer duas moedas que não o dólar atingiam 4%. Veja-se a Figura II-2.

Figura II – 2
BRETTON WOODS
Margens cruzadas de oscilação

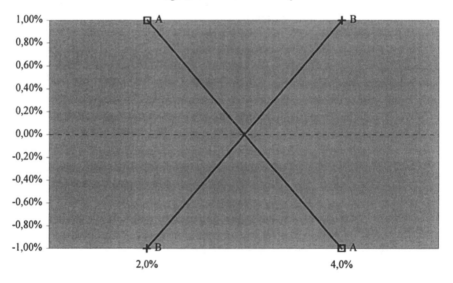

Embora, por efeito do Acordo Monetário Europeu, as margens de oscilação tivessem sido reduzidas para 0,75%, a verdade é que, mesmo assim, implicavam um maior risco cambial dadas as margens cruzadas que podiam atingir os 3%, como vimos supra.

Com as novas margens de 2,25%, a diferença entre duas moedas comunitárias atingia agora os 9%.

Um detentor de dólares sabia que o seu valor, relativamente a qualquer outra moeda, podia teoricamente variar 4,5%. Se essa moeda (A) se situasse inicialmente no limite superior (+2,25%) e no dia seguinte descesse para o limite inferior (-2,25%), então a variação entre os dois momentos era de 4,5%. Veja-se a Figura II-3.

Figura II – 3
ACORDO SMITHSONIANO
Margens cruzadas de oscilação

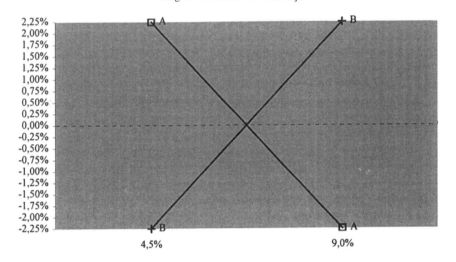

Para quaisquer duas moedas que não o dólar a situação era diferente. Suponha-se que inicialmente a moeda A está no limite superior e a moeda B no limite inferior. Se no dia seguinte inverterem as posições, a moeda A desce 4,5%, a moeda B sobe 4,5%. Uma em relação à outra variam 9%.

Como é evidente, tais margens de oscilação representavam uma séria ameaça aos objectivos da União Aduaneira, da PAC e do processo de integração em geral.

O comércio intracomunitário seria fortemente afectado por uma variação internacional de preços de tão grande magnitude. O risco cambial faria reduzir os fluxos comerciais pondo em causa o objectivo central da união aduaneira. Os obstáculos legais que ela eliminou seriam substituídos por obstáculos cambiais.

A PAC, por seu lado, baseada na unicidade de preços, ficaria sabotada por tão ampla variação no valor relativo das moedas.

O Mercado Comum tornava-se assim num *"uncommon market"*, como jocosamente se escreveu. Além disso, os próprios mercados financeiros eram fortemente afectados pelo risco cambial diminuindo igualmente os respectivos fluxos e a tendência para a sua integração. Do mesmo modo, haveria tendência para uma redução dos investimentos directos intracomunitários.

Em suma, o risco resultante da variação cambial impedia o movimento de integração das economias.

3. A EVOLUÇÃO ENTRE 1971 E 1979

3.1. Acordo de Basileia de Abril de 1972: "Serpente no Túnel"

A aguda crise monetária que se seguiu à resolução de 22/3/1971 impediu, como vimos, a sua aplicação.

Porém, em 21 de Março de 1972, e dadas as circunstâncias referidas no ponto anterior, o Conselho convidou os bancos centrais a reduzirem as margens de oscilação entre as moedas europeias [1]. A primeira atitude europeia autónoma no domínio monetário foi, assim, uma resposta ao ambiente cambial resultante dos acordos internacionais do Smithsoniano.

Em 10/4/1972 é assinado em Basileia um Acordo com essa finalidade e que vigorará de 24/4/1972 a 13/3/1979.

As margens smithsonianas (±2,25%) definiam os limites máximos de flutuação (túnel) de qualquer moeda relativamente ao dólar. Segundo o Acordo de Basileia, dentro do 'túnel' as moedas europeias não poderiam afastar-se entre si mais do que 2,25%, tudo resultando numa flutuação conjunta face ao dólar.

3.1.1. Funcionamento da "Serpente"

A "Serpente" funcionava dentro do quadro definido pelo Acordo Smithsoniano. Por isso existem em simultâneo dois tipos de intervenção.

---

[1] JOC n.º 38 de 18/4/72 [EE 10 F1 p. 42].

Como todas as moedas têm de manter-se dentro de margens de ±2,25% relativamente ao dólar, haverá intervenções nessa moeda quando o limite seja atingido. Se o marco, por exemplo, atingisse a margem superior de 2,25% o banco central alemão (e apenas ele) deveria vender marcos (aumenta a oferta) comprando dólares (aumenta a procura). Trata-se, portanto, do funcionamento normal com base no Acordo Smithsoniano.

Dentro deste esquema entra a "Serpente"[1]. Veja-se a Figura II-4.

Figura II – 4
SERPENTE NO TÚNEL

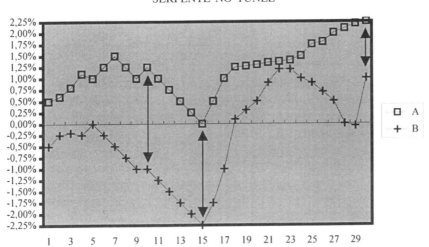

Diariamente era calculada a cotação da moeda mais apreciada (A) e da moeda mais depreciada (B), relativamente ao dólar. Entre essas duas situavam-se, obviamente, todas as outras. Se o **intervalo** ou afastamento entre ambas atingisse 2,25% haveria lugar a intervenções bilaterais dos respectivos bancos centrais[2]. Veja-se a situação referenciada pela primeira seta vertical.

---

[1] A designação 'serpente no túnel' resulta do aspecto gráfico de funcionamento deste tipo de mercado. As margens smithsonianas definem um túnel dentro do qual as moedas flutuam em conjunto, 'serpenteando' ao longo do tempo.

[2] Mais adiante se verá que o Sistema Monetário Europeu veio a adoptar o esquema básico da 'serpente' tanto no que respeita ao valor das margens máximas como ao tipo de intervenção de carácter bilateral.

Se a moeda mais apreciada em relação ao dólar (A) se encontrava no ponto +1,25% e a moeda menos apreciada (B) estava em -1,00%, então o afastamento entre elas era de 2,25%. O banco central cuja moeda estava mais apreciada era obrigado a comprar a moeda menos apreciada; o outro banco central comprava a sua própria moeda com moeda, em reserva, do primeiro [1]. Ambos compram a moeda menos apreciada, o que aumenta a sua procura; ambos vendem a moeda mais apreciada, o que aumenta a sua oferta. O efeito conjugado é a manutenção de ambas as moedas dentro do limite definido.

Deste modo a largura da serpente – a sua 'barriga' digamos – nunca pode exceder os 2,25%, o mesmo é dizer que todas as moedas flutuam em conjunto relativamente ao dólar.

A Serpente funcionava dentro dos limites do Acordo Smithsoniano, que constitui o 'túnel. Daí que, na situação assinalada pela segunda seta vertical, a moeda (B) estivesse na margem inferior relativamente ao dólar. O respectivo banco central teria de comprar a sua moeda com dólares para a manter dentro do limite. Ao mesmo tempo, a moeda (A) estava perfeitamente dentro dos limites em relação ao dólar, mas tinha-o atingido relativamente à moeda (B). Haveria, então, lugar a um segundo conjunto de intervenções, agora bilaterais. O banco central de (A) era obrigado a comprar a moeda de (B) e este a sua própria moeda com moeda de (A).

No 3.º caso assinalado o afastamento entre (A) e (B) respeitava o acordo da Serpente mas a moeda (A) tinha atingido o limite superior em relação ao dólar. O seu banco central teria de intervir no mercado comprando dólares com a sua moeda.

Com este esquema conseguiu-se uma redução para metade das flutuações cruzadas. Como nenhuma moeda se pode afastar de outra mais do que 2,25%, se uma se situar no ponto superior (a mais apreciada) e outra no ponto inferior (a mais depreciada) e posteriormente se inverterem as posições, então a variação de uma em relação à outra é de apenas 4,5%.

A persistente crise monetária provocou um constante sobressalto no funcionamento da "Serpente". Entre Fevereiro de 1972 e Fevereiro de 1973 assistiu-se a entradas e saídas de várias moedas, com particular destaque para o comportamento da libra.

---

[1] Para permitir a obtenção de moeda de intervenção foi criado um Mecanismo de Crédito de Muito Curto Prazo.

Cap. II – Política Monetária Europeia Anterior ao SME

De resto, logo em Março de 1972, e face à amplitude dos movimentos de capitais, o Conselho aprovou uma Directiva [1] segundo a qual eram permitidas derrogações à Primeira Directiva sobre os movimentos de capitais [2]. Tentava-se desta forma controlar os fluxos que desestabilizavam os mercados de câmbios.

3.2. A Cimeira de Paris

Na Cimeira de Paris, de Outubro de 1972 – não obstante a difícil situação que então se vivia – é mais uma vez reafirmado o desejo de construir uma UEM. O único resultado concreto foi a decisão de avançar na formação de um Fundo Europeu de Cooperação Monetária (FECOM) – cuja proposta vinha já da Resolução de Março de 1971 – e que acabou por ser finalmente erigido em 5/4/1973 [3].

A principal função do FECOM, durante este período, foi gerir o funcionamento da Serpente e dos mecanismos de crédito a ela associados.

3.3. Os movimentos especulativos de 1973

A desvalorização do dólar em Dezembro de 1971 não foi suficiente para restabelecer a confiança. Em Fev./Mar. e Jun./Jul. de 1972 novas ondas especulativas atingem o dólar e a libra, que entra em regime de flutuação juntamente com 16 outras moedas. No início de 1973 os mercados cambiais são de novo invadidos por um verdadeiro mar de dólares.

3.3.1. Desvalorização do dólar e o fim dos câmbios fixos

Em Janeiro de 1973 a Suíça deixa flutuar o franco e a 10 de Fevereiro as autoridades japonesas encerram o seu mercado e deixam de apoiar o dólar. A 13 de Fevereiro a moeda americana sofre nova desvalorização ($42,2/onça) e é declarada a intenção de não intervir em sua defesa.

Foi o fim do sistema monetário internacional baseado em câmbios fixos, tal como delineado em Bretton Woods e pelo Acordo Smithsoniano.

---

[1] JOL n.º 91 de 18/4/72 [EE 10 F1 p.44].
[2] Ver infra.
[3] JOL n.º 89 de 5/4/73 [EE 10 F1 p.46].

A partir desta data entrou-se num regime de 'não sistema', ou seja, desapareceu de facto qualquer acordo internacional geral no que respeita às taxas de câmbio [1]. Cada país passou a definir o regime cambial como bem entendesse. Muitas das moedas entraram, e ainda hoje permanecem, em regime de livre flutuação; outras entraram em esquemas cambiais regionais como foi o caso da Comunidade.

3.4. A "Serpente" sem túnel

Dada a impossibilidade de um acordo que incluísse os 9 países então membros da Comunidade, houve reacções diversas ao fim do papel cambial do dólar.

Não obstante, foi ainda possível uma flutuação conjunta das moedas de seis países que ficou conhecida por "serpente sem túnel". Ver Figura II-5.

Figura II – 5
SERPENTE SEM TÚNEL

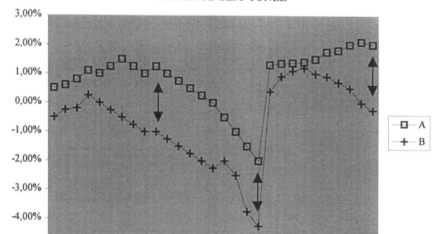

---

[1] Essa foi a situação de facto que não de direito. Formalmente continuavam em vigor os anteriores acordos. Só em 1976 a alteração dos Estatutos do FMI 'legalizou' esse procedimento.

O mecanismo de funcionamento era em tudo idêntico ao da primitiva fórmula excepto na limitação das cotações em relação ao dólar que desapareceram devido ao fim do Acordo Smithsoniano.

As moedas integrantes da 'serpente sem túnel' continuam ligadas entre si por um afastamento máximo de 2,25% mas podem agora flutuar conjuntamente sem qualquer limite superior ou inferior.

3.5. As reacções divergentes das economias europeias ao primeiro choque petrolífero

A vida da segunda Serpente europeia foi particularmente atribulada. Não só se assistiu a constantes entradas e saídas de moedas como a frequentes valorizações/desvalorizações.

O primeiro choque petrolífero, ainda em 1973, foi uma das causas da instabilidade [1]. As economias europeias reagiram de forma muito diferenciada. As diferenças nas taxas de inflação e no desequilíbrio externo conduziram a comportamentos atípicos. Os franceses, por exemplo, acérrimos defensores da estabilidade cambial, acabaram por deixar flutuar o franco.

Por outro lado, os activos financeiros resultantes do elevado preço do petróleo (petrodólares) vão alimentar de uma forma crescente os movimentos de capitais a curto prazo, utilizando em especial o mercado do eurodólar. A gestão das economias e das taxas de câmbio tornou-se assim ainda mais difícil.

3.6. O problema das taxas flexíveis

A generalização do regime de câmbios flexíveis verificada nos anos 70 foi uma experiência de que se colheram alguns ensinamentos.

No sistema de Bretton Woods, os desequilíbrios das balanças de pagamentos eram corrigidos essencialmente à base de medidas internas. A estabilidade cambial foi assim sendo assegurada durante quase trinta anos. Porém, a rigidez do sistema e o seu deficiente funcionamento, como vimos, acabou por conduziu à derrocada.

---

[1] Entre Dezembro de 1973 e Janeiro de 1974 o preço do petróleo subiu 400% numa época em que os países desenvolvidos dependiam muito mais do petróleo do que actualmente.

A partir de 1973 a situação inverte-se, num sentido que muitos desejavam. Com efeito os câmbios flexíveis têm algumas vantagens teóricas.

Em primeiro lugar, possibilitam o reequilíbrio automático das balanças de pagamentos, sendo por isso o processo de ajustamento mais fácil e menos perturbador [1]. A política económica pode, neste contexto, dirigir-se apenas para a realização dos equilíbrios internos.

Em segundo lugar, o regime de câmbios flexíveis permite isolar um país das alterações externas de preços. Através da flutuação cambial a inflação verificada num outro país não será importada [2].

A experiência dos anos 70 não confirmou, porém, aqueles princípios teóricos. Com efeito não só não se verificou um rápido reequilíbrio das balanças de pagamentos como as variações cambiais foram de grande amplitude [3].

Tornou-se evidente que a balança comercial reage com muito maior rapidez às alterações da procura global [4] do que aos câmbios. Tal comportamento ficou a dever-se, por um lado, à mercadoria específica que é o petróleo (baixa elasticidade) e, por outro, aos efeitos desestabilizadores dos movimentos de capitais a curto prazo (*hot money*).

Como o petróleo é um produto essencial para o funcionamento das economias, a sua procura não varia proporcionalmente com o preço. Se os países importadores de petróleo tivessem reduzido em 400% as quantidades procuradas teriam paralisado as respectivas economias. A baixa elasticidade-preço explica facilmente os enormes desequilíbrios nas balanças de pagamentos.

Não menos importante foram os movimentos de capitais.

A crise petrolífera teve como outra consequência um aumento generalizado das taxas de inflação. Para a combater os bancos centrais fizeram subir as taxas de juro. Isto provocou, no entanto, um efeito de *boomerang* sobre as balanças de pagamentos. As elevadas taxas de juro atraiam capitais de curto prazo em busca de mais altas remunerações. Ao passarem o respectivo mercado cambial provocavam a subida da taxa de

---

[1] Recorde-se o que foi dito supra Cap. I, ponto 3.3.1.

[2] A subida interna de preços é compensada pela descida da taxa de câmbio. Para um comprador estrangeiro os preços não variam. A inflação fica confinada ao país de origem – como o génio da lamparina. É o que alguns designaram por 'engarrafar a inflação'.

[3] Para uma visão muito negativa deste período veja-se TRIFFIN 1978 e 1980.

[4] O mecanismo de funcionamento pode basear-se na lógica do reequilíbrio via-rendimentos referido no capítulo anterior.

câmbio dificultando o equilíbrio das contas externas. Como muitas vezes sucede em economia, uma medida acertada para um certo objectivo acaba por produzir efeitos nefastos em outros.

3.7. O deficiente funcionamento da Comunidade e as várias propostas para superar aquela situação

O diferente comportamento das moedas e das economias europeias inviabilizou qualquer progresso no sentido da integração monetária. Pelo contrário, o caos dos anos 70 teve efeitos de regressão relativamente a algumas "conquistas" comunitárias. Foi o que sucedeu, nomeadamente, nos movimentos de capitais. Igualmente a PAC e os objectivos da União Aduaneira sofreram os efeitos negativos dessa situação. De 1973 a 1977 pode dizer-se que a Comunidade entrou numa via de divergência económica e não de reforço da integração.

Tentando contrabalançar os efeitos desagregadores, o Conselho tomou a 18/2/1974 um conjunto de Decisões que visavam reforçar a coesão económica da Comunidade [1].

É neste contexto que foram sendo avançadas várias propostas tendo em vista uma maior estabilidade, e onde se poderá destacar o *Manifesto do dia de Todos os Santos* [2].

---

[1] JOL n.º 63 de 5/3/1974 [EE 10 F1 p.51-57]. Sobre o alcance destas decisões pode ver-se Relatório Schioppa 1987.
 A Decisão sobre a Coesão Económica veio posteriormente a ser alteradas pela Decisão 90/141 de 24/3/1990.

[2] O *Manifesto* foi publicado no jornal *The Economist* a 1 de Novembro de 1975 – daí o seu nome – e subscrito por nove economistas, um de cada país integrante da Comunidade.
 Na parte introdutória critica-se o "idealismo" das propostas contidas no Relatório Werner. Chama-se, em especial, a atenção para o facto de os governos não estarem dispostos a abdicar da sua capacidade de decisão.
 Valerá a pena citar por extenso o que então foi escrito, dado que se mantém a actualidade da argumentação e contra argumentação que antecedeu a criação da UEM.
 "Ele [o Relatório Werner] subestimou o desejo dos governos de abandonarem o processo de decisão nacional porque subestimou os custos associados a um rápido reajustamento de objectivos e às estratégias políticas necessárias para alcançá-los. Sabemos que os governos têm diferentes prioridades no que respeita aos objectivos do emprego e da taxa de inflação e que têm tentado, ao longo dos anos, privilegiar um dos objectivos em detrimento do outro. Como existem marcadas divergências sobre qual dos objectivos alternativos prosseguir, ou até sobre a existência de relação alternativa,

No seu conjunto essas propostas vieram a criar uma perspectiva concordante quanto à necessidade da introdução efectiva de uma zona de estabilidade monetária na Europa.

3.8. O Discurso de Roy Jenkins

Em Outubro de 1977 o então presidente da Comissão, Roy Jenkins, proferiu em Florença um discurso – comemorativo do 20.º aniversário da Comunidade – no qual se debruçou em exclusivo sobre o problema da integração monetária e em que fez uma síntese da nova perspectiva supra referida.

Apoiando-se em sete argumentos a favor da integração monetária – racionalização da indústria e comércio; reforma monetária internacional; inflação; emprego; repartição regional do emprego e do bem-estar; centralização/descentralização; integração política – a intervenção de R. Jenkins veio a revelar-se decisiva no subsequente curso dos acontecimentos, embora não fosse ainda o tempo da UEM.

---

devemos concluir pela impossibilidade de uma política comum entre os Estados-membros. (...) a prematura posta em prática de um regime de câmbios rígidos, não havendo coordenação da política monetária, levará a crises na balança de pagamentos; por sua vez, essas crises ou irão destruir a união ou provocar uma generalizada e perversa afectação de recursos, da qual a mais visível e politicamente sensível será o desemprego."

É contra este pano de fundo avaliativo que os autores do Manifesto, embora considerando preferível uma moeda única, acabam por propor uma moeda comum, isto é, uma moeda que circularia paralelamente às moedas nacionais.

Invocando os estudos que negam a existência de uma alternativa entre desemprego e inflação, "incitamos os governos a aceitar as conclusões que daí derivam, nomeadamente, que a política monetária, ao influenciar a taxa de inflação, não pode reduzir o que agora se chama a taxa 'natural' de desemprego (...).'"

Com aquele fundamento teórico, propõem o lançamento do EUROPA, uma moeda com um poder de compra constante que os cidadãos poderiam usar em alternativa à sua moeda nacional. Deste modo, embora se mantenha a soberania monetária nacional, as autoridades monetárias seriam compelidas pelo mercado a ajustar o valor real da sua moeda ou esta seria recusada pelos agentes económicos. De uma forma gradual a moeda comum acabaria por substituir as moedas nacionais.

Para maiores desenvolvimentos sobre esta proposta e as críticas apresentadas veja--se FRATIANNI 1978.

Retomando ideias da mesma época, RIBOUD repropôs em 1996 o EUROSTABLE que seria uma moeda de uso exclusivamente externo e com valor constante. Isso seria conseguido multiplicando o euro pelo índice de preços da zona euro. Cf. RIBOUD, 1996

CAPÍTULO III

O SISTEMA MONETÁRIO EUROPEU

1. DECISÕES INSTITUCIONAIS

1.1. O Conselho Europeu de Copenhaga

O Conselho Europeu de Copenhaga de 7 de Abril 1978 é marcado, novamente, pelo papel activo da França e da Alemanha. Pela voz de Giscard D'Estaing e Helmut Schmidt é lançada a ideia de um Sistema Monetário Europeu.

Embora anteriormente em campos opostos ("monetarista"/ "economista") o acordo franco-alemão é fácil de explicar. A França, por seu lado, sempre tinha sido defensora da estabilidade cambial como forma de controlar a inflação; a Alemanha defrontava-se com problemas resultantes da contínua tendência para o marco se valorizar relativamente ao dólar. Os alemães vêm-se, assim, forçados a defender sozinhos a relação marco-dólar. Com uma ligação mais estreita às outras moedas europeias, Bona podia repartir o encargo pelos restantes países.

A iniciativa franco-alemã terá sequência no Conselho realizado três meses depois.

1.2. O Conselho Europeu de Bremen

O Conselho Europeu, reunido em Bremen a 6 de Julho de 1978, aprovou o projecto inicial do Sistema Monetário Europeu e encarregou os Ministros das Finanças de elaborarem as disposições necessárias para a entrada em funcionamento de um esquema baseado numa nova moeda: o ecu.

É de realçar o facto de, ao contrário de procedimentos anteriores, se ter avançado primeiro com um acordo político geral e só depois se ter passado à discussão dos pormenores técnicos, posteriormente aprovados.

1.3. O Conselho Europeu de Bruxelas

O Conselho Europeu de Bruxelas, de 5 de Dezembro de 1978, adoptou uma Resolução relativa à instauração do Sistema Monetário Europeu, que viria a ser a peça fundamental da política monetária europeia durante os 20 anos seguintes.

Essa resolução representava um compromisso entre duas atitudes divergentes: para uns o sistema de intervenções de tipo bilateral, como na Serpente, era injusto já que o peso das intervenções recaía sobretudo nos países de moeda fraca; para os outros o sistema era simétrico e devia ser mantido. O compromisso veio a resultar numa originalidade, em termos de sistemas cambiais, que adiante se analisará.

2. ELENCO DOS ELEMENTOS ESSENCIAIS DO SME

O SME era constituído por três elementos essenciais.

2.1. Mecanismo cambial

Um dos elementos do SME era o mecanismo de taxas de câmbio (MTC) que tinha por objectivo básico a manutenção das taxas de câmbio relativas, tal como já sucedia na Serpente. A grande novidade consiste na criação de uma nova unidade monetária – o ecu – e na introdução de um novo esquema de intervenção – o indicador de divergência.

2.2. Mecanismos de crédito

Os mecanismos de crédito já existentes [1] foram reforçados e criaram--se novas facilidades de crédito a muito curto prazo [2]. Todos eles se

---

[1] Recorde-se o Apoio Monetário de Curto Prazo, criado em 1970, e o Apoio Financeiro a Médio Prazo, criado em 1971.

[2] Facilidades deste tipo também já existia desde a Primeira Serpente.

destinavam a facilitar a acção dos países da Comunidade sobre os mercados cambiais ou sobre as respectivas balanças de pagamentos.

2.3. Medidas de convergência

O bom funcionamento do SME, como de qualquer acordo cambial, supunha uma evolução convergente das economias participantes. Por essa razão, no próprio âmbito do SME, foram incluídas disposições que pretendiam reforçar as economias mais débeis.

3. FUNCIONAMENTO DO SME

3.1. Os mecanismos cambiais e de intervenção

3.1.1. O ecu

A definição das taxas de câmbio, bem como o conjunto de acções a serem desenvolvidas para as manter, passam a basear-se na nova unidade monetária, então criada – o ecu [1] – que substituiu as várias unidades de conta utilizadas pelas instituições comunitárias.

3.1.1.1. Definição e características

O ecu era uma moeda compósita composta por um cabaz de moedas – por isso também chamada moeda cabaz – em que cada uma delas participava **com uma quantidade constante** [2].

---

[1] A designação ECU é um acrónimo que deriva das iniciais inglesas de *European Currency Unit*. Por essa razão aparece escrito com maiúsculas. Os franceses, porém, imediatamente adaptaram para a sua língua o que, por mero acaso, corresponde à designação de uma antiga moeda francesa o *écu* (com acento e letra minúscula). Atendendo ao facto desta unidade monetária ser comum a toda a Comunidade, em cada país, *ecu* deve ser lido tal como resulta na respectiva língua. Além disso, tratando-se de uma unidade monetária, deverá ser escrita com letra minúscula – tal como entre nós escrevemos escudo. Por outro lado, quando usado como sigla ao lado de, v.g., DEM ou PTE, deve ser escrita com maiúsculas: ECU.

[2] Ver Regulamento n.º 3180/78, JOL 379, 30/12/78,p. 1 [EE 10 F1 p.72]; Regulamento n.º 2626/84, JOL 247 16/9/84; Regulamento n.º 1971/89, JOL 189 4/7/89.

No Quadro III-1 podemos ver a composição do ecu estando indicadas as quantidades de cada moeda nacional que compunham o cabaz, desde Setembro de 1989, altura da última modificação.

Quadro III – 1

Moeda	Quantidade fixa
Marco alemão (DEM)	0,6242
Franco francês (FRF)	1,332
Libra inglesa (UKL)	0,08784
Lira italiana (ITL)	151,8
Florim holandês (HFL)	0,2198
Franco belga (BFR)	3,301
Peseta espanhola (ESP)	6,885
Coroa dinamarquesa (DKR)	0,1976
Libra irlandesa (IRL)	0,008552
Escudo português (PTE)	1,393
Franco luxemburguês (LFR)	0,130
Dracma grega (GRD)	1,440

Um ecu era composto por 0,6242 marcos; 1,332 francos franceses; 0,08784 libras; etc.

Estas quantidades de cada uma das unidades monetárias nacionais só eram alteradas aquando das revisões na composição do ecu. Essas revisões podiam efectuar-se de cinco em cinco anos ou quando o peso relativo de uma das moedas se alterasse em mais de 25%[1].

Houve apenas duas alterações quinquenais: a primeira aquando da inclusão da dracma grega, em 1984; a segunda aquando da inclusão da peseta e do escudo, em 1989[2].

Sendo o ecu uma moeda composta por unidades de 12 moedas diferentes[3] põe-se o problema de saber quanto vale afinal 1 ecu.

---

[1] Sempre que há alteração das cotações centrais altera-se o peso relativo de cada moeda. Mais à frente compreender-se-á porquê.

[2] O artigo 109.º-G, actual 118.º, do Tratado de Roma, introduzido pelo Tratado da União Europeia, fixou a composição do ecu. Por isso, a entrada de novos países na Comunidade e de novas moedas no SME não teve reflexo na composição do ecu, que se manteve inalterada.

[3] Na definição do ecu distingue-se o franco belga (BFR) e luxemburguês (LFR), tal como consta do Quadro III-1. No entanto, o franco belga e luxemburguês estavam,

Cap. III – O Sistema Monetário Europeu

O processo e muito simples: basta reduzir a uma só moeda as 12 moedas componentes do ecu. O procedimento é fácil e intuitivo.

Para saber o valor em escudos de um ecu bastava converter cada uma das suas componentes na nossa própria moeda. Sabemos que o marco entra na composição do ecu com a quantidade fixa de 0,6242. Para converter este valor em escudos bastava consultar, num qualquer jornal, a taxa de câmbio do dia para o marco. Suponha-se que era de 102$00. Então 0,6242 marcos corresponde a (0,6242/102=) 61$196. Efectuada a mesma operação para todas as moedas bastaria somar as várias parcelas para saber o valor, em escudos, de 1 ecu [1].

Sabendo já o que é o ecu e como pode calcular-se o valor de uma moeda compósita [2], vejamos agora as suas funções.

---

há décadas, ligados através de uma união monetária, o que tinha como principal consequência a não autonomia da moeda luxemburguesa. Por esse facto não existiam mercados cambiais autónomos para o BFR e LFR sendo ambas referidas em conjunto pela sigla BLF.

[1] Como nos mercados cambiais de todos o mundo é fixada diariamente a taxa de câmbio do dólar relativamente à respectiva moeda nacional, pode-se usar a divisa americana como moeda de referência.

Este processo de conversão era utilizado diariamente pela Comissão.(JOC n.º 69, 13/3/79,p.4 [EE 10 F1 p.78]).

Assim, as autoridades monetárias portuguesas, por exemplo, comunicavam que a taxa de câmbio do dólar nesse dia era de 180$00. Ficamos de imediato a saber que a parte do ecu composta por escudos (1,393) representa (1,393/180=) 0,007388 dólares. Se a taxa do dólar na Alemanha for de 1,5 DEM por dólar, então a componente em marcos do ecu representa (0,6242/1,5=) 0,4161333 dólares. Se repetirmos a operação para todas as moedas teremos 1 ecu reduzido à mesma unidade, neste caso o dólar. Bastará somar todas as parcelas para saber o valor de 1 ecu expresso em dólares.

A divulgação desse valor permitia facilmente converter para uma qualquer outra moeda do mundo. Bastava aplicar a respectiva taxa de câmbio do dólar. Se, por exemplo, a soma em dólares fosse 1,12, o contravalor em escudos seria, 180$00 x 1,12 = 201$60.

[2] Não se julgue, porém, que o ecu representou uma total inovação. A sua função de unidade de conta tem largos antecedentes na Comunidade e moedas compósitas usadas como meio de pagamento são igualmente bem conhecidas.

Vejamos muito brevemente alguns antecedentes históricos.

A primeira unidade de conta europeia (U.C.), como vimos, foi utilizada pela Comunidade, desde a sua fundação até 1977, no âmbito do orçamento comunitário. Vinha já da U.E.P. e o seu valor era fixo relativamente ao ouro.

A segunda unidade de conta era idêntica à primeira e passou a ser utilizada para a fixação dos preços agrícolas. Porém, depois da flutuação cambial do início dos anos 70, foi complementada pelas taxas verdes e pelos montantes compensatórios monetários.

A terceira unidade (U.C.M.E.) baseava-se nas taxas centrais definidas na Serpente e era usada pelo FECOM (JOL 89, 5/4/73,p.2 [EE 10 F1 p.46]).

3.1.1.2. Funções

No âmbito do SME, o ecu cumpria 4 funções:

i) era o numerário em que se fixavam as cotações centrais do MTC;
ii) servia como unidade de referência para o indicador de divergência;
iii) era a moeda de denominação nas operações de intervenção e crédito;
iv) funcionava como meio de pagamento entre autoridades monetárias.

Para além das suas funções oficiais o ecu foi ainda utilizado por entidades privadas como unidade de conta.

3.1.1.3. Criação, utilização, remuneração

O ecu era uma moeda escritural sem existência física. A sua criação resultava da entrega ao FECOM [1] de 20% das reservas de ouro e de dólares detidos por cada banco central participante. Por meio de acordos

---

A quarta (EUR) era idêntica à UCME mas calculada com base em todas as moedas comunitárias, i.e., também incluía as moedas de fora da Serpente.

A quinta unidade (UCE) foi introduzida a partir de 1975 e visava substituir todas as outras. Foi sendo aplicada pelo Fundo Europeu de Desenvolvimento (1975), pelo Banco Europeu de Investimento (JOL 199 24/7/78 [EE 10 F1 p.67]) bem como pelos orçamentos da CECA (JOL 327 19/12/75 [EE 10 F1 p.59]) e das Comunidades (1977).

A UCE era composta por um cabaz de moedas em quantidades fixas e o seu valor dependia das cotações das moedas componentes. Quando todas as unidades de conta foram substituídas pelo ECU (JOL 345,20/12/80 [EE 10 F1 p.81]), este último foi definido nos mesmos moldes da UCE, pelo que de início 1 UCE=1ECU.

Fora do âmbito regional europeu também se assistiu à criação de unidades de conta ou moedas internacionais. A mais importante foram os Direitos de Saque Especiais (SDRs) emitidos pelo FMI. Criados em 1967 só em 1970 são atribuídos. O seu valor era fixo em ouro, pelo que as posteriores alterações do dólar não afectaram o seu valor. Após 1974, e devido à flutuação generalizada, os SDRs passam a ser compostos por um cabaz de 16 moedas em quantidades constantes. Os efeitos da flutuação ficavam assim mais esbatidos. Desde 1981 que apenas 5 moedas passaram a entram na sua composição – dólar, libra, marco, franco e iene. Desde 1 de Janeiro de 1999 as componentes franco e marco foram substituídas pelo respectivo valor em euros.

[1] Que a partir de 1994 foi substituído pelo Instituto Monetário Europeu (IME), como adiante se verá.

de reporte (*swap*) a três meses renováveis, os bancos centrais depositantes continuavam a deter o controlo sobre esses activos e a ter direito a receber os proventos das suas aplicações.

Findos os três meses, se um banco central tivesse activos em ecu inferiores à sua venda a prazo ao FECOM (IME) devia pagar juros; os bancos centrais com disponibilidades superiores recebiam esses mesmos juros. O cálculo dos juros era feito, inicialmente, tendo por base a média das taxas de desconto oficiais dos bancos participantes ponderada pelo peso das respectivas moedas. Desde 1985, porém, passaram a ser calculados com base nas taxas dos mercados monetários de cada uma das moedas participantes.

Em cada renovação trimestral dos *swaps* procedia-se à actualização do valor das reservas de modo a ser mantida a percentagem de 20% das reservas de ouro e dólares.

A participação no processo de criação de ecus não estava dependente da integração no MTC. Portugal participou no processo de criação de ecus desde 1 de Janeiro de 1988.

A utilização dos ecus, além de meio de pagamento entre bancos centrais da Comunidade, incluía: a possibilidade de troca entre bancos centrais de ecus por outras moedas, ouro e outros activos monetários; a obtenção de dólares contra ecus junto do FECOM (IME) por meio da inversão dos acordos *swap* iniciais e por fim – desde a alteração de Junho de 1985 – o recurso ao chamado 'mecanismo de mobilização'[1].

3.1.2. Taxas centrais e margens de intervenção

O mecanismo de taxas de câmbio (MTC) tinha por base a fixação inicial da taxa de câmbio de cada moeda participante [2] relativamente ao

---

[1] O mecanismo de mobilização permitia que um banco central, em caso de necessidade de moeda para efectuar intervenções nos mercados cambiais, obtivesse dólares contra os seus activos em ecus junto do FECOM (ou IME), dentro de certos limites. Esses limites eram determinados pela relação entre o equivalente em ecus ao montante total de dólares detidos pelo FECOM (ou IME) e o montante total de ecus emitidos, multiplicado por um factor (m) que foi fixado em 1,5 (EM=MTD/TE x m). De notar que para um valor de m superior a 1 verifica-se uma mobilização de ecus contra ouro.

[2] Quando o SME entrou em funcionamento todas as moedas comunitárias passaram a fazer parte do MTC, com excepção da libra. Posteriormente aderiram: a peseta, em 19/6/89; a libra em 1/10/90; o escudo em 7/4/92.

ecu. Similarmente ao que sucede em todos os acordos cambiais, cada autoridade monetária **declara** o contravalor em moeda nacional de 1 ecu [1]. A relação de conversão ecu/moeda nacional chama-se **taxa ou cotação central em ecus**.

No Quadro III-2, na coluna "1 ECU" está assinalada com uma seta, na linha central de cada moeda, a respectiva cotação central, vigente em Maio de 1993 [2].

Estas cotações centrais mantinham-se inalteráveis até que as autoridades responsáveis por alguma(s) moeda(s) desencadeassem o processo da sua desvalorização ou revalorização.

A alteração das cotações centrais é sempre um acto excepcional. Se assim não fosse o objectivo fundamental do sistema – a estabilidade cambial – sairia frustado. Embora os câmbios sejam fixos – por contraposição a um sistema de câmbios flutuantes – nem por isso estão excluídas alterações cambiais. Tal como o sistema de Bretton Woods, também o SME foi pensado como um sistema de câmbios fixos mas ajustáveis. Estes ajustamentos tinham de ser discutidos e aprovados pelos

---

Após o alargamento de 1/1/95 também o xelim austríaco passou a fazer parte do MTC. A markka finlandesa integrou o MTC desde 14/10/96. A dracma grega entrou em 16/3/1998. Só a coroa sueca se manteve sempre fora do MTC.

Entretanto a lira e a libra inglesa tiveram a sua participação suspensa desde 17//9/92, na sequência dos graves distúrbios monetários então verificados, como infra se verá. Só em 26/11/96 a lira regressou ao MTC, mantendo-se de fora a moeda inglesa.

[1] Trata-se de uma declaração de tipo político. A taxa de conversão moeda nacional/ecu, embora dependente de critérios económicos, é essencialmente guiada pelos objectivos da política económica nacional. Neste sentido, quando uma moeda passa a integrar o MTC a taxa declarada pode corresponder a uma valorização ou desvalorização dessa moeda, relativamente à cotação de mercado imediatamente anterior. Deve ter-se em conta, no entanto, que o valor declarado necessita do acordo dos restantes integrantes do sistema. O caso do escudo é exemplar. Embora as autoridades portuguesas, no momento da adesão ao MTC, pretendessem declarar como taxa central 1 ecu=180$00, só foi possível um acordo com a taxa 1 ecu=178$74.

O mesmo se passou com o regresso da lira ao MTC. Os parceiros comunitários só aceitaram tal regresso mediante uma revalorização da moeda italiana.

O carácter essencialmente político dessa decisão, resulta igualmente do facto das declarações ou alterações cambiais serem sempre da responsabilidade última dos governos e não dos bancos centrais.

[2] Deliberadamente é apresentado um quadro com valores referentes a 14/5/1993. Tal deve-se ao facto de terem sido esses os últimos valores com os quais o MTC funcionou nos termos inicialmente previstos. Veja-se infra, no Quadro III – 9, as cotações e margens posteriores.

Quadro III – 2
GRELHA DE PARIDADES DO SME EM 14/05/1993

sição	a) Moeda	100 BLF	100 DKR	100 DEM	100 ESP	100 FRF	1 IRL	100 HFL	100 PTE	100 ITL	1 UKL	100 GRD	Limiar de divergência %	1 ECU
%-quant														
	+2,25%		553,023	2109,473	27,6807	628,968	50,8604	1872,21	**22,1398**					40,83298444
8,53 %	em BLF	100	540,721	2062,55	26,0696	614,977	49,729	1830,56	**20,8512**	2,2425	51,112	15,2024	1,54352	40,2123
4310	-2,25%		528,69	2016,658	24,5523	601,294	48,6226	1789,83	**19,6376**					39,59161556
	+2,25%	18,9146		390,1221	5,11921	116,32	9,40603	346,242	**4,09449**					7,76255355
2,66 %	em DKR	18,4938	100	381,4443	4,82126	113,733	9,1968	338,541	**3,85618**	0,41472	9,45256	2,8115	4,38043	7,43679
976	-2,25%	18,0823		372,9571	4,54066	111,202	8,99217	331,008	**3,63175**					7,11102645
	+2,25%	4,95867	26,8126		1,34206	30,4947	2,4659	90,7714	**1,07342**					1,9720068
2,02 %	em DEM	4,84837	26,2161	100	1,26395	29,8163	2,41105	88,7523	**1,01094**	0,10872	2,4781	0,73707	1,14723	1,94964
5242	-2,25%	4,74049	25,6328		1,19039	29,1529	2,3574	86,7776	**0,9521**					1,9272732
	+6,00%	407,295	2202,33	8400,661		2504,77	202,544	7455,78	**84,9257**					160,881425
4,46 %	em ESP	383,589	2074,15	7911,717	100	2358,98	190,755	7021,83	**79,9828**	8,60199	196,06	58,3147	4,29914	154,25
3850	-6,00%	361,264	1953,43	7451,255		2221,69	179,653	6613,16	**75,3278**					147,618575
	+2,25%	16,6307	89,9257	343,0166	4,50109		8,27029	304,435	**3,6001**					6,626695256
0,37 %	em FRF	16,2608	87,9254	335,3865	4,23911	100	8,08633	297,663	**3,39056**	0,36465	8,3112	2,47203	1,34375	6,53883
3320	-2,25%	15,899	85,9691	327,9242	3,9924		7,90641	291,04	**3,19323**					6,450964744
	+2,25%	2,05665	11,1207	42,41933	0,55663	12,6479		37,6481	**0,44521**					0,822129283
1,06 %	em IRL	2,0109	10,8733	41,47576	0,52423	12,3666	1	36,8107	**0,4193**	0,04509	1,02781	0,3057	1,66965	0,808628
0086	-2,25%	1,96615	10,6314	40,55292	0,49372	12,0914		35,9917	**0,39489**					0,795126718
	+2,25%	5,58708	30,2106	115,2364	1,51214	34,3593	2,7784		**1,20945**					2,230080525
0,01 %	em HFL	5,46281	29,5386	112,6731	1,42413	33,595	2,7166	100	**1,13906**	0,1225	2,79215	0,83048	1,51865	2,19672
2198	-2,25%	5,34126	28,8813	110,1661	1,34125	32,8475	2,65616		**1,07277**					2,163359475
	+6,00%	509,228	2753,5	10503,09	132,754	3131,64	253,234	9321,73						201,469745
0,72 %	em PTE	479,59	2593,24	9891,775	125,027	2949,37	238,495	8779,18	**100**	10,7548	245,128	72,9091	4,4675	192,854
3930	-6,00%	451,677	2442,32	9316,074	117,75	2777,71	224,615	8268,23						184,238255
	+2,25%													
8,47 %	em ITL	4459,31	24112,4	91975,44	1162,52	27423,7	2217,57	81630,3	**929,817**	100	2279,24	677,921		1793,19
1,80	-2,25%													
	+6,00%													
1,16 %	em UKL	1,95649	10,5791	40,35355	0,51005	12,032	0,97294	35,8147	**0,40795**	0,04387	1	0,29743		0,786749
0878	-6,00%													
0,54 %	em GRD	657,791	3556,82	13567,27	171,483	4045,26	327,113	12041,3	**137,157**	14,751	336,21	100		264,513
1,44														

alores de intervenção eram +2,275% e -2,225%; +6,18% e -5,82%.

vam suspensas do MTC desde 17/9/1992. Valores de referência.

Fazia parte do MTC. Valores de referência.

restantes participantes, cumprindo o preceito segundo o qual as taxas de câmbio são matéria de interesse comum.

Definidas as cotações centrais em ecus é fácil determinar agora qual a taxa de câmbio entre duas quaisquer moedas.

Tomemos um exemplo.

Quando as cotações centrais em ecus do escudo e do marco eram, respectivamente, 192$854 e 1,94964 marcos, então, a taxa de conversão de uma moeda noutra seria: (192,854 : 1,94964 = 98,917) ou seja, 1 marco correspondia a 98$917. O que foi feito para o marco pode fazer--se para todas as outras moedas. Teríamos então a taxa de câmbio do escudo com o marco, com a peseta, com o franco, etc.

A esta taxa de câmbio de uma moeda com cada uma das outras chama-se **taxa ou cotação central bilateral**. No mesmo Quadro III-2 está representada toda a grelha de cotações, com os valores que vigoravam em 14/05/1993.

Na linha central de cada moeda podemos ver as respectivas cotações centrais bilaterais [1]. É a partir delas que se definem os limites superiores e inferiores para a variação diária das taxas de câmbio de cada moeda.

O MTC pretendia manter as taxas de câmbio dentro de limites estreitos e pré-definidos. Aquando da sua criação foi definida uma variação máxima de 2,25% acima e abaixo da cotação central bilateral – a chamada banda estreita – e excepcionalmente, uma variação de ± 6% – a chamada banda larga [2].

Olhando de novo para o Quadro III-2, podemos ver, nas linhas superior e inferior de cada moeda, o limite máximo e mínimo das taxas de câmbio bilaterais [3,4].

---

[1] O Quadro lê-se da vertical para a horizontal.
Por exemplo: 100 DKR=540,72 BLF; 100 DEM=2062,55 BLF; etc.

[2] No início do funcionamento do SME apenas a lira italiana adoptou a banda de variação de 6%, que veio a abandonar em 8/1/90. Posteriormente, também a peseta, a libra inglesa e o escudo português entraram no sistema cumprindo os limites da banda larga.

[3] Exemplificando: 100 DKR correspondiam a 540,72 BLF quando as moedas estão situadas na sua cotação central. Na variação diária das cotações 100 DKR não podia nunca corresponder a mais de 553,02 BLF nem a menos de 528,69 BLF; 100 DEM trocavam-se por 9.891$775 PTE na cotação central. Os limites superiores e inferiores do marco (100) em relação ao escudo eram, 10.503$09 e 9.316$074.

Devido a assimetria matemática os limites superior e inferior de 2,25% são, na verdade, de +2,227531 e -2,22469 que foram arredondados para +2,275% e -2,225%. Do mesmo modo a margem de 6% está desdobrada em +6,18% e -5,82%. Ver RAPAZ 1980, 75.

* Intervenções obrigatórias

Para que as margens de variação cambial fossem respeitadas era necessário que as autoridades monetárias procedessem a intervenções nos respectivos mercados. Se as condições de oferta e procura de moedas provocassem uma apreciação ou depreciação acentuada, de tal modo que fossem atingidos os limites bilaterais, os bancos centrais eram obrigados a intervir comprando ou vendendo moeda para inverter a tendência verificada. Vejamos um exemplo.

Se o marco estivesse cotado no limite superior em relação ao escudo (10.503$09 por 100 DEM), o Banco de Portugal era obrigado a intervir comprando escudos com marcos – que fazem parte das suas reservas

---

[4] Sabendo já como se fixam as taxas centrais em ecu e as taxas centrais bilaterais, podemos agora compreender melhor o processo de determinação do peso relativo de cada moeda no ecu, que acima se referiu.

QUADRO III-3
DETERMINAÇÃO DO PESO DE CADA MOEDA NO ECU (em 14/05/1993)

ECU		TAXAS CENTRAIS ECU	TAXAS BILATERAIS (PTE)	CONTRAVALOR DO ECU (PTE)	PESO DAS MOEDAS %
Composição					
Moedas (1)	Quant. fix (2)	(3)	(4)	(5)	(6)
BLF	3,431	40,2123	4,795895783	16,45471843	8,532214247
DKR	0,1976	7,43679	25,93242515	5,124247209	2,657060054
DEM	0,6242	1,94964	98,91774892	61,74445887	32,01616326
GRD	1,44	264,513	0,72909082	1,04989078	0,544396619
PTE	1,393	192,854	1	1,393	0,722307981
FRF	1,332	6,53883	29,49365559	39,28554925	20,37061433
HFL	0,2198	2,19672	87,79179868	19,29663735	10,00582567
IRL	0,008552	0,808628	238,4953279	2,039612044	1,057593724
ITL	151,8	1793,19	0,107548001	16,32578656	8,465359602
ESP	6,885	154,25	1,250269044	8,608102366	4,463532691
UKL	0,08784	0,786749	245,1277345	21,5320202	11,16493183
			Total >	192,8540231	100

No Quadro III-3 estão representadas as várias moedas componentes do ecu, a quantidade fixa de cada uma e as respectivas taxas centrais. Vamos usar o escudo como moeda de referência, i.e., vamos calcular o valor de 1 ECU em escudos. Na coluna (4) podemos ver as cotações centrais bilaterais do escudo com todas as outras moedas. Usando essas taxas verifica-se que a quantidade de fixa de BLF (3,431) corresponde a 16$45 ... etc. Somando todos esses valores temos o contravalor em escudos de 1 ECU (192$854). Para saber o peso relativo de cada moeda basta verificar qual a percentagem da participação de cada moeda nesse valor global. Assim, por exemplo, 16$45 correspondem à participação do BLF, o que representa 8,53% do total, i.e., de 192$854.

cambiais. O aumento da procura de escudos faz subir a sua cotação ao mesmo tempo que o aumento de oferta de marcos faz descer a cotação do marco. Simultaneamente, o Bundesbank era obrigado a intervir em relação ao escudo. Comprava escudos – aumentando a sua procura – com marcos – aumentando a sua oferta.

Como se vê as acções simultâneas dos dois bancos centrais têm o mesmo efeito sobre o mercado. Aumenta a procura da moeda situada no ponto relativo inferior e aumenta a oferta da moeda situada no ponto relativo superior. O efeito conjugado provoca a aproximação das moedas mantendo-as dentro da margem de variação admitida.

Recorde-se que este tipo de procedimento foi introduzido pela Primeira Serpente de 1972 sendo, por isso, o mecanismo cambial do SME um seu claro herdeiro.

O respeito das margens de variação impõe que as intervenções dos bancos centrais sejam não só obrigatórias como ilimitadas. Bem se compreende que um banco central não possa abandonar uma intervenção obrigatória. Se o fizesse a tendência de subida ou descida do valor da moeda não seria contrabalançada e as margens acabavam por ser ultrapassadas. Para que o sistema funcione as intervenções não podem ter qualquer limite [1]. Sendo cumpridas estas regras as taxas de câmbio mantêm-se relativamente estáveis dentro dos limites definidos.

As margens de ±2,25% permitem uma variação máxima teórica de 4,5% mas, na prática, em regra ela era bem menor. Repare-se na Figura III-1-a.

Seja (A) a moeda que usaremos como exemplo. A moeda (X) representa as outras moedas do sistema quando todas se encontram nas respectivas cotações centrais.

A moeda (A) pode deslocar-se 2,25% para cima ou para baixo, altura em que atinge o limite bilateral em relação a todas as outras. A sua variação total é, pois, de 4,5%.

---

[1] Em Setembro de 1992 a libra e a lira sofreram um forte ataque especulativo que obrigou os respectivos bancos centrais a proceder a enormes intervenções e a medidas monetárias internas. Como, mesmo assim, o ataque não abrandou e a participação no MTC obrigava a manter ilimitadamente as intervenções, as duas moedas acabaram por ser suspensas do MTC. Foi a única vez que tal aconteceu.

Figura III-1-a
LIMITES TEÓRICOS DE OSCILAÇÃO

Na Figura III-1-b, sejam **(X)** e **(Y)** duas moedas integrantes do MTC. Admita-se, por fim, que todas as outras se encontram situadas algures entre **(X)** e **(Y)**.

Figura III-1-b
LIMITES CONCRETOS DE OSCILAÇÃO

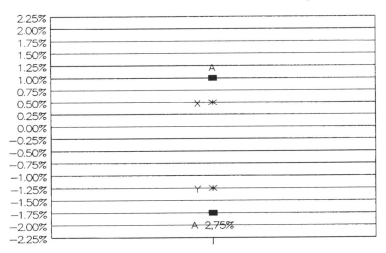

Esta situação pode corresponder com bastante aproximação aos dados reais recolhidos no mercado num determinado dia. Se assim fosse, a moeda (**A**) nunca podia usar integralmente a margem teórica de 4,5%. É que quando atingisse +1% estaria distanciada da moeda (**Y**) 2,25%, atingindo assim o limite bilateral. Por outro lado, se estivesse colocada no ponto -1,75% atingia o limite em relação à moeda (**X**).

Como se vê, o facto de não existir no SME uma moeda central de referência – como era o caso do dólar no sistema de Bretton Woods – as variações ficavam limitadas pelas bandas bilaterais. Neste caso concreto a moeda (**A**) teria uma oscilação máxima de 2,75% contra uma teórica de 4,5%.

* Intervenções facultativas

A grelha de paridades, ao determinar as margens máximas de variação, impõe os limites de intervenção obrigatória. No entanto, o sistema admitia **intervenções facultativas intramarginais** através das quais os bancos podiam actuar preventivamente sobre a amplitude de variação das moedas.

Sempre que fosse detectada uma tendência persistente no sentido da alta ou da baixa da respectiva moeda, o banco central responsável pela sua gestão podia decidir, a todo o momento, fazer intervenções em uma ou mais moedas de modo a manter a estabilidade cambial, mesmo antes de ser atingida qualquer margem bilateral. Esta acção preventiva, que foi facilitada a partir de 1987 [1], conferia maior estabilidade ao sistema e permitia evitar intervenções obrigatórias mais custosas.

Existia, porém, um outro tipo de intervenção intramarginal, específica do SME, e que resultou do compromisso que acima se referiu. Trata-se das intervenções determinadas pelo indicador de divergência.

3.1.3. O indicador de divergência e seu funcionamento

A criação do indicador de divergência ficou a dever-se a um compromisso entre os participantes. Os países que não integravam a Serpente, e que eram de moeda mais fraca, argumentavam com o facto de as intervenções nas margens serem mais onerosas para o país com

---

[1] Ver infra.

moeda relativamente fraca do que para os situados no extremo oposto. Com efeito, enquanto os primeiros perdiam reservas no processo de intervenção, os segundos apenas se limitavam a aumentar a liquidez, lançando a sua própria moeda no mercado. Por outro lado, o peso que recaía sobre o país de moeda fraca podia ser resultante de factores totalmente estranhos à sua gestão monetária ou da balança de pagamentos.

Seria perfeitamente admissível que a moeda de um país se apreciasse devido exclusivamente à sua gestão monetária. Mas essa apreciação podia colocar uma outra moeda na margem inferior relativamente a ela. Como consequência obrigava o outro banco responsável a intervenções cambiais usando as suas reservas. Era uma situação em que 'pagava o justo pelo pecador' [1].

Os que assim argumentavam propunham a criação de um esquema de intervenção totalmente baseado no ecu. Em vez das cotações bilaterais, idênticas às da Serpente, defendiam que as intervenções deveriam ser determinadas apenas pelo desvio em relação à taxa central em ecus, recriando um esquema semelhante ao de Bretton Woods.

Para os restantes países aquela argumentação era falaciosa já que as tendências deflacionistas verificadas nos países de moeda fraca tinham a sua contrapartida na maior tendência inflacionista suportada pelos de moeda forte. A simetria estaria deste modo assegurada. Além disso, afirmavam que os países de moeda com menos peso no ecu acabariam por ser forçados a um maior número de intervenções.

O compromisso a que se chegou fez manter o esquema das cotações bilaterais mas introduziu o **indicador de divergência** que pretendia medir a evolução da cotação de uma moeda relativamente à média representada pelo ecu.

O funcionamento do indicador supunha as seguintes operações:
1 – calcular o desvio máximo de divergência de cada moeda;
2 – fixar em 75% do desvio máximo o limiar de divergência dessa moeda.

Vejamos como se processava com o auxílio do Quadro III-4.

Na coluna (4) temos as taxas centrais bilaterais do escudo em relação a cada uma das outras moedas. Utilizando essas taxas podemos converter as quantidades fixas das moedas componentes do ecu em escudos, como supra se indicou. Assim, por exemplo, 3,431 francos belgas correspondiam

---

[1] Algo de parecido com isto veio a suceder após a reunificação alemã, como se verá adiante.

Quadro III – 4
LIMIAR DE DIVERGÊNCIA.VALORES MÁXIMOS E MÍNIMOS DO ECU (em 14/5/1993)

COMPOSIÇÃO DO ECU	TAXAS CENTRAIS ECU	TAXAS BILATERAIS (escudo)	VALOR ECU NA TAXA CENTRAL	MOEDAS NO LIMITE SUPERIOR	VALOR ECU LIMITE SUPERIOR	OEDAS N LIMITE INFERIOR	VALOR ECU LIMITE INFERIOR
(1) (2) Moeda Quant.fixa	(3)	(4) 192.854:(3)	(5) (2)x(4)	(6) (4)+6,18%	(7) (2)x(6)	(8) (4)-5,82%	(9) (2)x(8)
BLF 3,431	40,2123	4,795895783	16,45471843	5,092282143	17,47162003	4,5167746	15,49705382
DKR 0,1976	7,43679	25,93242515	5,124247209	27,53504902	5,440925686	24,423158	4,826016021
DEM 0,6242	1,94964	98,91774892	61,74445887	105,0308658	65,56026643	93,160736	58,15093137
GRD 1,44	264,513	0,72909082	1,04989078	0,774148632	1,114774031	0,6866577	0,988787137
PTE 1,393	192,854	1	1,393	1	1,393	1	1,393
FRF 1,332	6,53883	29,49365559	39,28554925	31,31636351	41,71339619	27,777125	36,99913028
HFL 0,2198	2,19672	87,79179868	19,29663735	93,21733184	20,48916954	82,682316	18,17357306
IRL 0,008552	0,808628	238,4953279	2,039612044	253,2343392	2,165660068	224,6149	1,920906623
ITL 151,8	1793,19	0,107548001	16,32578656	0,114194468	17,33472017	0,1012887	15,37562578
ESP 6,885	154,25	1,250269044	8,608102366	1,327535671	9,140083093	1,1775034	8,107110809
UKL 0,08784	0,786749	245,1277345	21,5320202	260,2766285	22,86269905	230,8613	20,27885662
		Valor Ecu >	192,854		204,686		181,711
		Desvio superior e inferior>			6,135%	5,957%	-5,778%
		Desvio máximo médio >					
		75% do desvio máximo>				4,467%	
		ECU superior e inferior >			201,470		184,238

a 16$45. Fazendo idêntica operação para as restantes moedas e somando todos os valores temos o valor de 1 ecu expresso em escudos portugueses – que obviamente é igual à, então, cotação central do escudo: 192$854.

O mecanismo cambial do SME permitia, como sabemos, que a cotação das moedas variasse nos mercados cambiais dentro de uma margem de ±2,25%, ou ±6% como era o caso do escudo. Assim sendo, vamos supor que todas as moedas se encontram no seu limite superior em relação ao escudo (+6,18%). É o que consta da coluna (6). Se agora voltarmos a calcular o valor de 1 ecu verificamos que 3,431 BLF equivalem a 17$47, contra os anteriores 16$45 (veja-se a coluna 7). Somando todos os valores obteremos o contravalor de 1 ecu: 204$686. Ou seja, o ecu valorizou-se, em relação ao escudo em 6,13%. Supondo depois que as moedas estão no limite inferior, como na coluna (8), o novo valor do ecu, coluna (9), será de 181$711, i.e., vale menos 5,77%. Como os limites superiores e inferiores não são os mesmo, calculamos o desvio médio (5,77% + 6,13%) : 2 = 5,95%.

Com isto obtivemos o **desvio máximo de divergência** do escudo em relação ao ecu. O mesmo é dizer que as regras do MTC impedem que o valor do ecu em relação ao escudo varie, para cima ou para baixo, em mais de 5,95% sobre o valor central (192$854).

O mecanismo do indicador de divergência funcionava introduzindo uma limitação suplementar à divergência admitida no MTC. Mais concretamente, foi fixado como **limiar de divergência** de uma moeda 75% do seu desvio máximo(4,46%). Tal significa que ao atingir-se três quartos da variação possível do ecu em relação a qualquer moeda, como que tocava uma campainha de alarme que ia desencadear um determinado procedimento.

O Quadro III-4 auxiliou-nos a compreender o que é o desvio máximo. Porém, para o obter não era necessário efectuar todos aqueles cálculos. Existe uma fórmula através da qual se obtém facilmente o desvio máximo de cada moeda: $DMD_i = (100-P_i) \times 0,0225$ – ou 0,06.

O desvio máximo da moeda i é igual a 100 menos o peso da moeda i no ecu, vezes a sua margem de variação, 2,25% ou 6%.

No Quadro III-5 podemos ver – na coluna 3 – o desvio máximo de cada moeda. A partir do seu valor obtém-se imediatamente o limite superior e inferior do ecu – colunas 4 e 5. Se tivermos agora 75% do desvio máximo – coluna 6 – podemos igualmente saber o limiar de divergência, superior e inferior, das moedas – colunas 7 e 9.

Mas havia ainda um método mais simples para determinar o limiar de divergência de uma moeda i. Basta utilizar a fórmula indicada no Quadro III-6.

Quadro III – 5
(valores referentes a 14/5/1993)

Moeda	Peso	Desvio máx.	ECU	ECU	Desvio máx.	ECU	ECU	ECU
	%	%	+	-	75%	+	central	-
(1)	(2)	(3)	(4)	(5)	(6)	(7)	(8)	(9)
BLF	8,532215	2,0580	41,03987925	39,38472075	1,543518867	40,83298444	40,2123	39,59161556
DKR	2,65706	2,1902	7,599671775	7,273908225	1,642662106	7,558951331	7,43679	7,314628669
DEM	32,01617	1,5296	1,9794624	1,9198176	1,14722718	1,9720068	1,94964	1,9272732
GRD	0,544397	2,2378	270,4321425	258,5938575	1,678313306	268,9523569	264,513	260,0736431
PTE	0,722308	5,9567	204,34166	181,36634	4,467496137	201,469745	192,854	184,238255
FRF	20,37062	1,7917	6,655983675	6,421676325	1,343745842	6,626695256	6,53883	6,450964744
HFL	10,00583	2,0249	2,2412007	2,1522393	1,518651672	2,230080525	2,19672	2,163359475
IRL	1,057594	2,2262	0,82662971	0,79062629	1,669653104	0,822129283	0,808628	0,795126718
ITL	8,465361	5,4921	1891,6734	1694,7066	4,119058772	1867,05255	1793,19	1719,32745
ESP	4,463533	5,7322	163,0919	145,4081	4,299141005	160,881425	154,25	147,618575
UKL	11,16493	5,3301	0,82868354	0,74481446	3,997578008	0,818199905	0,786749	0,755298095

Quadro III – 6
(valores referentes a 14/5/1993)

LIMIAR DE DIVERGÊNCIA calculado pela fórmula: ldi= 0,75 x (0,0225 [0,06] x (100-Pi)

Moeda	Peso %	Limiar Div. % (+-)					
BLF	8,532215	1,543518867					
DKR	2,65706	1,642662106			1 ECU =		192,854
DEM	32,01617	1,14722718					
GRD	0,544397	1,678313306	Limiar do escudo:				
PTE	0,722308	4,467496137	cotação central + (cotação central	x	limiar de div.)	=	
FRF	20,37062	1,343745842	192,854 192,854	x	0,044674961	201,470	
HFL	10,00583	1,518651672	cotação central - (cotação central	x	limiar de div.)	=	
IRL	1,057594	1,669653104	192,854 192,854	x	0,044674961	184,238	
ITL	8,465361	4,119058772					
ESP	4,463533	4,299141005					
UKL	11,16493	3,997578008					

Com ela calculava-se rapidamente, relativamente a qualquer moeda, o valor superior e inferior do ecu quando é atingido o respectivo limiar. Assim, exemplificando com o escudo, sabemos que o sinal de alarme seria activado quando um ecu valesse 201$470 ou 184$238.

Logo no início falou-se do *indicador* de divergência. Ora o que obtivemos até agora foi o valor limite do ecu em relação a uma moeda. O indicador, como o seu nome sugere, é um índice numérico que permite saber se uma qualquer moeda está perto ou longe daquele limite.

Como consta do Quadro III-7, para o calcular teremos de:

a) saber a cotação central em ecus de uma moeda; b) tomar a cotação de mercado dessa moeda no dia relativamente ao qual se pretende efectuar o cálculo; c) ver qual a variação percentual dessa cotação de mercado em relação à cotação central (usando uma simples proporcionalidade); d) estando na posse dessa variação podemos calcular o indicador de divergência (ID) dividindo-a pelo desvio máximo.

O resultado é um valor que podia variar entre -75 e +75. Se esse valor fosse, por hipótese, -12, tal significava que a moeda em causa se encontrava na parte inferior da sua variação e ainda longe de atingir o limiar, que é 75.

Quadro III – 7
(valores referentes a 14.5.1993)

INDICADOR DE DIVERGÊNCIA (escudo em 10.09.1993)							
Taxa central	192,854						
Cotação de mercado	194,246						
Variação	(Cotação central	-	cotação de mercado)	:	cotação central	x 100	
(+ ou -)	192,854	-	194,246	:	192,854	x 100=	-0,722
Indicador div.	Variação	:	DMD	x 100	=		
ID	-0,722	:	5,957	100		-12	

O ID indicava, portanto, qual a posição de uma moeda em relação ao conjunto de todas as outras, representado pelo ecu.

Quando uma moeda atingia o seu limiar havia lugar a um designado **pressuposto de acção**.

As acções a desencadear eram de tipo facultativo embora se esperasse que o banco central em causa tomasse alguma atitude. Podia ser uma intervenção cambial diversificada em várias moedas, medidas de política monetária interna – como a alteração das taxas de juro – modificação da cotação central ou outras medidas de política económica.

3.2. Mecanismos de crédito

3.2.1. Decisões institucionais

3.2.1.1. Facilidades de Crédito a Muito Curto Prazo

As facilidades de crédito a muito curto prazo foram criadas aquando da Primeira Serpente e retomadas na sequência do Conselho Europeu de

Bruxelas através de um acordo entre os bancos centrais de 13/3/1979 e objecto de alterações em 1985 e 1987.

3.2.1.2. Apoio Monetário a Curto Prazo (AMCP)

O AMCP tinha sido criado em 9/2/1970 e foi substancialmente alargado aquando da entrada em vigor do SME [1].

3.2.1.3. Apoio Financeiro a Médio Prazo (AFMP)

A assistência financeira mútua estava já prevista, desde 1957, no então artigo 108.º do Tratado. No entanto só em Março de 1971 o Conselho aprovou o seu mecanismo de funcionamento [2]. Em 21/12/1978 foram alargadas as fontes de financiamento para fazer face ao SME tendo sofrido posteriormente vários outros alargamentos.

Porém, desde 1975 que existia em paralelo um outro mecanismo de apoio às balanças de pagamentos, criado pelos Regulamentos n.ᵒˢ 397/75 e 398/75, e que visava fundamentalmente dar resposta aos problemas postos pela crise petrolífera. Em 1985 foi alargado o seu âmbito de aplicação desaparecendo qualquer referência às questões petrolíferas [3]. A coexistência dos dois instrumentos manteve-se até 1988 altura em que o Conselho os unificou através do Regulamento n.º 1969/88 de 24/6/1988 [4].

3.2.2. Financiamento a Muito Curto Prazo (FMCP)

3.2.2.1. Limites, prazos e funcionamento

O financiamento a muito curto prazo tinha por objectivo essencial permitir as intervenções, em moedas comunitárias, no âmbito do mecanismo cambial. Por esta razão o FMCP só podia ser utilizado pelos países que integravam o MTC.

Inicialmente este tipo de crédito só era concedido para financiar as intervenções marginais. Desde o Acordo de Nyborg de Setembro de 1987, porém, passou a ser também utilizável nas intervenções intramarginais.

---

[1] Cf. Acto de 13/3/1979.
[2] JOL n.º 73 de 27/3/71, p.15 [EE 10 F1, p.39].
[3] Regulamento n.º 1131/85.
[4] JOL n.º 178 de 8/7/88.

No primeiro caso o financiamento é ilimitado e obrigatório; no segundo, está dependente do acordo do banco credor.

Os bancos que necessitavam de moeda comunitária, para intervenção marginal ou intramarginal nos mercados cambiais, compravam essa moeda contra ecus, ficando assim com menores disponibilidades em ecus junto do FECOM (IME); os bancos que vendiam moeda acumulam créditos em ecus junto do FECOM. No prazo de 75 dias (desde 1987) os pagamentos deviam ser regularizados em moeda do credor, em ecus (inicialmente só até 50% mas a partir de 1987 podendo ir até 100%), por um eventual saldo credor ou ainda em meios de pagamento internacionais. A pedido do banco central devedor o prazo de pagamento podia ser automaticamente dilatado por mais 3 meses e seguido de período idêntico desde que obtido o acordo do banco credor. A renovação automática do crédito, porém, só podia fazer-se até um montante correspondente ao dobro da quota-parte devedora no mecanismo de apoio a curto prazo.

3.2.3. Apoio Monetário a Curto Prazo (AMCP)

Tinha por finalidade apoiar os países com dificuldades momentâneas nas balanças de pagamentos, integrados ou não no SME.

3.2.3.1. Quotas credora e devedora

O funcionamento do AMCP baseava-se na atribuição de quotas-partes que determinavam os montantes dos crédito a conceder e dos empréstimos que podia obter, sendo a quota-crédito dupla da quota-débito. Para além destes limites era ainda possível acordar uma extensão de crédito ou débito.

A quota-débito atribuída ao Banco de Portugal era de 145 milhões de ecus (±29 milhões de contos) representando 1,63% do total.

3.2.3.2. Funcionamento

Este tipo de financiamento tinha uma duração de 3 meses, renovável por dois períodos iguais. Era normalmente efectuado na moeda do credor mas podia ser em ecus se fosse um prolongamento do financiamento a muito curto prazo. A situação monetária do país beneficiado devia ser objecto de um exame regular no seio do Comité de Governadores (IME).

3.2.4. Apoio Financeiro a Médio Prazo (AFMP)

3.2.4.1. Funcionamento

Desde Junho de 1988 que o AFMP passou a ter novas regras de funcionamento. O seu objectivo era dar apoio aos Estados-membros com dificuldades nas balanças de transacções correntes ou dos capitais. O montante global máximo que pode ser posto à disposição dos Estados membros é de 16 mil milhões de ecus(euros). O financiamento é obtido pela contracção de empréstimos – feita pela Comissão após decisão do Conselho – nos mercados de capitais ou junto de instituições financeiras até ao limite de 14 mil milhões de ecus(euros). Caso este tipo de financiamento não seja aconselhável – devido à situação conjuntural dos mercados – ou seja insuficiente para cobrir as necessidades, os Estados-membros deverão contribuir para o financiamento dos empréstimos até ao limite fixado no anexo do Regulamento n.º 1969/88. O limite máximo de crédito que Portugal deve conceder está fixado [1] em 202 milhões de ecus(euros).

O pedido de financiamento apresentado por um Estado-membro deve ser acompanhado de um programa de recuperação cuja execução vai sendo verificada pelo Conselho. O montante, prazo, condições e exigências de política económica são fixados pelo Conselho, caso a caso. O saque dos financiamentos concedidos faz-se por parcelas que só serão libertadas desde que alcançados os objectivos definidos no plano de recuperação e satisfeitas as exigências comunitárias [2].

3.3. Medidas de convergência

O funcionamento estável do SME – como de qualquer sistema cambial – só podia ser assegurado se as economias dos países participantes

---

[1] Após a adesão da Áustria, Finlândia e Suécia. Cf. Decisão 95/1/CE, JOL 1 de 1/1/95, p.16.

[2] Tal como previsto no artigo 12.º do Regulamento n.º 1969/88, a Comissão adoptou em 24 de Novembro de 1992 um relatório em que analisou se esse mecanismo se mantinha adequado. O Conselho de 15 de Fevereiro de 1993 considerou que o mecanismo continuava suficientemente adaptado às novas condições e subscreveu a proposta da Comissão no sentido de ele se manter até ao início da 3.ª fase da UEM, ficando marcada uma nova avaliação para antes do final de 1996. Esta última reavaliação manteve o esquema anterior.

Como veremos adiante, este mecanismo de crédito mantém-se após a introdução do euro mas apenas para os Estados que o não adoptarem. Ver infra.

fossem razoavelmente convergentes. Com este objectivo foram criados instrumentos – previstos no Conselho de Bruxelas – com vista a auxiliar os membros com economias mais débeis.

3.3.1. Empréstimos bonificados para investimentos infra-estruturais

Um dos meios que a Comunidade utilizou para promover a convergência foi a bonificação de juros. Nos empréstimos concedidos pelo BEI, ou directamente pela Comissão aos Estados participantes no SME, o orçamento comunitário subsidiou os juros a pagar em 3%. Os empréstimos deviam destinar-se essencialmente a investimentos em infra-estruturas.

3.3.2. Utilização dos Fundos comunitários

Actualmente a convergência económica é promovida, essencialmente, através dos vários Fundos de que a Comunidade dispõe. Assim, o Fundo Social Europeu, o FEOGA secção Orientação, o FEDER e o Fundo de Coesão [1] serão, neste contexto, utilizados para aproximar os níveis de desenvolvimento do vários Estados-membros.

4. EVOLUÇÃO DO SME

4.1. Deficiências

Desde o seu início o funcionamento do SME denotou algumas deficiências.

No que respeita aos mecanismos de crédito, para apoio às balanças de pagamentos, foram muito escassamente utilizados. Só a Grécia, em 1991, e depois a Itália, em 1993, recorreram ao mecanismo de apoio financeiro de médio prazo.

Por outro lado verificou-se durante largos anos uma deficiente convergência das economias. Como consequência, não se vislumbrava a passagem, ao que então se chamava, a fase institucional, i.e. a substituição de ecus, precariamente criados e destruídos a cada três meses, por uma verdadeira moeda que fosse o centro de uma política monetária europeia.

---

[1] Ver infra sobre o Fundo de Coesão.

Finalmente os ecu oficiais [1] foram escassamente utilizados devido, sobretudo, à preferência pelas intervenções intramarginais.

Não admira, por isso, que fossem sendo avançadas propostas de alteração ao seu funcionamento.

4.2 Alterações do funcionamento do SME

No seguimento do Conselho ECOFIN de 15/2/1982 a Comissão elaborou uma proposta para o reforço do SME com base nos seguintes pontos:

1 – reorganização técnica do sistema com alteração dos limites de aceitabilidade do ecu, intervenções intramarginais em moeda comunitária, e novo método de criação de ecus (embora mantendo-se os acordos *swap*, deveria ser estabilizada alterando-se a percentagem de depósito de reservas em função das variações de valor);

2 – eliminação de todas as restrições à utilização privada do ecu;

---

[1] Para além das suas funções no âmbito do SME o ecu foi também utilizado por entidades privadas. Aliás o ecu privado tornou-se mesmo mais importante do que o ecu oficial.

A sua utilização foi fortemente potenciada pela relação específica que ele mantinha com a estrutura económica e política comunitária.

Inicialmente a mobilização interbancária de um crédito em ecus obrigava à transferência das moedas componentes. Foram então assinados acordos de compensação bilateral entre vários bancos nascendo assim a MESA (*Mutual Ecu Settlement Account*). A partir de 1984 cada banco agia, rotativamente, como regulador de saldos os quais só seriam liquidados se a posição devedora/credora excedesse 20 milhões de ecus. Abaixo deste limite as entidades devedoras pagavam uma taxa de juro diária previamente acordada. Com o alargamento do mercado foi necessário generalizar o sistema. É assim que em Dezembro de 1985 nasce a EBA (*ECU Banking Association*). Integravam-na bancos de todos os países membros da CE (os bancos portugueses fundadores foram o Banco Espírito Santo e Comercial de Lisboa e o Banco Pinto & Sotto Mayor). Cada banco transmitia ao BIS (*Bank of International Setlements*) os seus movimentos em ecus que eram diariamente compensados. No caso de se registar uma posição devedora, o banco em causa devia liquidar o saldo mediante transferência da conta de reserva, constituída por moedas componentes do ecu e que não dava origem a juros.

Deste modo tornou-se possível efectuar operações bancárias bem como utilizar cartões de crédito e cheques de viagem expressos em ecus. Depois de a Alemanha ter levantado, em Junho de 1987, as restrições à utilização do ecu, a este passou a ser reconhecido o estatuto de divisa em pé de igualdade com todas as outras moedas.

3 – introdução de indicadores comparativos, discussão de objectivos monetários e criação de um sistema de fiscalização e consulta, com vista a reforçar a convergência económica;
4 – organizar as relações externas do SME instituindo consultas regulares e um plano de cooperação entre europeus, americanos e japoneses [1].

4.2.1. O Conselho de 15/3/1982

A proposta da Comissão não foi aprovada pelo Conselho seguinte dada a especial oposição alemã. Não obstante, houve acordo político relativamente a alguns pontos. Esse acordo político foi de novo demonstrado na Resolução do Parlamento Europeu.

4.2.2. A Resolução do Parlamento Europeu de 16/2/1984

A Resolução do Parlamento Europeu relativa ao SME retomou os pontos essenciais da proposta da Comissão de 1982.

Nessa importante Resolução o Parlamento fez um exame exaustivo das debilidades do SME e apresentou propostas concretas para a sua superação.

Quanto às fraquezas do sistema realçou:

" – as modalidades de criação dos ecus;
– a ausência de coordenação das políticas de câmbio em relação a terceiras moedas;
– a fraca aceitabilidade do ecu, bem como a sua não-exclusividade e não-convertibilidade;
– a ausência de convergência para a estabilidade interna."

No que respeita às propostas destaca-se:

– a pretensão de limitar as intervenções em dólares disponibilizando as facilidades de muito curto prazo para intervenções intramarginais;

---

[1] Este tipo de coordenação internacional passou a ser feita – embora de um modo nem sempre muito eficiente – a partir dos chamados 'Acordos do Plaza', no seguimento de uma reunião que teve lugar naquele conhecido hotel de Nova York em 1985.

— reforçar o papel do FECOM permitindo a multilateralização dos mecanismos de financiamento e centralizando as operações relativamente ao dólar;
— consolidar a criação de ecus tornando permanentes as entregas de dólares.
— abrir a utilização de ecus a terceiros detentores podendo estes ser adquiridos por entidades reconhecidas.

4.2.3. As alterações de 1985 e 1987

Em 1985 e 1987 foram introduzidas algumas alterações ao Acordo de 1979, celebrado entre os bancos centrais, sobre o funcionamento do SME e que aprovaram finalmente as propostas lançadas em 1982.

4.2.3.1. O Acto de 10 de Junho de 1985

No seguimento da Resolução do PE, em Junho de 1985, foi alterado o acordo de 1979 tendo sido criado um mecanismo de mobilização, alargada a aceitabilidade do ecu e alterada a sua remuneração, tal como supra se referiu.

O Conselho aprovou igualmente um Regulamento que definiu o estatuto de "terceiros detentores", que podiam ser países não integrantes da Comunidade ou instituições monetárias internacionais [1].

4.2.3.2. As alterações de 1987

Em Setembro de 1987 foi concluído um novo acordo entre os governadores dos bancos centrais, que mereceu o aval dos ministros da economia e finanças na sua reunião de Nyborg.

As novas medidas visaram essencialmente dois objectivos:

— melhorar o funcionamento dos mecanismos de intervenção;
— acentuar o comportamento convergente das economias.

Quanto ao primeiro objectivo ele foi conseguido através das alterações introduzidas no Financiamento a Muito Curto Prazo e num novo alargamento da aceitabilidade do ecu, já referido supra.

---

[1] JOL n.º 290 de 1/11/85, p.95 [EE 10 F2,p.3].

Cap. III – O Sistema Monetário Europeu

No que se refere ao segundo objectivo tentou-se alcançá-lo através de um conjunto de medidas de acompanhamento:
- semestralmente passou a ser feita uma análise do comportamento das economias levada a cabo pelo Comité Monetário utilizando um conjunto de indicadores, idênticos aos usados pelo Grupo dos Sete;
- mensalmente, o mesmo Comité, passou a analisar o comportamento das taxas de câmbio e de juro;
- também mensalmente o Comité de Governadores de Bancos Centrais exerceu uma vigilância sobre as políticas de intervenção cambial e as taxas de câmbio e de juro com vista a adequar as políticas económicas e monetárias;
- foi acordada uma utilização mais intensiva e coordenada das políticas de taxa de juro, manipulando os diferenciais com vista a defender preventivamente as paridades do SME.
- por fim, passou ainda a ser controlada a evolução cambial das moedas exteriores de modo a evitar pressões exógenas sobre o SME.

Estas alterações, juntamente com o clima económico então vivido, permitiram um período de grande estabilidade, não se tendo efectuado qualquer alteração cambial até 1992.

4.3. A estabilidade cambial

Desde que o SME entrou em funcionamento assistiu-se a uma maior estabilidade cambial do que a verificada anteriormente.

Essa estabilidade foi atingida através de um conjunto de acções de política monetária, nomeadamente a manipulação das taxas de juro e intervenções cambiais.

4.3.1. Os ajustamentos das taxas centrais

A estabilidade cambial não significou rigidez de câmbios. Desde 1979 até Janeiro de 1987 foram efectuados 11 reajustamentos de paridade o que representa uma média de cerca de 1,4 reajustamentos por ano.[1]

---

[1] Na feliz expressão de Cordon, a história do SME pode ser vista como uma peça em três actos: O I acto até 1987; o II acto até Setembro de 1992; o III acto desde então até ao fim da sua vigência. Cf. CORDON 1994, p. 107.

Desde essa data até finais de 1992 viveu-se, porém, um período de grande estabilidade cambial interrompido pelos distúrbios de Setembro e Novembro de 92 e que culminariam na decisão de Agosto de 1993.

4.3.2. A turbulência de 1992

O ano de 1992 foi particularmente turbulento para as moedas do SME [1].

A explicação dessa instabilidade baseia-se, essencialmente, em quatro factores:

i) o clima recessivo existente na Europa a partir de 1990;
ii) a apreciação real de algumas moedas integrantes do SME;
iii) a liberalização dos movimentos de capitais;
iv) a reunificação alemã.

O início da década de 90 foi marcado por uma desaceleração do crescimento seguido, em alguns países, de clara recessão.

Um dos Estados-membros que se encontrava nessa situação em 1991-92 era o Reino-Unido. Para tentar contrariar a recessão as taxas de juro nominais caíram, fazendo descer a cotação da libra no âmbito do mecanismo de taxas de câmbio.

Também a Alemanha se encontrava em rápida desaceleração do crescimento que a fez entrar em recessão grave no ano de 1993.

Nesse mesmo ano quase todos os Estados-membros estavam com crescimento negativo.

Algumas moedas pertencentes ao SME eram vistas pelos mercados como sobrevalorizadas, atendendo aos diferenciais das taxas de inflação. Em especial os países da Europa do sul, como Portugal, Espanha e Itália, tinham nessa altura taxas de inflação muito superiores às restantes. Com a manutenção das taxas de câmbio, desde 1987, o valor externo das moedas não correspondia à necessária paridade de poder de compra. Em consequência, podia fundamentadamente duvidar-se do realismo da taxa de câmbio antecipando uma desvalorização.

Por outro lado, em Julho de 1990 entrou em vigor a última Directiva sobre a liberalização dos movimentos de capitais, que tornou impossível

---

[1] Para mais pormenores sobre a crise de 1992 pode ver-se DE GRAWE 1997; DIAS 1997 e LOUREIRO 1999.

o controlo deste tipo de movimentos. Qualquer agente passou a poder, com toda a liberdade, transferir fundos entre os Estados-membros desestabilizando os mercados cambiais [1].

Finalmente, em 1990 a reunificação alemã teve uma importante consequência monetária. Os antigos Länder da RDA foram integrados na Alemanha ocidental e os detentores de *ostmark* puderam convertê-los em *deutchmark* à taxa de 1:1, dentro de certos limites [2]. Mais importante ainda foi a conversão a 1:1 dos salários e pensões.

O resultado era previsível. Assistiu-se a um significativo aumento da procura, ainda potenciado pelo financiamento das despesas, na parte leste, através do aumento do défice orçamental.

A subida da inflação daí resultante levou o banco central a conduzir uma política monetária restritiva, com acentuada subida das taxas de juro [3].

4.3.2.1. O caos de Setembro de 1992

Foi no ambiente descrito que o SME conheceu momentos de verdadeiro caos e que acabaram por provocar uma alteração significativa no seu funcionamento.

A primeira moeda alvo de ataques especulativos foi a lira. A relativamente elevada inflação junto com o proverbial descontrolo orçamental e da dívida pública assim o justificava. A 13 de Setembro a lira é desvalorizada em 7%. O fim de um longo período de estabilidade nos mercados cambiais foi o sinal de que tudo poderia ser diferente. A especulação não só não abandonou a lira como se abateu sobre outras moedas, como a peseta e a libra.

O caso da moeda britânica foi particularmente mediático tendo tornado bem conhecida a figura de George Soros. O seu ataque à libra foi um verdadeiro braço de ferro entre o banco central inglês e os capitais especulativos privados. A pressão foi tal que as autoridades inglesas se viram incapazes de contrariar, com compras de libras, o movimento espe-

---

[1] Ver infra com mais pormenor sobre a liberalização dos movimentos de capitais e o seu efeito nos mercados cambiais.

[2] A conversão da moeda da RDA em deutchmark foi feita a várias taxas em função do montante e do detentor. Acima dos 6.000 marcos a taxa era de 1:2.

[3] Em Novembro de 1991 a taxa de referência era de 6%. Em Julho de 1992 atingiu o máximo de 8,75%.

culativo. Em 17 de Setembro tanto a lira italiana como a libra inglesa abandonam o SME, deixando de defender a cotação das suas moedas que rapidamente se depreciam. A peseta, igualmente alvo de especulação, foi também desvalorizada.

4.3.3 A evolução até Dezembro de 1998

Em Novembro de 1992 deu-se um novo conjunto de ajustamentos de cotações centrais com uma segunda desvalorização da peseta acompanhada também pelo escudo.

Em 1993 desvalorizou a libra irlandesa (1/2/93), e novamente o escudo e a peseta (14/5/93).

A continuação de um clima especulativo altamente instável no MTC acabou por provocar uma decisão inédita. Em 2 de Agosto de 1993 a margem de flutuação de todas as moedas foi fixada em ±15% [1].

---

[1] Essa decisão representou, na prática, como que a suspensão do mecanismo de taxas de câmbio do SME. Por um lado, o objectivo nuclear do sistema – que é a estabilidade cambial – desaparece por completo na medida em que as moedas passaram a ter uma variação teórica de 30%! Por outro lado, a margem admitida é tão grande que torna desnecessárias as intervenções marginais previstas.

Considerando as obrigações desde então impostas, pode dizer-se que as moedas se encontravam em regime de livre flutuação.

No entanto, a maior parte das moedas continuaram a respeitar aproximadamente os limites anteriores através de intervenções facultativas nos mercados, sempre que necessário. Passou-se para um regime em que existe uma margem legal (15%) e uma margem sombra, que é a efectivamente respeitada. Adiante se verá como esta margem sombra estava de facto em vigor. Veja-se infra p. 199, nota 6.

Previa-se que esta medida excepcional fosse de muito curta duração. No entanto, ela veio a prolongar-se e aceita-se hoje a existência de margens alargadas como forma de defesa contra ataques especulativos.

Com margens tão amplas é muito mais difícil mobilizar uma quantidade suficiente de capitais para 'encostar' uma moeda à margem inferior e forçar a desvalorização, como acontecia anteriormente. O mecanismo especulativo baseia-se na venda de moeda fazendo baixar a sua cotação até esgotar a capacidade de intervenção obrigatória do respectivo banco central, obrigando à desvalorização. Se a intervenção só é obrigatória quando a descida é de 15%, torna-se quase impossível provocar uma queda tão acentuada e significa um enorme risco para os especuladores que, assim, se abstêm de tais acções.

Como veremos infra, o MTC II que vigora desde Janeiro de 1999 também tem margens de 15% acima e abaixo do valor de referência.

Cap. III – O Sistema Monetário Europeu

Quadro III – 8
ALTERAÇÃO DAS TAXAS CENTRAIS
DESDE A ENTRADA DO ESCUDO NO MTC (07/04/1992)

Moedas	07.04.92 Cotação Central	14.09.92 Cotação Central	Var.	17.09.92 * Cotação Central	Var.	23.11.92 Cotação Central	Var.	01.02.93 Cotação Central	Var.	14.05.93 Cotação Central	Var.	09.01.95 Cotação Central	Var.
BLF	42,403	42,0639	0,80%	41,9547	0,26%	40,6304	3,16%	40,2802	0,86%	40,2123	0,17%	40,2123	0,00%
DKR	7,842	7,77921	0,80%	7,75901	0,26%	7,5141	3,16%	7,44934	0,86%	7,43679	0,17%	7,43679	0,00%
DEM	2,0559	2,03942	0,80%	2,03412	0,26%	1,96992	3,16%	1,95294	0,86%	1,94964	0,17%	1,94964	0,00%
GRD	205,311	251,202	-22,35%	250,55	0,26%	254,254	-1,48%	259,306	-1,99%	264,513	-2,01%	264,513	0,00%
PTE	178,738	177,305	0,80%	176,844	0,26%	182,194	-3,03%	180,624	0,86%	192,854	-6,77%	192,854	0,00%
FRF	6,8951	6,83992	0,80%	6,82216	0,26%	6,60683	3,16%	6,54988	0,86%	6,53883	0,17%	6,53883	0,00%
HFL	2,3164	2,29789	0,80%	2,29193	0,26%	2,21958	3,16%	2,20045	0,86%	2,19672	0,17%	2,19672	0,00%
IRL	0,76742	0,761276	0,80%	0,7593	0,26%	0,735334	3,16%	0,809996	-10,15%	0,808628	0,17%	0,80863	0,00%
ITL	1538,2	1636,61	-6,40%	1632,36	0,26%	1690,76	-3,58%	1796,22	-6,24%	1793,19	0,17%	1793,19	0,00%
ESP	133,63	132,562	0,80%	139,176	-4,99%	143,386	-3,02%	142,15	0,86%	154,25	-8,51%	154,25	0,00%
UKL	0,6969	0,691328	0,80%	0,68953	0,26%	0,805748	-16,85%	0,808431	-0,33%	0,786749	2,68%	0,78675	0,00%
ATS												13,7167	
FIM													
		Desvalorização da Lira		Desvalorização da Peseta		Desvalorização do Escudo-Peseta		Desvalorização da Libra irlandesa		Desvalorização do Escudo-Peseta		Entrada do Xelim	

Moedas	06.03.95 Cotação Central	Var.	14.10.96 Cotação Central	Var.	25.11.96 Cotação Central	Var.	16.03.98 ** Cotação Central	Var.
BLF	39,3960	2,03%	39,3960	0,00%	39,7191	-0,82%	40,7844	-2,68%
DKR	7,28580	2,03%	7,28580	0,00%	7,34555	-0,82%	7,54257	-2,68%
DEM	1,91007	2,03%	1,91007	0,00%	1,92573	-0,82%	1,97738	-2,68%
GRD	292,867	-10,72%	292,867	0,00%	295,269	-0,82%	357,000	-20,91%
PTE	195,792	-1,52%	195,792	0,00%	197,398	-0,82%	202,692	-2,68%
FRF	6,40608	2,03%	6,40608	0,00%	6,45863	-0,82%	6,63186	-2,68%
HFL	2,15214	2,03%	2,15214	0,00%	2,16979	-0,82%	2,22799	-2,68%
IRL	0,792214	2,03%	0,792214	0,00%	0,7987	-0,82%	0,796244	0,31%
ITL	2106,15	-17,45%	2106,15	0,00%	1906,45	9,48%	1957,61	-2,68%
ESP	162,493	-5,34%	162,493	0,00%	163,826	-0,82%	168,220	-2,68%
UKL	0,786652	0,01%	0,786652	0,00%	0,7931	-0,82%	0,653644	17,58%
ATS	13,4383	2,03%	13,4383	0,00%	13,5485	-0,82%	13,9119	-2,68%
FIM			5,80661	-	5,85424	-0,82%	6,01125	-2,68%
	Desvalorização do Escudo-Peseta		Entrada da Markka		Regresso da Lira com revalorização		Entrada da Dracma Revalorização Libra IRL	

* abandono da lira italiana
e da libra inglesa
** alteração da taxa de referência
da libra inglesa

No ano de 1995 as dificuldades sentidas pela peseta espanhola levaram à sua desvalorização em cerca de 7% sendo, mais uma vez, acompanhada parcialmente pelo escudo que desvalorizou 3,5%.

No Quadro III-8 estão indicadas as alterações das taxas centrais das várias moedas desde a entrada do escudo no MTC.

No Quadro III-9 apresenta-se a grelha de paridades – que estava em vigor a 31/12/1998 – com todas as moedas a variarem ±15% sobre as respectivas cotações centrais bilaterais [1].

4.4. O SME e a UEM no Acto Único Europeu

O Conselho Europeu de Bruxelas, de 1978, previa já a passagem do SME ao que então se chamava a fase institucional, i.e., a substituição dos acordos que estavam na base do SME pela criação de um Fundo Monetário Europeu. Basicamente, aquilo a que se chamava a fase institucional era a realização de uma União Monetária, embora na altura ela estivesse muito longe de ser arquitectada. Foi só com o Tratado da União Europeia que se efectivou um novo salto na integração monetária.

Entretanto, pelo Acto Único Europeu, foi introduzida no Tratado de Roma uma referência explícita ao SME e à UEM [2], no então aditado Cap.I do Título II, Parte III, sob a epígrafe *A Cooperação no domínio da política económica e monetária (União Económica e Monetária)*.

O artigo 102.º-A estatuía que a cooperação económica e monetária 'se fará tendo em conta a experiência de funcionamento do SME'. Mas para lá desta referência genérica nada de mais concreto foi acrescentado. Em certa medida, o n.º 2 do mesmo artigo era desanimador já que, segundo ele, as modificações institucionais – necessárias para a "passagem à fase institucional" – supunham uma nova revisão do Tratado. No

---

[1] O xelim austríaco passou a integrar o MTC a partir de 9/1/95. Os restantes dois novos membros que aderiram à Comunidade no início desse ano mantiveram as suas moedas fora do mecanismo de taxas de câmbio, como havia já sucedido com o Reino Unido (que só entrou em 6/10/90), Espanha (que só entrou em 19/6/89), Portugal (que só entrou em 4/4/92) e Grécia que apenas entrou em Março de 1998.

Em 14/10/96 a markka passou igualmente a integrar o MTC.

A lira italiana regressou ao SME em 25/11/1996 para poder cumprir uma das exigências para a adopção do euro, como adiante se verá.

[2] Até aí não havia qualquer referência ao Sistema Monetário Europeu no texto do Tratado e muito menos à União Económica e Monetária.

Cap. III – O Sistema Monetário Europeu

GRELHA DE PARIDADES DO SME DESDE 16/03/1998

ECU Composição Peso/% quant.	a) Moeda	100 BLF	100 DKR	100 DEM	100 ESP	100 FRF	1 IRL	100 HFL	100 PTE	100 ATS	100 ITL	1 UKL	100 GRD	100 FIM	Limiar de divergência %	1 ECU
8,41 % 3,4310	+15,00% em BLF -15,00%	100	627,879 540,723 465,662	2395,00 2062,55 1776,27	28,1526 24,2447 20,8795	714,102 614,977 529,618	59,4770 51,2210 44,1115	2125,60 1830,55 1576,47	23,3646 20,1214 17,3285	340,415 293,162 252,471	2,41919 2,08338 1,79420	62,3954	11,4242	787,827 678,468 584,297	10,3036	44,9867 v 40,7844 v 36,5821
2,62 % 0,1976	+15,00% em DKR -15,00%	21,4747 18,4938 15,9266	100	442,925 381,443 328,493	5,20647 4,48375 3,86134	132,064 113,732 97,9446	10,9995 9,47269 8,15774	393,104 338,537 291,543	4,32100 3,72120 3,20464	62,9556 54,2167 46,6906	0,447399 0,385295 0,331810	11,5393	2,11276	145,699 125,474 108,057	10,9553	8,36888 7,54257 v 6,71626
31,57 % 0,6242	+15,00% em DEM -15,00%	5,62986 4,84837 4,17542	30,4419 26,2163 22,5771	100	1,36494 1,17547 1,01232	34,6223 29,8164 25,6779	2,88367 2,48338 2,13869	103,057 88,7517 76,4330	1,13280 0,975559 0,840151	16,5046 14,2136 12,2407	0,117291 0,101010 0,086990	3,02516	0,553888	38,1968 32,8947 28,3289	7,69871	2,12961 1,97738 v 1,82515
4,09 % 6,8850	+15,00% em ESP -15,00%	478,944 412,462 355,212	2589,76 2230,27 1920,68	9878,45 8507,22 7326,41	100	2945,40 2536,54 2184,47	245,320 211,267 181,943	8767,30 7550,30 6502,32	96,3701 82,9929 71,4735	1404,08 1209,18 1041,346	9,97822 8,59313 7,40040	257,357	47,1204	3249,48 2798,42 2410,00	10,7896	186,370 168,220 v 150,070
20,08 % 1,3320	+15,00% em FRF -15,00%	18,8818 16,2608 14,0038	102,098 87,9257 75,7203	389,445 335,386 288,835	4,57782 3,94237 3,39517	100	9,67143 8,32893 7,17287	345,640 297,661 256,346	3,79927 3,27189 2,81775	55,3542 47,6704 41,0538	0,393378 0,338773 0,291752	10,1460	1,85766	128,107 110,324 95,0112	8,99045	7,22809 6,63186 v 6,03563
1,07 % 0,0086	+15,00% em IRL -15,00%	2,26701 1,95232 1,68134	12,2582 10,5567 9,09124	46,7582 40,2676 34,6785	0,549629 0,473335 0,407636	13,9416 12,0063 10,3399	1	41,4987 35,7382 30,7778	0,456153 0,392834 0,338309	6,64601 5,72347 4,92906	0,047230 0,040674 0,035029	1,21816	0,223038	15,3809 13,2459 11,4074	11,1292	0,884859 0,796244 v 0,707629
9,87 % 0,2198	+15,00% em HFL -15,00%	6,34338 5,46285 4,70461	34,3001 29,5389 25,4384	130,835 112,674 97,035	1,53793 1,32445 1,14062	39,0103 33,5953 28,9322	3,24914 2,79812 2,40974	100	1,27637 1,099208 0,946631	18,5964 16,0150 13,7921	0,132156 0,113812 0,098015	3,40857	0,624087	43,0378 37,0637 31,9192	10,1401	2,45391 2,22799 v 2,00207
0,69 % 1,3930	+15,00% em PTE -15,00%	577,091 496,984 428,003	3120,46 2687,31 2314,27	11902,77 10250,53 8827,76	139,914 120,492 103,768	3548,97 3056,34 2632,12	295,591 254,560 219,227	10563,91 9097,53 7834,79	100	1691,81 1456,97 1254,74	12,0230 10,3541 8,91691	310,095	56,7765	3915,37 3371,88 2903,86	11,1727	225,338 202,692 v 180,046
0,00 % 0,0000	+15,00% em ATS -15,00%	39,609 34,111 29,376	214,175 184,445 158,844	816,954 703,552 605,899	9,603 8,270 7,122	243,586 209,774 180,657	20,2881 17,4719 15,0468	725,061 624,415 537,746	7,96987 6,86357 5,91080	100	1,99 0,71 0,61	21,2836	3,89689	268,734 231,431 199,305	11,2500	15,4770 13,9119 v 12,3468
7,75 % 151,80	+15,00% em ITL -15,00%	5573,57 4799,90 4133,67	30137,6 25954,2 22351,3	114957,5 99000,2 85259,0	1351,29 1163,72 1002,20	34276,2 29518,3 25421,1	2854,84 2458,56 2117,31	102026,8 87864,4 75668,8	1121,48 965,805 831,751	16339,59 14071,48 12118,36	100	3477,654 2994,92 2579,223	636,736 548,350 472,2391	37814,89 32565,77 28045,64	10,3776	2160,76 1957,61 v 1754,46
13,44 % 0,0878	+15,00% em UKL -15,00%	1,86101 1,60268 1,38023	8,66606	33,0561	0,388565	9,85612	0,820909	29,3378	0,322481	4,69845	0,038772 0,033390 0,028755	1	0,183094	10,8737 9,364412	9,73817	0,653644 v
0,40 % 1,44	+15,00% em GRD -15,00%	1016,43 875,33 753,84	5496,05 4733,13 4076,10	20964,3 18054,2 15548,8	246,429 212,222 182,766	6250,78 5383,11 4635,93	520,623 448,355 386,123	18606,14 16023,41 13799,36	204,519 176,129 151,683	2979,77 2566,15 2209,97	21,1760 18,2365 15,7053	546,169 470,361	100	6896,12 5938,86 5114,46	11,2046	397,001 357,000 v 317,000
0,00 % 0	+15,00% em FIM -15,00%	17,1148 14,7391 12,6933	92,5437 79,6976 68,6356	353,001 304,001 261,805	4,14943 3,57345 3,07745	105,252 90,6420 78,0609	8,76637 7,54951 6,50164	313,295 269,806 232,357	3,44373 2,96571 2,55407	50,1741 43,2094 37,2119	0,356566 0,307071 0,264449	10,67886 9,19652 7,920043	2,04181 1,68382 1,45011	100	11,2500	6,68752 6,01125 v 5,33493

a) Os valores de intervenção eram -16,11885% e -13,88115%. Em vigor desde 02.08.1993
b) Suspensa do MTC entre 17.09.1992 e 25.11.1996
c) Suspensa do MTC desde 17.09.92. Valores de referência.
d) Só entrou no MTC em 16.03.1998

momento em que se procede a uma revisão remeter para a próxima quaisquer alterações neste domínio era particularmente desapontador.

Os desenvolvimentos posteriores, em especial a partir de 1988, vieram, no entanto, a dar um seguimento, na altura inesperado, às disposições referidas. Trataremos daqui a pouco desses desenvolvimentos.

Embora sem ligação exclusiva com o SME, também o então aditado Título V tem implicações com ele. Com efeito, a Coesão Económica e Social aí referida, é, como vimos supra, uma condição essencial para o bom funcionamento do Sistema Monetário Europeu [1].

5. PORTUGAL E O SME

A entrada de Portugal nas Comunidades, em 1 de Janeiro de 1986, não foi acompanhada pela inclusão do escudo no Sistema Monetário Europeu. A economia portuguesa de modo algum poderia nessa altura suportar as obrigações impostas pelo SME.

O primeiro passo foi dado quando, em Janeiro de 1988, o Banco de Portugal passou a participar no esquema de criação dos ecus.

Foi a partir de 1989 que se começou a discutir publicamente a adesão do escudo ao mecanismo cambial do SME.

Em sede geral podia defender-se que economias, como a portuguesa, muito abertas ao exterior, têm particular vantagem em aderir a esquemas de integração monetária.

A produção pouco diversificada associada a um grande volume de importações e exportações torna as alterações externas muito influentes sobre o comportamento da economia. A integração numa estrutura do tipo do SME propicia um menor risco já que, por definição, se trata de um esquema que favorece a estabilidade e protege as pequenas economias por efeito do conjunto.

Um outro aspecto relaciona-se com as alterações nos preços internacionais ou nas taxas de câmbio. Dada a dependência das pequenas economias, que não podem influenciar os preços internacionais, estas variações afectam significativamente os preços internos e a estabilidade do crescimento. Por outro lado, a fraca diversificação da produção tende a reduzir a elasticidade-preço das exportações e importações tornando

---

[1] Mais adiante voltaremos a estas questões quando falarmos das novas vias da integração monetária, trazidas pelo Tratado de Maastricht.

necessárias alterações maiores na actividade económica interna para corrigir o défice externo [1]. Quer dizer, o efeito da manipulação das taxas de câmbio como instrumento corrector deixa rapidamente de ser eficaz.

No domínio estritamente monetário, é evidente que uma pequena economia, com uma relativamente reduzida massa monetária, fica mais sujeita às especulações cambiais quando agindo isoladamente.

Tudo isto apontaria no sentido de ser vantajosa a opção pela integração monetária, mesmo que modesta como era o caso do SME.

No entanto eram também identificáveis alguns inegáveis custos.

Em primeiro lugar a perda de autonomia da política monetária [2]. Depois o eventual agravamento da relação desemprego/inflação [3].

Um dos principais obstáculos à entrada do escudo no MTC era a elevada taxa de inflação, muito superior à média comunitária.

Mesmo assim havia observadores que entendiam, em 1990/91, que Portugal deveria aderir muito rapidamente ao SME, independentemente da verificação de um comportamento convergente da economia portuguesa. Segundo eles o nosso país corria o risco de ser marginalizado do processo da integração monetária passando a integrar, talvez com a Grécia, o grupo de uma Europa a "duas velocidades". Para o evitar, era proposta uma abordagem do problema segundo uma óptica parecida com a dos "monetaristas" a que foi feita referência a propósito do Relatório Werner. Segundo essa tese, a nossa estratégia devia ser a de forçar os ajustamentos necessários através de uma constrição externa, i.e., uma adesão imediata ao SME.

Esta estratégia seria a mais adequada se pensarmos apenas na lógica da integração. É correcto afirmar que este procedimento permitiria uma mais rápida inclusão de Portugal na totalidade dos mecanismos comunitários. Só que essa via implicava a adopção de medidas internas fortemente restritivas a fim de reduzir drasticamente a nossa taxa de inflação. Uma tal política económica, além de pôr imediatamente em perigo o crescimento da economia e agravar tensões sociais, não parecia possível se considerarmos o ciclo político do ano de 1991.

As opções inicialmente em aberto estavam balizadas por duas datas: 1992 e 1995.

---

[1] Recorde-se o que foi dito no Cap. I sobre os mecanismos de reequilíbrio das balanças de pagamentos.
[2] Ver infra.
[3] Ver infra sobre a relação desemprego/inflação.

O ano de 1995 era referido em algumas declarações de responsáveis portugueses. A sua justificação prendia-se com a necessidade de dar um período suficientemente longo para os ajustamentos na economia portuguesa e, por outro lado, estava associado ao fim do período transitório para a total liberalização dos movimentos de capitais [1]. Porém, dada a aceleração do processo de integração monetária, na sequência do Relatório Delors [2], tal data tornou-se pouco credível.

Foi nesse contexto que 1992 surgiu como ano privilegiado.

Era politicamente vantajoso fazer integrar o escudo no SME aquando da primeira presidência portuguesa da Comunidade. Este esforço, assim demonstrado, de empenhamento na construção europeia poderia ser um bom trunfo para pressionar os restantes países no sentido de um maior apoio em termos de "coesão económica e social". Além disso, poderia ser mesmo um factor adicional de integração da Comunidade no seu conjunto.

O bom desempenho da nossa economia e o abrandamento das tensões inflacionistas permitiram que a decisão de inclusão do escudo no MTC fosse tomada em 4 de Abril de 1992.

5.1. O comportamento do escudo no SME

Em 7 de Abril de 1992 o escudo começa a participar no mecanismo de taxas de câmbio com uma cotação central relativamente ao ecu de 178$74, usando a banda larga de oscilação de ±6%.

Desde o início que a nossa moeda se manteve perto da margem superior da banda, sendo uma das moedas mais fortes do sistema [3].

Durante a crise de Setembro de 1992, porém, o Banco de Portugal teve de intervir em defesa do escudo, à semelhança do que aconteceu com outras moedas. Por esse facto, as cotações da nossa moeda não se alteraram significativamente.

Em 23 de Novembro de 1992 nova crise cambial no seio do SME. A peseta sofre nova desvalorização, acompanhada desta vez pelo escudo. Ambas as moedas são desvalorizadas em cerca de 6%. A cotação central do escudo fixou-se em 182$194.

---

[1] Ver infra Cap. IV.
[2] Ver infra Cap. VI.
[3] Este comportamento explica-se, principalmente, pelo elevado nível das taxas de juro portuguesas. Mais adiante se compreenderá melhor porquê.

Cap. III – O Sistema Monetário Europeu

Embora tenha sido desvalorizado a cotação de mercado do escudo foi mantida sensivelmente aos mesmos níveis anteriores. Tal só foi possível devido às intervenções do Banco de Portugal que sustentou o escudo à custa de parte das suas reservas cambiais [1].

A desvalorização da libra irlandesa em Fevereiro de 1993 provocou o ajustamento de todas as moedas, ficando a taxa central do escudo/ecu em 180$624 [2].

Em Março de 1993, no seguimento de um discurso do Ministro das Finanças [3], o escudo – que entretanto já vinha evidenciando alguma fraqueza – ficou sob forte pressão impondo intervenções em sua defesa que atingiram largos milhões de contos [4]. O escudo, mesmo assim, desceu situando-se mais perto da taxa central, por entre rumores de desvalorização.

A pressão sobre o escudo continuou de um modo mais ou menos persistente dado o fraco desempenho da economia portuguesa e a turbulência geral do SME. Quando em Maio se declara nova crise cambial afectando, em particular a peseta, o escudo acabou por ser arrastado pela desvalorização daquela moeda. A nova taxa central passou para 192$854 por ecu.

A recessão económica foi sendo cada vez mais patente e os seus efeitos sobre a taxa de câmbio não deixaram de se fazer sentir. Quando em Agosto de 1993 as bandas de variação passam para ±15%, o escudo desceu fortemente situando-se perto do limite inferior anteriormente admitido.

---

[1] Eis um exemplo das intervenções facultativas a que atrás se fez referência.

A manutenção da posição do escudo foi uma estratégia, que já vinha sendo seguida, para promover a desinflação da economia portuguesa.

[2] Sempre que alguma moeda altera a respectiva taxa central, todas as outras vêm a sua taxa ser igualmente modificada. Assim, à desvalorização de uma moeda corresponde uma descida da taxa central enquanto todas as outras moedas a vêm subir. Porém, como estas sobem na mesma proporção, as posições relativas mantêm-se.

Por ser assim, a passagem da cotação central do escudo de 182$194 para 180$624 não representa uma revalorização relativamente às outras moedas, com excepção da libra irlandesa.

[3] O então Ministro Braga de Macedo, criticou publicamente a política seguida pelo Banco de Portugal. A manifestação desta grave divergência entre o governo e a autoridade monetária desencadeou um forte ataque especulativo contra o escudo. Além disso, provocou ainda o imediato pedido de demissão de um membro do Conselho do Banco e mais tarde do seu Governador, à data Miguel Beleza.

A divergência é explicada pelo próprio ex-ministro em MACEDO 1995, 25-26.

[4] As intervenções em defesa do escudo levadas a cabo pelo Banco de Portugal totalizaram, em 1993, 428,1 milhões de contos.

Em 6/3/1995 a nova desvalorização da peseta (7%) foi acompanhada pela do escudo em 3,5%, fixando-se a cotação central em 195$792 por ecu.

Depois disso o escudo mostrou uma notável estabilidade cambial afastando-se muito pouco da sua cotação central.

Após a entrada do xelim e o regresso da lira a cotação central fixou-se em 197$398. Com a entrada da dracma em Março de 1998 a cotação central do escudo fixou-se definitivamente nos 202$692 [1].

---

[1] Reveja-se a grelha de paridades no Quadro III-9.

CAPÍTULO IV

OS MOVIMENTOS DE CAPITAIS NA COMUNIDADE

A importância do regime jurídico dos movimentos de capitais pode facilmente ser inferida a partir da definição de UEM. Como vimos, uma das suas componentes essenciais é a existência de uma total liberdade de circulação de capitais. Por outro lado, como também se depreende do que foi dito no capítulo anterior, a movimentação dos capitais tem uma clara influência no comportamento cambial das moedas. Vejamos, então, a forma como os movimentos de capitais foram tratados no âmbito da Comunidade, começando por um breve enquadramento histórico.

1. ENQUADRAMENTO HISTÓRICO

Os movimentos de capitais sempre foram, pela positiva ou negativa, um tópico fundamental nas relações económicas internacionais.

Durante o padrão-ouro, em especial entre 1850 e a I Guerra, existia uma total liberdade de circulação de capitais em que eram movimentados valores equivalentes aos actuais [1]. A globalização estendia-se não apenas aos mercados financeiros mas também ao mercado dos produtos. O grau de abertura das economias, medido pela percentagem das exportações no PIB, é semelhante no fim do séc. XIX e no fim do séc. XX. O Japão tem mesmo actualmente um menor grau de abertura do que antes da I Guerra [2].

A globalização, que veio a tornar-se um lugar comum nos anos 90 do século XX, é, afinal, antiga de mais de 100 anos. A grande 'novidade' está no contraste com a situação imediatamente anterior.

---

[1] Cf HELLEINER 1995, 317.
[2] Cf RODRIK 1997, 7.

A liberdade de circulação dos capitais existente até à I Guerra era factor de estabilização das economias e dos câmbios. A obediência às 'regras do jogo', por parte dos bancos centrais, implicava que quando um país começava a perder ouro era levada a cabo uma política monetária que se expressava na subida das taxas de juro. Este aumento da remuneração dos capitais provocava o seu afluxo ao país em causa. Os movimentos de capitais eram, assim, essencialmente estabilizadores [1].

Estes fluxos dependiam em grande parte da certeza, que todos partilhavam, que seria essa inevitavelmente a acção do banco central. A política monetária do padrão-ouro estava total e absolutamente dominada por um só objectivo que era a convertibilidade da sua moeda [2].

Os controlos aos movimentos de capitais são introduzidos no período entre Guerras e adoptados pelos acordos de Bretton Woods. Na verdade, as políticas de inspiração keynesiana, prevalecentes no pós-guerra, necessitavam de controlos de capitais.

Nas palavras do próprio Keynes, "a gestão interna das economias depende da liberdade de fixar uma taxa de juro apropriada sem ligação à taxa existente em qualquer outra parte do mundo. O controlo dos capitais é disto um corolário" [3].

Vai ser neste ambiente de controlo, internacionalmente aceite, dos movimentos de capitais que o Tratado de Roma é negociado. Como não podia deixar de ser, também a nível comunitário vamos encontrar um tratamento dos movimentos de capitais que não é paralelo ao que foi dado a outros sectores, no âmbito da integração económica.

---

[1] Cf. EICHENGREEN 1999, 58.

[2] Este objectivo único, sem preocupações quanto aos efeitos perversos sobre a economia e especialmente o emprego, era relativamente fácil de prosseguir num ambiente de limitada democracia.

Eichengreen lembra que o direito ao voto era limitado aos homens com propriedade e que os partidos trabalhistas estavam ainda em formação. "O trabalhador comum, que era quem mais sofria nos tempos difíceis, estava em má posição para se opor aos aumentos das taxas de juro do banco central adoptadas para defender os valores fixados para as divisas." Ibidem, 19

[3] Cf. KEYNES 1980, 148-9.

2. EVOLUÇÃO HISTÓRICA

Desde o seu início que a Comunidade Europeia se propôs a eliminação de quaisquer restrições à circulação, entre os Estados-membros, de mercadorias, pessoas, serviços e capitais [1].

Estas quatro liberdades fundamentais estão associadas à mobilidade dos factores de produção e aos bens económicos resultantes da actividade produtiva. Assim, quanto aos primeiros, foi assegurada a livre circulação do factor trabalho – através da mobilidade dos trabalhadores, art. 48.º (actual 39.º) – da iniciativa – por meio do direito de estabelecimento, art. 52.º (actual 43.º) – e do capital, art. 67º [2]. Quanto aos bens económicos, garante-se a circulação de mercadorias – eliminando impostos alfandegários, art. 9.º (actual 23.º) e restrições quantitativas, art. 30.º (actual 28.º) – e de serviços, art.59.º (actual 49.º).

Esta liberdade de circulação tem, no entanto, dois aspectos. Por um lado trata-se de assegurar a sua circulação física, por outro tem de atender-se aos pagamentos entre Estados a que aqueles movimentos dão origem e que afectam os mercados cambiais e a posição das respectivas balanças de pagamentos.

Assim, no texto original do Tratado, encontramos o tratamento legal do primeiro aspecto na Parte II, Título I (no que concerne à circulação de mercadorias) e no Título III (na parte respeitante à circulação de pessoas, serviços e capitais).

Já quanto ao segundo aspecto, encontrava-se previsto no Capítulo III, em especial nos artigos 106.º e seguintes. Comecemos por analisar estes últimos.

2.1. Os pagamentos correntes

O artigo 106.º-1 previa a liberalização dos pagamentos "na medida em que a circulação de mercadorias, de serviços, de capitais e de pessoas entre os Estados-membros tenha sido liberalizada".

---

[1] Cf. alínea c) do artigo 3.º do TCEE.
Todas as referências ao Tratado CEE (TCEE) dizem respeito à redacção original de 1957. Entre parêntesis indica-se, quando existente, a actual numeração dada pelo Tratado de Amesterdão.

[2] Artigo eliminado pelo Tratado de Amesterdão e que havia sido substituído após 1994. Ver infra.

O Tratado [1] não definia o que deve entender-se por "pagamentos" mas, em termos da divisão da balança de pagamentos, estes movimentos integram-se nas balanças comercial, dos serviços, dos rendimentos e das transferências unilaterais (balança das transacções correntes), pelo que deveriam corresponder à noção economicamente consagrada de pagamentos correntes.

O Tribunal de Justiça, no Caso Luisi e Carbone, definiu-os como sendo "transferências de divisas que constituem uma contraprestação no quadro de uma transacção subjacente".

Os pagamentos, assim entendidos, foram objecto de uma liberalização automática no sentido de se considerarem eliminadas *ipso facto* quaisquer restrições cambiais que pudessem subverter a liberdade fundamental.

No que respeita aos pagamentos relativos aos movimentos de capitais – onde se incluem, entre outros, as rendas, juros e dividendos – foi mesmo previsto um prazo taxativo para a sua liberalização: final da primeira fase da construção do Mercado Comum [2]. Visto que desde o fim do período de transição se encontram totalmente liberalizados os movimentos de pessoas, mercadorias e serviços [3], não subsistiam quaisquer restrições aos respectivos pagamentos. A única excepção eram os movimentos de capitais.

O número 2 do artigo 106.º [4] fazia um reenvio para as disposições constantes dos Títulos I e III quando "as trocas de mercadorias e serviços e os movimentos de capitais sejam apenas limitados por restrições aos pagamentos com eles relacionados". Delas trataremos adiante.

A liberalização gradual dos pagamentos correntes, constante do então número 1 do artigo 106.º, era objecto, no número 3, de um regime mais restritivo no que respeita às operações de invisíveis, constantes do Anexo III do Tratado [5].

---

[1] Para a interpretação dos artigos pertinentes recorre-se à jurisprudência do Tribunal de Justiça. As questões relacionadas com os movimentos de capitais, e por contraposição com os pagamentos correntes, foram tratadas em alguns dos casos presentes ao Tribunal sendo os mais relevantes o Caso Casati (203/80, Sent. de 11/11/81, Recueil 1981, p.2595) e o Caso Luisi e Carbone (286/82 e 26/83, Sent. de 31/1/84, Recueil 1984, p.377).

[2] Cf. artigo 67.º-2 TCEE, redacção original. A primeira fase a que se faz referência terminou em Dezembro de 1961 (ver artigo 8.º-1 TCEE, redacção original).

[3] Ver porém o artigo 61.º-2, actual artigo 51.º.

[4] Na sua redacção original.

[5] Deve ter-se em atenção o facto de as operações constantes do Anexo III pertencerem a 3 categorias diferentes. Algumas estão ligadas à circulação de mercadorias,

Para essas operações foi estabelecido o compromisso de não introduzir novas restrições relativamente às existentes à data do Tratado (cláusula de *"standstill"*) e de suspender progressivamente as então em vigor. No seu seguimento foi aprovada em 1963 uma Directiva que passou a impor a concessão de todas as autorizações de câmbio que fossem solicitadas relativamente a boa parte das operações constantes do referido Anexo III [1].

Na parte final do Capítulo III destacavam-se os importantes artigos 108.º e 109.º (actuais 119.º-120.º) que previam as medidas a tomar na hipótese de um Estado-membro se confrontar com dificuldades na sua balança de pagamentos.

Ao abrigo do artigo 108.º-1 (actual 119.º) a Comissão deveria proceder a uma análise da situação económica do país em dificuldades e recomendar medidas que considerasse apropriadas. Em caso de necessidade o Conselho poderia conceder a assistência mútua que consiste num diversificado conjunto de acções [2].

Sempre que, por qualquer razão, não fosse concedida a assistência mútua e as medidas tomadas se revelassem insuficientes "a Comissão autorizará o Estado em dificuldades a tomar medidas de protecção..." [3].

Esta cláusula de salvaguarda permitiu uma ampla derrogação das normas comunitárias na altura vigentes. Como veremos adiante, desde 1968 que ela foi invocada inúmeras vezes e, em particular, como instru-

---

pessoas e serviços; outras associam-se aos movimentos de capitais e algumas delas não pertencem a nenhuma das categorias anteriores (como é o caso das receitas consulares e das despesas de representação). Tal como fez notar o Advogado Geral F.Mancini nas suas conclusões do caso Luisi e Carbone, esta distinção é relevante na medida em que as operações do primeiro tipo se devem considerar totalmente liberalizadas desde o fim do período de transição; as segundas dependem do grau de liberalização dos movimentos de capitais; e as terceiras "apenas beneficiam da obrigação de suprimir progressivamente as restrições".

[1] Directiva do Conselho de 30 de Junho de 1963 (63/474/CEE), JOL n.º 125 de 17/8/63 [EE 06 F1,p.23].

[2] Ver art. 108.º-2 (119.º). Recorde-se que a concessão de créditos, prevista na alínea *c*), só veio a ser regulamentada pela Decisão do Conselho de 22 de Março de 1971 (71/143/CEE) que estabelece um mecanismo de apoio financeiro a médio prazo (JOL n.º 73 de 27/3/71 [EE 10 F1, p. 39]). Entretanto, em Julho de 1988, o Conselho aprovou o Regulamento (CEE) n.º 1969/88 de 24/6/88 (JOL n.º 178 de 8/7/88), que estabeleceu um novo mecanismo de apoio às balanças de pagamentos, e que veio substituir o anterior.

[3] Confrontar artigo 108.º-3 (119.º) TCEE.

mento legal legitimador de disposições derrogatórias das normas referentes à livre circulação de capitais [1].

Também o artigo 109.º (actual 120.º) continha uma cláusula de sentido idêntico mas em que se admitia que o Estado-membro tomasse medidas de protecção de carácter cautelar sem prévia autorização das instâncias comunitárias. Só *a posteriori* o Conselho deliberaria sobre a modificação ou supressão dessas medidas [2].

2.2. Os movimentos de capitais

2.2.1. O direito originário

As disposições referentes aos movimentos de capitais estavam contidas nos artigos 67.º a 73.º do TCEE.

Como vimos o Tratado não define o que são movimentos de capitais. Por essa razão o Tribunal de Justiça, fazendo a interpretação comparativa dos então artigos 67.º e 106.º, veio a explicitar o conceito no Acórdão proferido no Caso Luisi e Carbone. Aí se pode ler que enquanto "os pagamentos correntes... são transferências de divisas que constituem uma contraprestação no quadro de uma transacção subjacente, os movimentos de capitais, visados pelo art. 67.º, são operações financeiras que visam essencialmente a colocação ou investimento do montante em causa e não a remuneração de uma prestação".

Se no caso dos pagamentos a transferência de divisas está subordinada a uma outra transacção e apenas se realiza por causa dela, nos movimentos de capitais o objectivo essencial é a própria transferência dos meios de pagamento.

A redacção do então artigo 67.º [3] denota, na sua parte inicial, um paralelismo com os artigos referentes à eliminação dos direitos aduaneiros

---

[1] Mas não só. Foi mesmo posta em causa a própria liberdade de circulação de mercadorias através da introdução de limitações aos próprios pagamentos correntes. Ver infra, onde se referem as medidas de protecção aplicadas pela França e Itália.

[2] Ver artigo 109.º-3 (120.º) TCEE.

[3] A sua redacção era a seguinte:
Artigo 67.º
1 – Os Estados-membros suprimirão progressivamente entre si, durante o período de transição, e na medida em que tal for necessário ao bom funcionamento do mercado comum, as restrições aos movimentos de capitais pertencentes a pessoas residentes nos

– artigo 13.º-1 [1] – à livre circulação dos trabalhadores – artigo 48.º-1 (39.º) [2] – ao direito de estabelecimento – artigo 52.º [3] (43.º)- e à prestação de serviços [4].

O ponto comum a todos estes artigos é a referência ao fim do período de transição enquanto meta temporal para a realização dos objectivos propostos.

No entanto, no seguimento do texto do antigo artigo 67.º é introduzida uma condição fortemente restritiva ao processo de liberalização: a supressão das restrições será feita apenas "na medida em que tal for necessário ao bom funcionamento do mercado comum".

Poder-se-ia entender que esta cláusula moderadora só teria aplicação durante o período transitório, findo o qual a circulação de capitais seria liberalizada, à semelhança das restantes liberdades de circulação [5]. Não foi, porém, esta a interpretação que fez valimento na jurisprudência do Tribunal de Justiça. Seguindo a opinião da maioria dos Estados-membros

---

Estados-membros, bem como as discriminações de tratamento em razão da nacionalidade ou da residência das partes ou do lugar do investimento.

2 – Os pagamentos correntes relativos aos movimentos de capitais entre os Estados-membros ficarão livres de quaisquer restrições, o mais tardar no final da 1.ª fase.

[1] Eliminado pelo Tratado de Amesterdão. A sua redacção era a seguinte:
Artigo 13.º
1 – Os direitos aduaneiros de importação, em vigor entre os Estados-membros, serão por estes progressivamente suprimidos durante o período de transição.
2 – (...)
[2] A redacção original do seu número 1 era a seguinte:
Artigo 48.º
1 – A livre circulação dos trabalhadores deve ficar assegurada, na Comunidade, o mais tardar no termo do período de transição.
(...)
[3] Redacção original:
Artigo 52.º
No âmbito das disposições seguintes, suprimir-se-ão gradualmente, durante o período de transição, as restrições à liberdade de estabelecimentos dos nacionais de um Estado-membro no território de outro Estado-membro. (...)"
[4] Ver artigo 59.º (49.º). Na sua redacção original podia ler-se que "No âmbito das disposições seguintes, as restrições à livre prestação de serviços na Comunidade serão suprimidas, durante o período de transição (...)"
Confrontar, porém, o artigo 61.º (51.º) onde se estatui que a liberalização de serviços bancários e de seguros "ligados a movimentos de capitais" fica dependente do grau de liberalização dos próprios movimentos de capitais.
[5] Tal como, com ligeiras *nuances*, defendeu o governo alemão no Caso Casati.

e da Comissão, o Tribunal considerou que os movimentos de capitais têm uma estreita ligação com as políticas económicas e monetárias bem como com as balanças de pagamentos – como bem resultava do artigo 71.º [1]. Face a esta especificidade, a limitação à liberalização do artigo 67.º permaneceu válida mesmo depois de terminado o período de transição.

A avaliação do bom funcionamento do Mercado Comum era discricionária e política, pelo que, nos termos do então artigo 69.º, só o Conselho a podia fazer emitindo Directivas que fixassem os limites da liberalização. Por essa razão o artigo 67.º não era de aplicabilidade directa nem produziu efeitos automáticos mesmo após o fim do período transitório. Daqui resulta que só pode aferir-se o grau de liberalização dos movimentos de capitais através e nos termos das Directivas emitidas.

Os termos cautelosos com que a matéria relativa aos movimentos de capitais foi tratada ressalta igualmente do artigo 68.º-1. Aí se dizia que "os Estados-membros concederão o mais liberalmente possível, as autorizações de câmbio, na medida em que estas ainda sejam necessárias...".

Também a cláusula de "*standstill*" do artigo 71.º não ia mais longe do que um tímido "Os Estados-membros esforçar-se-ão por não introduzir qualquer nova restrição ...". A este propósito o Tribunal, no Caso Casati, considerou que com a utilização do termo *esforçar-se-ão* "o alcance desta disposição distingue-se nitidamente das fórmulas mais absolutas empregues em outras disposições similares". Quer dizer, estamos mais perante um apelo às boas intenções dos Estados do que confrontados com o carácter coercivo típico das normas legais.

Perante os termos tão pouco ambiciosos como esta matéria foi tratada no Tratado de Roma, não admira que, como veremos, a Comunidade tenha dado passos pouco significativos nos anos que se seguiram.

---

[1] Eliminado pelo Tratado de Amesterdão. A sua redacção era a seguinte:
Artigo 71.º

Os Estados-membros esforçar-se-ão por não introduzir qualquer nova restrição de câmbio na Comunidade que afecte os movimentos de capitais e os pagamentos correntes relativos a tais movimentos e por não tornar mais restritivas as regulamentações já existentes.

Os Estados-membros declaram-se dispostos a ultrapassar o nível de liberalização dos movimentos de capitais previstos nos artigos anteriores, na medida em que a sua situação económica, designadamente o estado da sua balança de pagamentos, lho permita.

A Comissão pode, após consulta do Comité Monetário, dirigir recomendações aos Estados-membros sobre este assunto.

Este Capítulo IV do Tratado, que temos vindo a analisar, terminava com uma cláusula de salvaguarda paralela à que encontrámos nos artigos 108.º e 109.º [1].

Sempre que os movimentos de capitais tivessem um efeito desestabilizador no funcionamento dos mercados de capitais, era reconhecido aos Estados-membros o direito de "tomar medidas de protecção". Tais medidas estavam dependentes de prévia autorização por parte da Comissão, depois de obtido o parecer do Comité Monetário. Ficou porém, em aberto a possibilidade de um Estado-membro tomar ele próprio as medidas que considerasse necessárias bastando invocar o carácter secreto ou urgente das mesmas. Neste caso a Comissão e os Estados-membros eram apenas informados do facto, sem prejuízo de, em momento posterior, a Comissão vir a modificar ou anular essas medidas.

Esta cláusula de salvaguarda, que se aplicava especificamente aos movimentos de capitais, nunca veio, porém, a ser invocada. Sempre que os Estados-membros solicitaram autorização à Comissão para introduzir limitações aos movimentos de capitais, fizeram-no com base no artigo 108.º. A razão deste procedimento deve-se ao facto da cláusula do artigo 73.º apenas referir as "perturbações no funcionamento do mercado de capitais". Ora acontece que os movimentos de capitais — sejam movimentos especulativos, sejam os que resultam de uma actividade normal como o investimento estrangeiro — acabam sempre por afectar muito mais a estabilidade dos mercados cambiais e a condução da política económica do que propriamente o mercado de capitais [2]. Daí que se compreenda a invocação sistemática do artigo 108.º e não do artigo 73.º.

2.2.2. O direito derivado

2.2.2.1. A primeira Directiva de 1960

Em Maio de 1960 o Conselho aprovou uma Directiva para a execução do artigo 67.º do Tratado, em cumprimento do estipulado no artigo 69.º [3].

---

[1] O artigo 108.º correspondia ao artigo 73.º-1 e o artigo 109.º ao 73.º-2.
[2] Confronte-se a cláusula de protecção específica contida no art. 3.º da 4.ª Directiva. Ver infra.
[3] 1.ª Directiva para a Execução do Artigo 67.º do Tratado, JOL n.º 43 de 12/7//60, p. 921/60, [EE 10 F1, p. 6].

Os vários movimentos de capitais foram divididos em 4 categorias que formavam as listas A a D do Anexo I da Directiva. Do Anexo II constava a nomenclatura dos vários movimentos, a que se atribuiu um código correspondente ao lugar ocupado nessa listagem (posição de nomenclatura).

Dado que esta 1.ª Directiva definiu a estrutura que veio a manter-se até à liberalização plena, vamos analisá-la em pormenor:

Da Lista A faziam parte os movimentos de capitais mais directamente ligados à execução dos principais objectivos do Tratado, como é o caso do Direito de Estabelecimento e da livre circulação de pessoas e de mercadorias. Assim, constavam desta lista:

- Investimentos directos – que são aplicações de qualquer natureza feitas por pessoas singulares ou por empresas e que visam criar laços duradouros entre o fornecedor dos fundos e o empresário e tendo por fim o exercício de uma actividade económica.

Os investimentos directos podem revestir a forma de criação e extensão de sucursais ou criação de novas empresas bem como: a compra de empresas já existentes; participação em empresas novas ou já existentes sempre que tal dê direito a participar na sua gestão; empréstimos a longo prazo (duração superior a 5 anos) sempre que destinados a criar ou manter laços económicos duradouros – como é o caso dos empréstimos concedidos pelas sociedades às suas filiais.

- Liquidação de investimentos directos – que corresponde ao repatriamento do produto das vendas do património (capital e mais--valias) ou a sua utilização no estrangeiro;
- Investimentos imobiliários – que podem consistir na compra de propriedades e na construção de edifícios feita por particulares com fins lucrativos ou pessoais. Compreende ainda os direitos de usufruto, servidão predial e superfície;
- Movimentos de carácter pessoal – de que fazem parte os donativos e doações, dotes e sucessões.

Também aqui se integram as transferências de capitais feitas por residentes que emigram – limitadas aos montantes necessários para o estabelecimento, tendo em vista o exercício de uma actividade profissional – e as transferências efectuadas por emigrantes que regressam aos países de origem – o que corresponde aos montantes anteriormente importados e às quantias ganhas no exercício de uma actividade profissional. Ainda no que respeita aos emigrantes, foi igualmente incluída na lista a regularização das suas dívidas nos países de origem.

- Concessão e reembolso de créditos a curto e médio prazo, ligados a transacções comerciais nas quais participe um residente – que engloba as operações de crédito a menos de 1 ano e de 1 a 5 anos, quer se trate de concessão de um residente a não residente quer de não residente a residente;
- Cauções, outras garantias e direitos de garantia e respectiva transferência – que são todas as cauções ligadas com os créditos de curto/médio prazo referidos no ponto anterior, e as ligadas aos empréstimos de longo prazo supra referenciadas nos investimentos directos;
- Transferências em execução de contratos de seguros – que acompanham a liberalização das prestação de serviços nos termos dos antigos artigos 52.º e seguintes.

Para os movimentos constantes da Lista A foi previsto um regime de liberalização incondicional. Para as transferências aí previstas, e nos termos do art.1.º n.º 1, "os Estados-membros concederão todas as autorizações de câmbio". Quer isto dizer que, embora haja lugar a um pedido de autorização a apresentar junto das entidades competentes, ela seria sempre concedida. No entanto, visto que supõe um acto administrativo, poderia haver lugar a entraves burocráticos, por mera lentidão de processamento, deliberada ou não.

No n.º 2 do mesmo artigo previa-se a hipótese da existência de um mercado cambial duplo. Embora contrário aos princípios dos acordos de Bretton Woods, foi prática corrente a manutenção ou reintrodução de mercados duplos. Em regra, existia um mercado para as transacções correntes, onde as cotações eram oficialmente mantidas dentro dos limites de 0,75%[1], e um outro para os movimentos de capitais onde tal não sucedia. Uma moeda podia, portanto, apresentar taxas de câmbio múltiplas. Para estes casos as transferências previstas na Lista A deveriam realizar-se a uma cotação que não divergisse notória e duravelmente da cotação aplicável às transacções correntes. O Comité Monetário ficou com a incumbência de vigiar a evolução das cotações e fazer relatórios à Comissão[2].

---

[1] Resultantes do Acordo Monetário Europeu.
[2] De notar que ainda recentemente a união belgo-luxemburgesa mantinha um mercado cambial duplo.

A Lista B do Anexo I integrava os seguintes movimentos:

- Operações sobre títulos – de que faz parte a compra e venda de acções ou outros títulos de participação negociadas em bolsa, com ou sem cotação oficial, e de obrigações, públicas ou privadas. São, no entanto, excluídas as partes de fundos comuns de aplicação (de que são exemplo as unidades de participação dos Fundos de Investimento). As operações podem ser efectuadas por não residentes negociando títulos nacionais ou por residentes negociando títulos cotados em bolsa estrangeira. Neste caso fica também excluída a compra de obrigações emitidas em mercado estrangeiro mas expressas em moeda nacional;
- Movimento físico dos títulos – na medida em que as operações bolsistas apenas se completem pela transferência física dos documentos negociados.

O artigo 2.º regulava as operações da Lista B. As transacções nela referidas estavam sujeitas a "autorizações gerais" a conceder pelos Estados--membros. A liberalização incondicional é mais efectiva do que a prevista para a Lista A. Ao contrário daquela não é agora necessário qualquer pedido de autorização. Era, porém, necessário que cada Estado-membro emitisse autorizações gerais e prévias de aplicação automática a todos os agentes interessados nas respectivas operações.

Tal como no art.1.º, e com idêntica solução, foi prevista a hipótese de um duplo mercado cambial.

O n.º 3 do art.2.º introduziu, porém, uma limitação ao regime de incondicionalidade. No caso de as transferências se efectuarem no mercado cambial onde se regularizam as transacções correntes ou num outro mercado em que seja mantida a cotação dentro dos limites oficiais, é permitida uma derrogação ao regime previsto no art. 1.º. Poderia, então limitar-se a aquisição de títulos estrangeiros, feita por residentes, "às instituições financeiras e às empresas que adquiram títulos de sociedades estrangeiras com fim social análogo."

A Lista C incluía um novo conjunto de movimentos de capitais:

- Emissão e colocação de títulos de uma empresa nacional num mercado de capitais estrangeiro;
- Emissão e colocação de títulos de uma empresa estrangeira no mercado nacional de capitais – os títulos referidos sob estas nomenclaturas abrangem as acções e outros títulos de participação

bem como as obrigações expressas em moeda nacional ou estrangeira.
- Operações sobre títulos – abrange as operações sobre títulos negociados nos mercados financeiros não integradas na Lista B. Compreende a aquisição, por não residentes, de títulos nacionais não negociados em bolsa e partes de fundos comuns nacionais de aplicação colectiva negociados em bolsa e a aquisição, por residentes, de títulos estrangeiros não negociados em bolsa e partes de fundos comuns estrangeiros negociados em bolsa. Finalmente, fazem também parte das operações sobre títulos a aquisição, por residentes, de obrigações estrangeiras, negociadas na bolsa, emitidas num mercado estrangeiro e expressas em moeda nacional.
- Movimento físico dos títulos;
- Concessão e reembolso de créditos a longo prazo ligados a transacções comerciais nas quais participe um residente – enquanto as mesmas operações a curto e médio prazo se incluem na Lista A, quando a longo prazo integram a Lista C.
- Concessão e reembolso de créditos a médio e longo prazo ligados a transacções comerciais em que não participa qualquer residente – idênticas operações a curto prazo fazem parte da Lista D;
- Concessão e reembolso de créditos a médio e longo prazo não ligados a transacções comerciais – a mesma operação a curto prazo integra a Lista D [1];
- Cauções, outras garantias e direitos de garantia e respectivas transferências – ligadas aos 3 tipos de crédito anteriores.

O regime aplicável aos movimentos constantes da Lista C foi previsto no artigo 3.º da Directiva. Embora o princípio geral fosse o da concessão de "todas as autorizações de câmbio" que lhe sejam solicitadas, o n.º 2 do mesmo artigo permitia a manutenção ou reintrodução de restrições sempre que estes movimentos de capitais possam "dificultar a realização dos objectivos da política económica de um Estado-membro". Na prática, esta disposição traduzia-se na não obrigatoriedade de liberalização destes movimentos, que ficava assim dependente de um critério de oportunidade definido por cada Estado. Mesmo que um país optasse pela liberalização

---

[1] Cf. Directiva de 1972. Ver infra.

destes movimentos de capitais, a todo o momento, após consulta da Comissão, poderia reintroduzir as restrições cambiais em vigor em 1960 [1]. Além disso, depois de aplicadas, a Comissão mais não podia fazer do que "recomendar ao Estado-membro em causa a supressão das restrições de câmbio mantidas" [2].

Finalmente, na Lista D foram incluídos todos os restantes movimentos de capitais. Relativamente a estes não foi acordado qualquer compromisso de liberalização. Na Lista D encontrávamos:

- Os movimentos a curto prazo – como o investimento em Títulos do Tesouro, abertura e alimentação de contas correntes bancárias, créditos e cauções a curto prazo;
- Movimentos de capitais de carácter pessoal;
- Importação e exportação física de valores – onde se incluem os títulos não abrangidos por outras listas, o ouro e os meios de pagamento (moeda);
- Outros movimentos de capitais – que abrange os movimentos não explicitamente referidos bem como todos os que não caibam nas definições da nomenclatura dos movimentos de capitais.

2.2.2.2. A segunda Directiva de 1963

A 18 de Dezembro de 1962 o Conselho aprovou uma segunda Directiva que completava e alterava o diploma de 1960, e que veio a ser publicada já em 1963 [3]. As alterações foram de carácter pontual e não afectaram significativamente a estrutura básica da Primeira Directiva.

Foi suprimido o n.º 3 do artigo 2.º que permitia limitar a aquisição de títulos estrangeiros, constantes da Lista B, a sociedades e instituições financeiras.

Em todas as listas onde se fazia referência a transacções comerciais acrescentou-se a expressão "ou prestação de serviços" de modo a equiparar explicitamente as duas situações [4].

---

[1] Teremos oportunidade de ver que a Directiva de 1972 veio a introduzir limitações suplementares, afastando mesmo o princípio geral contido no n.º 1 do artigo 3.º.

[2] Artigo 3.º n.º 3.

[3] Segunda Directiva do Conselho que completa e altera a Primeira Directiva para a execução do artigo 67.º do Tratado (63/21/CEE) de 18/12/62, JOL n.º 9 de 22/1/63, p. 62 [EE 10 F1, p. 18]

[4] Em Dezembro de 1961 tinha sido aprovado o programa geral para a liberalização dos serviços.

As restantes alterações consistiram principalmente na introdução de alguns movimentos anteriormente não especificados.

Na Lista A foram eliminadas as referências limitativas às transferências de residentes que emigram ou de emigrantes que regressam ao país de origem. É que era difícil determinar os "montantes necessários para o estabelecimento, tendo em vista o exercício de uma actividade profissional" e podia dar origem a limitações arbitrárias. O mesmo se diga relativamente aos "montantes importados e quantias ganhas no exercício de uma actividade profissional" que representariam o limite máximo que um emigrante podia transferir para o país de origem aquando do seu regresso.

Foram ainda acrescentados novos movimentos referentes à transferência de economias de trabalhadores, transferência de fundos bloqueados, imposto sucessório, indemnizações, reembolsos, direitos de autor e transferências necessárias à prestação de serviços.

2.2.2.3. As Directivas de 1972 e 1985

O quadro legal referente aos movimentos de capitais ficou definido pelas Directivas de 1960 e 1962 e não veio a sofrer alterações substantivas nos 23 anos seguintes.

Devem, porém, referir-se dois outros diplomas comunitários que introduziram ligeiras modificações a esses textos fundamentais.

A aprovação do primeiro foi consequência directa dos distúrbios monetários verificados na sequência da ruptura do Sistema Monetário Internacional em 1971. Com efeito, no ano seguinte, o Conselho aprovou uma Directiva [1] segundo a qual passou a ser possível controlar e restringir os movimentos de capitais já liberalizados por alguns Estados.

A situação concreta que se vivia naquele período era caracterizada por importantes entradas de capitais, em especial na Alemanha, que expressavam a desconfiança na moeda norte-americana. Dados os efeitos que esses fluxos de capitais provocavam na liquidez interna, foi necessário prever medidas de controlo.

O artigo 1.º da Directiva 72/156/CEE passou a permitir que os Estados-membros aplicassem de imediato, isto é, sem prévia consulta à Comissão, medidas regulamentadoras das aplicações no mercado monetário

---

[1] Directiva do Conselho de 21/3/1972 (72/156/CEE) JOL n.º 91 de 18/4/72, p. 13 [EE 10 F1, p. 44].

e das remunerações de depósitos de não-residentes, bem como de todos os créditos não ligados a transacções comerciais ou prestação de serviços concedidos a não-residentes. Como estes últimos movimentos, desde que a médio e longo prazo, integravam a lista C, estatuiu-se expressamente a possibilidade de derrogação do n.º1 do artigo 3.º da Directiva de 1960. Quer isto dizer que foi afastado o princípio geral constante desse artigo e segundo o qual os Estados-membros deveriam conceder todas as autorizações de câmbio necessárias para a execução dos movimentos referidos na lista C.

Como vemos, o condicionalismo monetário internacional acabou por provocar uma regressão no grau de liberalização dos movimentos de capitais comunitários.

O segundo diploma data de 20 de Dezembro de 1985 [1]. Na sequência da Directiva 85/611/CEE [2], que coordenou as disposições legislativas, regulamentares e administrativas respeitantes a organismos de aplicação colectiva em valores móveis (OACVM), foi eliminada a restrição, constante da lista B da Directiva de 1960, relativa às operações sobre partes de fundos comuns de aplicação. Só as partes de OACVMs não abrangidos pela Directiva 85/611/CEE continuaram a ser excluídas da lista B integrando nesse caso a lista C, isto é, sem gozar de um compromisso liberalizador geral. No entanto a aplicabilidade desta nova disposição pôde ser adiada até 1989, data limite para os Estados-membros executarem esta Directiva [3].

2.3. Medidas de protecção

Durante todo esse período de 23 anos, assistiu-se a um movimento de regressão no grau de liberalização, por efeito das medidas de protecção pedidas, por vários países, ao abrigo do artigo 108.º do Tratado. Embora,

---

[1] Directiva do Conselho (85/583/CEE) de 20/12/85, JOL n.º 372 de 31/12/85, p. 39.

[2] JOL n.º 375 de 31/12/1985.

[3] Portugal gozou de um período mais longo para a execução desta Directiva. Nos termos do seu artigo 3.º, "a República Portuguesa pode diferir até 31/12/1990 a liberalização das operações de aquisição, por residentes, de partes de organismos estrangeiros de aplicação colectiva abrangidos pela Directiva 85/611/CEE."
Esta Directiva só foi transposta para a ordem jurídica interna pelo DL 276/94 de 2 de Novembro.

em princípio, tais medidas devessem ser de carácter meramente pontual e de aplicação limitada, a verdade é que em múltiplos casos tal não aconteceu.

Para se ter uma ideia do grau de regressão – que afectou a própria circulação de mercadorias – motivado pelas medidas de protecção, é necessário analisar mais pormenorizadamente cada uma delas.

FRANÇA

O primeiro país a recorrer à cláusula de salvaguarda do artigo 108.º foi a França.

A intervenção da Comissão foi motivada pelos acontecimentos de Maio de 68. Como se afirma na Decisão da Comissão de 23/7/68 [1] a "economia francesa viu-se atingida por uma súbita e inesperada paralisia" e perante "um clima industrial desfavorável resultante do contexto político, social, económico e psicológico criado em França pelos acontecimentos de Maio e Junho".

Um dos efeitos desse clima foi a saída, em massa, de capitais e a conversão dos depósitos de não-residentes, o que, juntamente com o agravamento do défice da balança de pagamentos, veio a provocar uma descida alarmante das reservas francesas. Face a esta situação o governo francês tomou medidas de controlo cambial e impôs restrições às importações. Em termos comunitários, requereu ao Conselho que lhe fosse concedida a assistência mútua, nos termos do artigo 108.º-1., o que conseguiu. É na sua sequência que a Comissão veio a aprovar a Decisão de 23/7/68 através da qual sancionou as medidas restritivas aplicadas ao mercado cambial e a contingentação de importações de 26 tipos de produtos.

Em Dezembro do mesmo ano uma segunda Decisão [2], permite à França "proibir ou submeter a prévia autorização" os movimentos de capitais constantes das listas A e B da Directiva de 1960, e que vinham já sendo objecto de controlo. No domínio dos invisíveis, permitia-se limitar "a exportação de meios de pagamento necessários às viagens de negócios" [3].

---

[1] Decisão da Comissão de 23/7/68 (68/301/CEE) JOL n.º 178 de 25/7/68, p. 15.

[2] Decisão da Comissão de 4/12/68 (68/406/CEE) JOL n.º 295 de 7/12/68, p. 10.

[3] Esta última operação constava já do Anexo III do Tratado e, por força do art. 106.º-3, era desde 1958 objecto de um compromisso de não introdução de novas

Os dois diplomas referidos mantiveram-se em vigor até Dezembro de 1984, data em que foi aprovada nova Decisão [1]. Desta vez estipulou--se um prazo de dois anos para o seu período de vigência. A França continuou porém a ser autorizada a proibir ou restringir um conjunto de movimentos de capitais pressupostamente liberalizados. Aí se incluíam os investimentos directos efectuados por residentes em outros Estados--membros, desde que não financiados em 50% por empréstimos em divisas; a construção ou compra de bens imobiliários no estrangeiro a título de segunda residência; donativos a não-residentes e transferências para o estrangeiro de activos de emigrantes franceses e, finalmente, a aquisição por residentes de títulos estrangeiros expressos em moeda estrangeira.

Só em Junho de 1986, e após o governo francês ter eliminado, por sua iniciativa, as restrições existentes, a Comissão revogou a autorização para aplicar medidas de protecção referentes aos movimentos de capitais [2].

ITÁLIA

Também a Itália limitou a liberdade de circulação dos capitais durante 13 anos.

As primeiras medidas de protecção foram aplicadas em 1974, no seguimento de uma acção unilateral do governo italiano ao abrigo do artigo 109.º do Tratado (medidas cautelares). Por Decisão de 8 de Maio [3] a Comissão autorizou a República Italiana a impor restrições às suas importações e aos movimentos de capitais. As fortes tensões inflacionistas, e o défice da balança de pagamentos provocaram uma acentuada depreciação da moeda italiana. Com base nestes argumentos a Itália, à semelhança do que havia já sucedido com a França, pôde introduzir controlos sobre uma longa lista de produtos que ia desde as carnes aos automóveis passando pelo vestuário e pelos selos!

A limitação das importações foi conseguida por via indirecta controlando os pagamentos correntes, até aí totalmente liberalizados. Tecnicamente esse controlo foi realizado obrigando os importadores à constituição

---

restrições. De qualquer modo, e como se trata de um movimento ligado à circulação de mercadorias, serviços e pessoas, estava totalmente liberalizado desde o fim do período de transição. Ver supra.

[1] Decisão da Comissão de 19/12/1984 (85/14/CEE) JOL n.º 8 de 10/1/85, p. 29 [EE 10 F1, p. 111].

[2] Decisão da Comissão de 4/6/86 (86/275/CEE) JOL n.º 171 de 28/6/86, p. 72.

[3] Decisão da Comissão de 8/5/1974 (74/287/CEE) JOL n.º 152 de 8/6/74, p. 18.

de um depósito bancário, sem vencer juros, durante um período de seis meses e de montante igual a 50% do valor das importações realizadas.

No que respeita aos movimentos de capitais, foi introduzido um mecanismo semelhante. Derrogando os artigos 1.º e 2.º da Directiva de 1960, os investimentos directos, investimentos imobiliários, transferência de meios financeiros necessários à execução de serviços e as operações sobre títulos efectuados por residentes em outros países comunitários, ficaram sujeitos à prévia constituição de um depósito bancário, com as características supra referidas.

Em Maio de 1975 [1], após o governo italiano ter suprimido a exigência de depósito bancário para a importação de produtos, a Comissão revogou a respectiva autorização, constante da Decisão (74/287/CEE), mas manteve a respeitante aos investimentos em outros Estados-membros.

A limitação dos movimentos de capitais continuou inalterada até 1984 [2]. No final desse ano a Comissão autorizou a Itália a prosseguir a aplicação de medidas de protecção relativas aos movimentos de capitais [3] alterando, porém, o elenco e as condições dos movimentos sujeitos a restrições.

As operações abrangidas ficaram limitadas aos investimentos imobiliários e às operações bolsistas sobre títulos. Em relação às primeiras, era exigido um depósito bancário, não produtor de juros, no montante de 40% do valor do imóvel; relativamente às segundas, fazia-se idêntica exigência mas com a condição de os títulos serem detido pelo prazo mínimo de um ano. Caso assim não fosse, o depósito a constituir deveria ser igual a 50% do valor da aquisição. Foram, porém, abertas duas excepções: 1 – para os títulos emitidos pelas instituições comunitárias e pelo BEI, o depósito bancário reduzia-se a 30% do valor de aquisição; 2 – as operações efectuadas pelos fundos comuns de aplicação ficaram isentas até um montante equivalente a 10% da sua carteira.

Em Junho de 1986 a Comissão publicou uma nova Decisão [4] segundo a qual a Itália foi autorizada a manter as restrições anteriores mas tendo sido reduzidos os montantes do depósito obrigatório de 40% para 25%.

---

[1] Decisão da Comissão de 26/5/75 (75/355/CEE) JOL n.º 158 de 20/6/75, p. 25.

[2] Mas as restrições às importações de mercadorias foram reintroduzidas em Maio de 1981, mais uma vez ao abrigo do artigo 109.º do Tratado. A Comissão veio posteriormente a autorizar tais medidas, até Março de 1982, por Decisão de 23/9/81 (81/803/CEE), JOL n.º 296 de 15/10/81, p.50.

[3] Decisão da Comissão de 19/12/1984 (85/16/CEE) JOL n.º 8 de 10/1/85, p. 34 [EE 10 F1, p. 116].

[4] Decisão da Comissão (86/276/CEE) de 4/6/86, JOL n.º 171 de 28/6/86, p. 73.

No ano seguinte, já depois de aprovada a 3.ª Directiva sobre movimentos de capitais (ver infra), os montantes do depósito foram novamente reduzidos por Decisão da Comissão [1], sendo então fixados em 15%.

Finalmente, em Julho de 1987, a Comissão revogou as medidas de protecção que vinham sendo aplicadas pela Itália [2].

REINO UNIDO

Por força do respectivo Tratado de Adesão, o Reino-Unido pôde manter restrições à livre circulação de capitais durante um período de transição. Porém, em 1975 tendo já terminado esse período, devido a um forte desequilíbrio na balança de pagamentos e a uma acentuada depreciação da libra esterlina, o Reino-Unido aplicou medidas cautelares no que respeita aos movimentos de capitais, ao abrigo do artigo 109.º do Tratado. Na sequência deste procedimento a Comissão adoptou uma Decisão [3] em que, ao abrigo do art. 108.º, autorizou a manter restrições nos seguintes domínios:

– investimentos directos, efectuados nos Estados-membros, por residentes no Reino-Unido bem como a sua liquidação;
– transferências de capitais pertencentes a residentes no Reino-Unido que emigrem, salvo os associados à livre circulação de trabalhadores;
– doações, dotações, dotes, impostos sucessórios e investimentos imobiliários, salvo se ligados à livre circulação de trabalhadores.

Este conjunto de restrições, que derrogavam a aplicação da Directiva de 1960, veio a ser reconfirmado, por nova Decisão da Comissão, um ano mais tarde. Em 1977 uma outra Decisão [4] vem alterar ligeiramente a redacção inicial e prolongar até ao fim desse mesmo ano a aplicação das medidas restritivas. Finalmente, em Dezembro de 1977, uma quarta Decisão [5] continua a autorizar as restrições anteriores introduzindo, porém,

---

[1] Decisão (87/151/CEE) de 25/2/87, JOL n.º 63 de 6/3/87, p. 36.
[2] Decisão da Comissão (87/414/CEE) de 31/7/87, JOL n.º 224 de 12/8/87, p. 21.
[3] Decisão da Comissão de 23/7/1975 (75/487/CEE), JOL n.º 211 de 9/8/75, p. 29.
[4] Decisão da Comissão de 23/6/77 (77/457/CEE) JOL n.º 179 de 19/7/77, p. 30.
[5] Decisão da Comissão de 22/12/77 (78/154/CEE), JOL n.º 45 de 16/2/78, p. 30.

Cap. IV – Os Movimentos de Capitais na Comunidade 141

limites quantitativos para cada um dos movimentos e, além disso, estipula novas limitações, agora referentes às transacções de títulos, que entretanto haviam sido postas em prática pelo governo britânico. Assim, foram limitadas as aquisições de títulos estrangeiros negociados em bolsa, feitas por residentes, e a livre aplicação do produto da sua liquidação.

Estas medidas derrogatórias mantiveram-se em vigor até ao final do ano de 1978. Em meados de 1979 o Reino-Unido liberalizou completamente, i.e., para lá das obrigações decorrentes dos diplomas comunitários, os seus mercados de capitais e veio a estar na origem do movimento liberalizador que caracterizou os anos 80 e que atingiu outros países da Comunidade como a Alemanha e a Holanda.

DINAMARCA

Também a Dinamarca introduziu limitações aos movimentos de capitais não aplicando integralmente as disposições da Directiva de 1960.

Aquando da sua adesão a Dinamarca previu, no respectivo Acto, um período transitório para o pleno cumprimento das disposições comunitárias relativas aos movimentos de capitais. Esse período transitório deveria terminar em 31 de Dezembro de 1977. No entanto, perante o desequilíbrio da sua balança de pagamentos, veio a solicitar à Comissão que lhe fossem concedidas medidas de salvaguarda, ao abrigo do artigo 108.º do Tratado. Assim, em Dezembro de 1977 [1] a Dinamarca foi autorizada a manter restrições relativamente à compra, feita por nacionais, de títulos estrangeiros negociados em bolsa bem como à compra, feita por estrangeiros, de títulos nacionais negociados em bolsa.

Estas restrições mantiveram-se até Dezembro de 1984 altura em que Comissão revogou a Decisão 78/152 [2].

IRLANDA

No Acto de Adesão da Irlanda foi também previsto um período transitório para a total aplicação das normas respeitantes aos movimentos de capitais. Antes do seu terminus, porém, a Comissão autorizou a Irlanda

---

[1] Decisão da Comissão de 22/12/77 (78/152/CEE), JOL n.º 45 de 16/2/78, p. 28.
[2] Decisão da Comissão de 19/12/84 (85/17/CEE), JOL n.º 8 de 10/1/85, p. 37.

a manter, até 31 de Dezembro de 1978, restrições à aquisição, por parte dos residentes, de títulos estrangeiros negociados em bolsa [1].

As Decisões de 3/12/80, de 19/12/84 [2] e de 25/2/86 [3] mantiveram as restrições à aquisição de títulos estrangeiros por parte dos residentes irlandeses.

Em Dezembro de 1987 uma nova Decisão [4] procedeu a mais uma prorrogação das medidas de protecção estipulando, no entanto, que a partir de 1 de Janeiro de 1988 seria permitida a aquisição de títulos estrangeiros até ao limite de 5.000 libras por investidor e até um montante global de 30 milhões de libras.

A Directiva que estabeleceu a total liberalização dos movimentos de capitais (4.ª Directiva) veio a confirmar a especificidade do caso irlandês, juntamente com Portugal, Espanha e Grécia, e previu um prazo mais dilatado para a sua total aplicação.(Ver infra).

GRÉCIA

O Acto de Adesão da Grécia à Comunidade previa também um período transitório para a liberalização de alguns movimentos de capitais que podia ir até 31 de Dezembro de 1985. Neste mesmo ano a Comissão aprovou uma Decisão [5] que permitiu à Grécia manter o regime de autorização prévia para os investimentos directos efectuados no estrangeiro por residentes, os investimentos imobiliários efectuados no estrangeiro por residentes, os donativos, doações e dotes a não residentes e a aquisição por residentes de títulos estrangeiros.

Aquele regime foi mantido numa nova Decisão aprovada em 1987 [6]. Em 1988, por Decisão de 22/11 [7], o prazo para a manutenção de restrições foi prorrogado até Dezembro de 1989 e ligeiramente alterados os termos em que permaneceram condicionados os investimentos directos. A Decisão 85/594 foi revogada em Junho de 1991 [8], após a Grécia ter abolido em

---

[1] Decisão da Comissão de 22/12/77 (78/153/CEE), JOL n.º 45 de 16/2/78, p. 29.
[2] Decisão da Comissão (85/15/CEE) JOL n.º 8 de 10/1/85, p. 32.
[3] Decisão da Comissão (87/150/CEE) JOL n.º 63 de 6/3/87, p. 34.
[4] Decisão da Comissão (88/12/CEE) de 16/12/87 JOL n.º 5 de 8/1/88, p. 39.
[5] Decisão da Comissão (85/594/CEE) JOL n.º 373 de 31/12/85, p.9.
[6] Decisão da Comissão de 25/2/87 (87/152/CEE), JOL n.º 63 de 6/3/87, p. 38.
[7] Decisão da Comissão de 22/11/88 (88/600/CEE), JOL n.º 325 de 29/12/88, p. 58.
[8] Decisão 85/594/CEE de 4/6/91, JOL n.º 143 de 7/6/91.

6 de Maio de 1991, as restrições que estava autorizada a manter. O compromisso de abolir as restrições, que vinham desde 1985, consta do programa de política económica a que a Grécia se comprometeu no âmbito da concessão de um empréstimo comunitário realizado ao abrigo do Regulamento n.º 1969/88, que, como se sabe, só é concedido mediante a apresentação de um programa de ajustamento económico aprovado pela Comissão[1].

Tal como a Irlanda, também a Grécia foi contemplada com um regime especial na 4.ª Directiva (88/361). Ao abrigo desse regime o Conselho aprovou a Directiva 92/122/CEE[2] permitindo à Grécia manter restrições até 30 de Junho de 1994 nas seguintes operações:

- operações em contas correntes e de depósitos, com prazo inferior a um ano, efectuadas por residentes em instituições financeiras estrangeiras;
- empréstimos e créditos financeiros de prazo inferior a um ano;
- movimentos de capitais de carácter pessoal;
- meios de pagamento relativos a importação e exportação física de valores financeiros.

3. O PROCESSO DE LIBERALIZAÇÃO PLENA

3.1. A Directiva de 1986 (3.ª Directiva)

A discussão sobre a liberalização dos movimentos de capitais foi relançada por uma Comunicação da Comissão ao Conselho em 1983[3]. Três anos depois veio a ser apresentado um programa pormenorizado calendarizando os vários passos da liberalização[4]. Assim, foi proposto que a nova liberalização fosse feita em duas fases:

- na primeira proceder-se-ia à eliminação dos regimes derrogatórios e ao alargamento das obrigações de liberalização;

---

[1] Ver a Decisão de 4/3/91, JOL n.º 66 de 13/3/91, onde se encontram sintetizados os pontos principais do programa de ajustamento e reforma, nomeadamente, o ponto 14 d).
[2] JOL n.º 409 de 31.12.92.
[3] COM (83) 207.
[4] COM (86) 292.

– na segunda seria instituída a total liberdade de circulação dos capitais.

Durante o ano de 1986 assistiu-se ao desmantelamento dos regimes derrogatórios ainda em vigor com excepção dos aplicáveis à Irlanda e Grécia. Após a apresentação de uma nova Comunicação, veio a ser aprovada pelo Conselho a Directiva (86/566/CEE)[1] que alargou as obrigações dos Estados-membros nesta matéria.

Esta 3.ª Directiva procedeu à fusão das anteriores listas A e B e transformou as listas C e D nas listas B e C.

Na nova lista A foram também incluídos movimentos que anteriormente constavam da lista C, i.e., não eram objecto de compromisso de liberalização. É o caso das emissões de títulos, negociados em bolsa, de empresas nacionais em mercado estrangeiro e de empresas estrangeiras no mercado nacional; quase todas as operações sobre títulos que constavam da anterior lista C, e os créditos a longo prazo ligados a transacções comerciais.

O conteúdo da lista B corresponde à anterior lista C após dedução dos movimentos atrás referidos.

Finalmente a lista C reproduz a anterior lista D, cujos movimentos não são objecto de liberalização obrigatória.

Esta Directiva entrou em vigor em 28 de Fevereiro de 1987. No entanto, quer Portugal quer a Espanha mantiveram os respectivos regimes transitórios previstos no Acto de Adesão[2].

3.2. A Directiva de 1988 (4.ª Directiva)

A Directiva (88/361/CEE) aprovada em 1988[3] corresponde à execução da segunda fase do programa definido em 1986. Após terem sido eliminados quase todos os regimes derrogatórios então em vigor e se ter alargado o âmbito da liberalização através da Directiva de 1986, entendeu-se ser chegado o momento de proceder à total liberalização dos movimentos dos capitais no interior da Comunidade.

Com efeito, a partir de 1 de Julho de 1990, data da entrada em vigor desta Directiva os Estados-membros suprimiram todas as restrições aos

---

[1] Directiva de 17/11/1986, JOL n.º 332, de 26/11/1986, p. 22.
[2] Confrontar o artigo 2.º-2.
[3] Directiva do Conselho (88/361/CEE) de 24/6/88 JOL 178 de 8/7/88, p. 5.

movimentos de capitais efectuados entre residentes na Comunidade. Além desta obrigação de âmbito comunitário, a Directiva definiu ainda o princípio da liberalização *erga omnes* segundo o qual os Estados-membros deverão fazer os possíveis por aplicar idêntico regime nas relações com países terceiros, i.e., com todos os outros Estados do mundo, salvaguardada que seja a regra da reciprocidade.

Foram previstos os mecanismos de regulação da liquidez bancária, que anteriormente constavam da já citada Directiva de 1972 (72/156//CEE) e que por isso foi revogada [1].

As medidas de salvaguarda que, como vimos, foram largamente utilizadas por vários Estados-membros e sempre ao abrigo do artigo 108.º do Tratado, passaram a ser objecto de uma regulamentação específica no artigo 3.º desta Directiva. Assim, as perturbações resultantes de movimentos de capitais a curto prazo podiam dar origem à imposição de restrições mas apenas por um período de seis meses e sobre movimentos taxativamente explicitados, a saber:

– operações sobre títulos transaccionados no mercado monetário;
– operações em conta corrente e de depósitos bancários;
– operações sobre certificados de participação em OACVM transaccionados no mercado monetário;
– empréstimos e créditos a curto prazo; empréstimos pessoais;
– importação e exportação física de valores;
– diversos.

Finalmente foi previsto um conjunto de prazos dilatados para a aplicação integral da Directiva por parte dos países que se encontravam em regime transitório, como Portugal e Espanha, e para aqueles que beneficiavam de cláusulas de salvaguarda em vigor, como era o caso da Irlanda e Grécia [2].

Para Portugal e Grécia foi aberta a hipótese de prorrogar por um máximo de três anos a liberalização dos movimentos já sujeitos a prazos especiais, o que para Portugal impunha como data limite o final do ano de 1995 [3].

---

[1] Confrontar os artigos 2.º e 9.º.
[2] Confrontar artigo 5.º.
[3] Ver artigo 6.º.

3.3. As alterações ao Tratado de Roma

Em 1993, com a entrada em vigor do Tratado da União Europeia, foram aditados novos artigos ao Tratado de Roma no que se refere aos movimentos de capitais. Assim, nos termos do art.73.º-A, desde 1 de Janeiro de 1994 – início da segunda fase da União Económica e Monetária – as anteriores disposições do Tratado foram substituídas pelos artigos 73.º-B a 73.º-G, actuais 56.º a 60.º.

A Directiva então em vigor deixou de aplicar-se, excepto na parte referente aos períodos de transição especial supra referidos.

O sentido genérico do actual articulado impõe a obrigatoriedade de liberalização de todos os movimentos de capitais tanto entre Estados--membros como com países terceiros. Em relação a estes, e só a estes, admite-se a possibilidade da introdução de medidas de salvaguarda por um período limitado [1].

A total liberdade de circulação de capitais faz hoje parte do acervo comunitário e constitui um dos elementos essenciais para a realização da UEM.

3.4. Portugal e os movimentos de capitais

3.4.1. Derrogações decorrentes do Acto de Adesão

Vejamos agora em pormenor a posição de Portugal em relação aos movimentos de capitais.

O Acto de Adesão consagrou nos artigos 222.º e seguintes um regime especial para um conjunto de movimentos de capitais já liberalizados pela Directiva de 1960. Esse mesmo regime foi integrado na ordem jurídica interna através do DL 326/85 de 7 de Agosto. Também por força da adesão às Comunidades Portugal alterou o regime aplicável às operações de invisíveis correntes [2] e que passaram a ser definidas e reguladas pelo DL 351-C/85 de 26 de Agosto, no preâmbulo do qual se faz explícita referência ao regime em vigor na Comunidade.

Comecemos por analisar este último.

---

[1] Cf. art. 73.º-F (59.º).
[2] Ver ponto 1.

3.4.1.1. Os invisíveis correntes

O sistema previsto não foi apenas aplicável às relações com os parceiros comunitários, antes se optou por um regime único que vigorava para todas as operações desse tipo com o estrangeiro. São consideradas invisíveis correntes as despesas com viagens, transportes, seguros e resseguros e rendimento de capitais, bem como as despesas e receitas do Estado, outros serviços e pagamentos de rendimentos e por fim as transferências unilaterais públicas ou privadas.(Ver anexo do citado decreto-lei).

A aquisição de meios de pagamento com fins turísticos foi a única rubrica sujeita a restrições temporárias. A data limite era Dezembro de 1990 devendo os montantes autorizados ser progressivamente aumentados. Durante o ano de 1990 esse limite já não podia ser inferior a 900 ecus [1].

Todas as restantes operações foram totalmente liberalizadas dependendo apenas a sua liquidação "de prévia verificação, pelo Banco de Portugal, da natureza e realidade das respectivas transacções e transferências, da legitimidade dos intervenientes e de que as transacções ou contratos que dêem origem às liquidações se celebram de acordo com a legislação aplicável"(art. 2.º-1).

3.4.1.2. Os restantes movimentos de capitais

Para o caso português, podemos considerar que os movimentos de capitais, visados pelas sucessivas Directivas, ficaram integrados em 3 grupos: a) operações integralmente liberalizadas desde a data da adesão; b) operações de liberalização progressiva; c) operações a liberalizar a partir de data certa.

As operações do grupo a) eram, nomeadamente, as seguintes:

– a liquidação dos investimentos directos feitos em Portugal por estrangeiros;

---

[1] Confrontar artigo 230.º do Acto de Adesão.

De notar que durante muitos anos as operações deste tipo foram fortemente controladas sendo os valores então admitidos muito baixos. Tal situação provocou o surgimento em Portugal de um mercado negro de divisas. Só depois de 1990 esse mercado desapareceu.

- os investimentos imobiliários feitos em Portugal por estrangeiros, com excepção dos terrenos agrícolas e imóveis para habitação (que integram o grupo c);
- a aquisição, por estrangeiros, de títulos nacionais negociados em bolsa;
- as transferências em execução de contratos de seguros, na medida em que estes serviços estejam liberalizados;
- os créditos ligados a transacções comerciais, em que participe um residente, a curto e médio prazo e as cauções e outras garantias a eles associadas;
- os movimentos de carácter pessoal, com excepção dos empréstimos (que integram o grupo c), que representem entradas de capitais bem como as transferências para o estrangeiro de quantias de montante reduzido (25.000 ecus) e os impostos sucessórios;
- os direitos de propriedade industrial.

As operações do grupo b) e c) incluíam, nomeadamente e por ordem cronológica:

até 31/12/89

- os investimentos directos feitos em Portugal por não residentes (liberalização progressiva sendo o valor limite em 1989 de 2,4 milhões de ecus);

até 31/12/90

- a compra de imóveis para habitação ou destinados a exploração agrícola, feita em Portugal por não residentes;
- o repatriamento da liquidação de investimentos imobiliários, feitos por não residentes (liberalização progressiva sendo o valor limite em 1990 de 180.000 ecus);
- a compra, por residentes, de títulos cotados em bolsa emitidos por entidades com sede na Comunidade, com excepção dos títulos emitidos pelas próprias Comunidades ou pelo BEI caso em que é aplicado o regime de liberalização progressiva, sendo o valor limite em 1990 de 27 milhões de ecus;
- os movimentos de carácter pessoal que impliquem saídas de capitais como dotes, doações, heranças, etc. (liberalização progressiva sendo o limite em 1990 de 45.000 ecus);

até 31/12/92
- os investimentos imobiliários efectuados no estrangeiro por residentes;
- os investimentos directos, efectuados por residentes em Portugal, na Comunidade;
- a admissão de títulos nacionais em mercados de capitais estrangeiros;
- os créditos a longo prazo ligados a transacções comerciais, em que participe um residente;
- as operações sobre títulos normalmente transaccionados no mercado monetário;
- as operações em conta corrente e de depósitos junto de instituições financeiras;
- os empréstimos e créditos financeiros a curto prazo;
- os empréstimos de carácter pessoal;
- a importação e exportação física de valores, como os próprios títulos transaccionados no mercado monetário e os meios de pagamento.

3.4.2. Aplicação da 4.ª Directiva

Atendendo ao disposto na 4.ª Directiva relativo a Portugal, verifica--se que desde 1 de Janeiro de 1991 ficaram liberalizados grande parte dos movimentos de capitais.

O conteúdo daquela Directiva foi transposto para a legislação interna através do DL 176/91 de 14 de Maio [1].

Apenas se mantiveram limitações aos movimentos de capitais – impondo autorização prévia – de algumas operações sobre valores mobiliários [2] e um outro pequeno conjunto de operações [3].

Previa-se, finalmente, e de acordo com a 4.ª Directiva, medidas excepcionais permitindo a reintrodução de controlo e limites, quando fossem dectados problemas graves na balança de pagamentos, nos mercados financeiros ou na política cambial e monetária [4].

---

[1] Que veio substituir a legislação anterior revogando, nomeadamente, os citados DL 351-C/85 e DL 326/85.

[2] Ver o artigo 10.ª do citado Decreto-Lei.

[3] Ver artigo 11.º do mesmo Decreto-Lei.

[4] Já em Junho de 1990 o Banco de Portugal havia reintroduzido limitações a certas entradas de capitais, atraídos pelos diferenciais das taxas de juro.

3.4.3. A liberalização plena

Desde 1 de Janeiro de 1993, data da realização do mercado interno – em execução do previsto no Acto Único – todos os movimentos são inteiramente livres. No entanto, Portugal poderia, em relação a algumas das operações cuja data limite era 31 de Dezembro de 1992, requerer a prorrogação, por um prazo máximo de 3 anos, da aplicabilidade do artigo 1.º da Directiva, pelo que só a partir de 1 de Janeiro de 1996 era certa a absoluta ausência de limites à circulação dos capitais de e para Portugal.

Essa possibilidade não só não foi invocada como, em Agosto de 1992, o Banco de Portugal liberalizou alguns movimentos ainda controlados e anunciou [1] para o final desse ano a total e plena liberdade de circulação. Com efeito, desde 1 de Janeiro de 1993 que todas as operações de movimentos de capitais se encontram integralmente liberalizadas [2].

Por outro lado, com a entrada em vigor do Tratado da União, a matéria relativa aos movimentos de capitais passou a ser regulada, desde 1994, pelos então artigos 73.º-B a 73.º-H do Tratado que estipulam, como vimos, uma total e ilimitada liberdade de circulação dos capitais.

4. EFEITOS ECONÓMICOS DA LIBERDADE DE CIRCULAÇÃO DE CAPITAIS

Visto o quadro jurídico que regulamenta os movimentos de capitais no interior da Comunidade, vamos agora considerar os efeitos económicos que decorrem da total integração dos mercados financeiros e monetários.

Antes do mais deve ter-se presente que a ausência de restrições jurídicas aos movimentos de capitais são uma condição necessária mas não suficiente para a criação de um espaço financeiro unificado. Com efeito, para que tal espaço possa funcionar como um único mercado no interior do qual circulem as poupanças europeias e se satisfaçam as necessidades de financiamento, é essencial que se verifique um conjunto de requisitos.

---

[1] Anúncio esse que teve como efeito imediato uma descida súbita das taxas de juro internas.

[2] As disposições legais que regulavam esta matéria eram o DL 13/90 de 8 de Janeiro e o DL 176/91 de 14 de Maio com as alterações introduzidas pelo DL 170/93 de 11 de Maio.

4.1. Regras de estruturação dos mercados

O primeiro diz respeito à uniformização das regras que condicionam o exercício das actividades financeiras e bancárias. Só essa uniformização permite a uma qualquer instituição operar no espaço integrado mediante uma autorização única independentemente do país ou países em que opere. Por outro lado, os utentes desses serviços dispõem de uma informação mais perfeita, porque uniforme e tutelada pelas disposições comunitárias obtendo, nessa medida, uma protecção suplementar dos seus interesses. Finalmente, a concorrência entre as diversas instituições não será falseada por efeito de diferentes regimes, variáveis de país para país.

Nesta linha, assistiu-se a partir de 1993 à entrada em vigor de um conjunto de Directivas – transpostas para a ordem interna – que procederam à harmonização de inúmeros aspectos da actividade bancária criando um verdadeiro mercado interno neste sector. É, nomeadamente, o caso da:

- 2.ª Directiva de coordenação bancária (89/646/CEE, DL 298/92 de 31-12); (alterada pelas Directiva 92/30/CE de 6-4-1992, Directiva 95/26/CE de 29-6-1995)
- da Directiva relativa aos fundos próprios (89/299/CEE, Aviso 12/ /92 de 29-12); (alterada pelas Directiva 91/633/CEE de 3-12- -1991, Directiva 92/16/CEE de 16-3-1992, Directiva 92/30/CEE de 6-4-1992)
- da Directiva relativa ao rácio de solvabilidade (89/647/CEE, Aviso 1/93 de 8-6); (alterada pelas Directiva 92/30/CEE de 6-4-1992, Directiva 95/15/CE de 31-5-1995, Directiva 96/10/CE de 21-3- -1996, Directiva 98/32/CE de 19-5-1998, Directiva 98/33/CE de 22-6-1998)
- da Directiva relativa à fiscalização das instituições de crédito (92/ /30/CEE, DL 298/92 de 31-12); (alterada pela Directiva 93/6/ /CEE de 15-3-1993)
- da Directiva relativa à prevenção de branqueamento de capitais (91/308/CEE, DL 313/93 de 15-9);
- da Directiva relativa à fiscalização e controlo dos grandes riscos das instituições de crédito (91/121/CEE, Aviso 10/94 de 18-11);
- da Directiva relativa à adequação dos fundos próprios (93/6/CE) de 15-3-1993; (alterada pelas Directiva 98/31/CE de 22-6-1998, Directiva 98/33/CE de 22-6-1998)
- da Directiva relativa aos serviços de investimento no domínio dos valores imobiliários (93/22/CEE);

– da Directiva relativa à adequação dos fundos próprios para cobertura de riscos cambiais (93/6/CEE);
– da Directiva relativa ao sistema de garantia de depósitos (94/19/ /CEE, DL 246/95 de 14-9)[1].

Em 20/3/2000 foi aprovada uma nova Directiva[2] que integra e revoga grande parte da legislação bancária e financeira citada, nomeadamente, as anteriores primeira e segunda Directivas e suas posteriores alterações.

O segundo aspecto a referir é o da harmonização fiscal. Bem se compreende que não seja possível falar de um mercado integrado se subsistirem diferenças significativas nos regimes fiscais e em particular na fiscalidade que directa ou indirectamente incide sobre o capital. É óbvio que perante uma diversa tributação dos rendimentos dos capitais, juros ou dividendos, por exemplo, assistir-se-ia a uma deslocação das poupanças para os países com tributação mais favorável. O Conselho Europeu da Feira, de 19-20 de Junho de 2000, desbloqueou o dossier sobre a tributação da poupança, que se arrastava há longos anos. Foi acordada a troca de informações sobre aplicações de não residentes, de modo a evitar fugas ao fisco, bem como uma taxa de retenção na fonte de 20%-25%[3].

A harmonização fiscal tem ainda de conseguir-se noutros domínios que não a tributação directa dos rendimentos dos capitais. É o caso, em especial, dos impostos sobre as sociedades. Perante uma diferente carga fiscal os investidores seriam levados a concentrar as suas empresas nos países de maior benevolência tributária, conduzindo, por esta via, a uma nova distorção na distribuição do capital. O investimento arrastaria consigo um fluxo de capitais que se deslocavam entre zonas imperfeitamente integradas.

Igualmente os incentivos fiscais (sejam os concedidos às empresas, sejam os atribuídos por exemplo à aquisição de títulos) poderão provocar, por idênticas razões, um deficiente funcionamento do mercado integrado, pelo que se impõe a sua eliminação ou uniformização.

---

[1] Sobre a harmonização legislativa do sector financeiro veja-se MARTA 1999.
[2] Directiva (2000/12/CE) do Parlamento Europeu e do Conselho de 20/3/2000, JOL n.º 126 de 26/5/2000.
[3] Para uma análise um pouco mais profunda sobre a importância deste tipo de harmonização pode consultar-se Relatório Padoa-Schioppa 1987, passim e Anexo A.

Cap. IV – Os Movimentos de Capitais na Comunidade 153

Existem já alguns exemplos de 'deslocalização' de empresas, dentro da Comunidade, motivadas por razões fiscais [1]. Houve casos de transferências de unidades produtivas entre a Bélgica e a Irlanda e a Alemanha e a Bélgica. Este tipo de concorrência fiscal intracomunitária pode ter efeitos particularmente perturbadores. Uma das consequências mais imediatas faz-se sentir nos movimentos sindicais que se vêm confrontados com interesses conflituantes da parte dos seus membros.

4.2. Implicações para a política económica

Supondo resolvido o problema da estruturação uniforme do mercado financeiro comunitário [2], vejamos quais as implicações para a política económica dos Estados-membros da total liberdade de circulação dos capitais. Considerem-se dois exemplos. O primeiro simula uma arbitragem entre mercados bolsistas; o segundo uma arbitragem nos mercados monetários.

4.2.1. Mercados bolsistas

Suponham-se dois mercados bolsistas situados em países da Comunidade (A e B) e num quadro de total liberdade de circulação de capitais.

A canalização das poupanças para os mercados bolsistas, em títulos de rendimento variável, depende fundamentalmente de dois elementos: 1) a rentabilidade dos títulos, por via dos dividendos distribuídos; 2) os ganhos potenciais resultantes das mais-valias. Sendo assim, e considerando o caso 1), se no mercado de (A) as empresas estiverem a obter mais lucros e a distribuir mais dividendos (ou a eles consagre uma elevada percentagem dos lucros), esse país terá uma capacidade de atracção de investidores superior ao outro, em que a situação seja de sentido inverso. As poupanças disponíveis para aplicação bolsista no país (B) serão então desviadas para o mercado do país (A).

Considere-se agora o caso 2). Se as perspectivas de valorização da cotação (o que muitas vezes depende de factores incontroláveis) forem superiores em (A) de novo ocorrerá um fluxo de sentido idêntico.

---

[1] Como será referido no Capítulo VIII, em Dezembro de 1997 foi aprovado um 'Código de Conduta' nesta matéria.

[2] Deve ter-se em conta que mesmo num mercado perfeitamente uniforme existem sempre "viscosidades" na deslocação do capital.

A ausência de limites legais à circulação do capital tornou os mercados bolsistas não só interdependentes como muito mais voláteis do que anteriormente. Este efeito fez-se sentir particularmente em praças de pequena capitalização bolsista como a portuguesa.

Se os títulos considerados forem agora de rendimento fixo, como as obrigações, é desde logo patente que não poderá existir uma diferença significativa nas taxas de remuneração nos países (A) e (B), sob pena de, mais uma vez, os capitais abandonarem um dos países em direcção ao outro.

O mesmo sentido do fluxo, quer se trate de títulos de rendimento variável ou fixo, provoca, porém, efeitos diversos. No caso das acções, o mercado do país (A) verá reforçar-se a sua tendência altista pelo efeito de auto-sustentação, típico destes mercados; opostamente o mercado de (B) manifestará tendências depressivas.

Tratando-se de títulos de rendimento fixo, como as obrigações, vai assistir-se a uma tendência de uniformização das taxas de juro entre (A) e (B) por efeito das alterações de procura e oferta.

4.2.2. Mercados monetários

Podemos ilustrar com um exemplo tomado da vida de um cidadão comum os efeitos sobre os mercados monetários decorrentes da livre circulação dos capitais.

Admite-se que um qualquer cidadão decidia colocar a sua poupança num depósito a 6 meses junto de uma instituição bancária. A escolha da instituição e do país iria depender das condições oferecidas, *maxime*, da taxa de juro. É claro que a decisão iria privilegiar a instituição e o país que oferecesse mais elevada taxa de rendimento. Deste modo, perante diversas taxas de juro, assistia-se a uma deslocação de capitais dos países com taxa mais baixa para aqueles em que a taxa é mais elevada.

Se considerarmos agora que esse mesmo cidadão pretendia obter um empréstimo de curto prazo, face à substituibilidade do empréstimo interno e externo [1], dirigir-se-ia ao país e instituição onde a taxa de juro cobrada fosse mais baixa.

---

[1] A substituibilidade nunca será total se existirem diferentes moedas. Mesmo havendo acordos cambiais, como era o caso do SME, existe sempre a possibilidade de alterações cambiais ou depreciações significativas. Daí que uma mais baixa (alta) taxa de juro possa não ser suficientemente atractiva devido ao risco cambial envolvido.

Cap. IV – Os Movimentos de Capitais na Comunidade

O sentido inverso da oferta e da procura de recursos, acabaria por, tendencialmente, igualar as diferentes taxas.

4.2.3. Efeitos conjugados

Os fluxos detectados nos exemplos que acabámos de ver permitem já concluir de que modo a política económica de um país é afectada pela liberalização dos movimentos dos capitais.

Os mercados accionistas, na medida em que de alguma forma são a expressão do comportamento global de uma economia, podem induzir efeitos reais, num ou outro sentido, que tornem necessária uma intervenção correctora, ao nível da política económica.

Mais importante, é a criação de forças internacionalmente niveladoras das taxas dos mercados financeiros e monetário. Neste quadro torna-se virtualmente impossível prosseguir uma política económica, e em especial uma política monetária, independente. Significa isto que as autoridades nacionais vêm substancialmente reduzida a sua capacidade de intervenção na gestão da economia por perda de controlo de instrumentos essenciais [1]. A política económica e o próprio comportamento de cada uma das economias nacionais tende a tornar-se cada vez mais interdependente. O controlo da taxa de inflação, por exemplo, deverá passar pela utilização de outros instrumentos que não as taxas de juro, já que estas acabam por se formar sob a influência do conjunto das políticas económicas e monetárias dos países integrados.

Mas a política económica é ainda fortemente afectada pelos efeitos cambiais gerados pelos movimentos dos capitais.

4.2.4. Efeitos cambiais no quadro do SME

Como vimos, a ausência de limites à circulação dos capitais potencia os fluxos de entrada e saída em cada um dos países da Comunidade. Essas movimentações afectam directamente as relações cambiais visto que implicam trocas de moedas nos respectivos mercados. Deste modo um fluxo de saída provoca uma tendência de descida da taxa de câmbio, enquanto um fluxo de entrada gera a tendência inversa.

O Sistema Monetário Europeu até 1993 tinha como regra fundamental a manutenção das cotações bilaterais dentro de uma faixa de variação de

---

[1] Recorde-se a citação de Keynes acima transcrita.

±2,25% ou ±6%. Ora, se por força dos movimentos de capitais e pelas razões atrás expostas, houvesse desequilíbrios nos mercados cambiais, seria mais difícil conter as cotações relativas dentro das margens.

O problema é particularmente grave no caso de movimentos especulativos originados por antecipações de realinhamentos ou por diferenciais das taxas de juro. Estes movimentos são, por definição, de curto prazo e envolvem em regra elevados montantes [1]. O efeito desestabilizador nos mercados de câmbios pode por isso atingir grandes proporções, sendo mais afectados os países com relativamente pequenas massas monetárias [2]. Além disso, provocam variações sensíveis na liquidez interna que tem de ser contrabalançada por medidas de intervenção correctiva.

A maior dificuldade de gestão global do SME tornou urgente um reforço na coordenação das políticas económicas e monetárias e exigiu instrumentos específicos.

Esses instrumentos específicos foram, justamente por essa razão, previstos na 4.ª Directiva e já tivemos ocasião de os analisar. Recorde-se que nela se previa a hipótese de limitar os movimentos especulativos sempre que estes colocassem em risco a estabilidade dos mercados cambiais ou a condução da política monetária. Por outro lado, foram igualmente previstas medidas de regulação da liquidez e uma actuação conjunta, perante países terceiros, quando os movimentos especulativos afectassem a situação monetária ou financeira da Comunidade.

Esses instrumentos de controlo intracomunitário perderam-se com a entrada em vigor dos artigos 73.º-B a 73.º-H (actuais 56.º a 60.º) do TCE.

---

[1] Dados recolhidos pelos bancos centrais em 1992 relativamente às principais praças financeiras (Reino Unido, Alemanha, França, Suíça, Singapura, Japão, Hong-Kong e EUA) permitiram estimar o volume diário de transacções de moedas em cerca de 1.000 milhares milhões de dólares/dia. Por sua vez, o volume de exportações mundiais atingiu 5.300 milhares de milhões/ano. Quer isto dizer que apenas em cinco dias é transaccionada moeda correspondente ao comércio mundial anual! Cf. VISSER 1995, 1.

[2] Mas não só. Recordem-se os casos da moeda inglesa e italiana. As respectivas autoridades monetárias foram incapazes de suster os movimentos especulativos, vendo--se obrigadas a abandonar o mecanismo cambial do SME. Mais recentemente assistiu--se a fortes depreciações cambiais de moedas do sudeste asiático que geraram reacções em cadeia nos mercados cambiais e bolsistas, tendo estado na origem do 'crash' de Outubro de 1997.

Pode dizer-se, sem exagero, que dados os montantes hoje mobilizáveis pelos operadores privados, nenhum banco central ou governo é capaz de resistir a um forte ataque especulativo.

Cap. IV – Os Movimentos de Capitais na Comunidade

Daí que se compreenda que a liberdade de circulação dos capitais, a partir do início década de 90, tenha tornado extremamente difícil manter a estabilidade cambial. O comportamento não paralelo das economias facilmente pode estar na origem de movimentos especulativos que antecipam previstas variações cambiais. As políticas monetárias nacionais ficam dependentes, em larga medida, de condicionalismos externos.

Recorde-se o caso da reunificação alemã, referida no Capítulo anterior.

As tensões inflacionistas internas levaram o *Bundesbank* a praticar elevadas taxas de juro. A liberdade de circulação de capitais impossibilitou o controlo do seu afluxo à Alemanha, em busca da mais elevada rentabilidade. Em consequência, desencadeou-se um processo de apreciação do marco. Para que as outras moedas do sistema se pudessem manter dentro dos limites admitidos, os respectivos bancos centrais não podiam sequer pensar em descer as taxas de juro, mesmo que a situação económica interna o exigisse, como era o caso. Se o fizessem a cotação das suas moedas rapidamente atingiria o limite inferior da variação impondo intervenções obrigatórias. Enquanto existisse um diferencial das taxas de juro, iria assistir-se a uma constante perda de reservas. Como única solução estável teriam de manter-se, relativamente, elevadas taxas de juro.

Esse tipo de actuação, no entanto, poderá ter efeitos negativos sobre as economias, gerando menor crescimento, desemprego e eventual recessão. Daí que, para haver uma descida generalizada das taxas de juro dos países comunitários, fosse essencial a cooperação das autoridades monetárias alemãs [1].

Em resumo, manter a estabilidade cambial implica uma condução da política monetária essencialmente condicionada por factores externos. Mas tal política pode ter efeitos negativos sobre o conjunto da economia [2] pondo, por vezes, dilemas de difícil resolução.

A solução que afasta integralmente as dificuldades de gestão das políticas monetária e cambial, num ambiente de total liberdade de circulação dos capitais, é a eliminação do próprio mercado cambial, ou seja, uma moeda única.

---

[1] Sobre a importância da situação alemã no desencadear da crise de 1992 pode ver--se DE GRAWE 1992 e 1997, DIAS 1997, GIORDANO 1998.

[2] Foram razões de fundo deste tipo que levaram britânicos e italianos a abandonar o MTC. Do mesmo modo se explica a decisão de deixar flutuar as moedas na banda de ±15%.

CAPÍTULO V

TEORIA DAS UNIÕES MONETÁRIAS

1. UNIÕES MONETÁRIAS E A TEORIA ECONÓMICA

A análise teórica das uniões monetárias (UM) – e em especial a sua avaliação – está dependente das concepções dominantes ao nível da teoria económica em geral.

Uma UM implica, como vimos, a fixação irrevogável de taxas de câmbio ou a adopção de uma moeda única. Assim sendo, é claro que desaparece um dos instrumentos de intervenção na economia que é a manipulação da taxa de câmbio.

Como referido supra, a propósito do mecanismo automático de reequilíbrio da balança de pagamentos, a variação cambial pode funcionar como um instrumento de ajustamento económico.

Tome-se, concretamente, o caso da taxa de inflação.

Se num país se desenvolver um processo inflacionista enquanto os seus parceiros comerciais mantêm a estabilidade dos preços, os efeitos sobre a balança de pagamentos serão inevitáveis: tendem a reduzir-se as exportações e a aumentar as importações. Enquanto existir um diferencial significativo entre as taxas de inflação este processo será continuamente alimentado. Uma das forma de com ele lidar é, justamente, recorrer à taxa de câmbio. Se o regime cambial for o de câmbios flutuantes assiste-se a uma depreciação do valor externo da moeda que, em condições ideais, promoveria o reequilíbrio do sistema. Num regime de câmbios fixos mas ajustáveis, podia efectuar-se uma desvalorização da moeda que conduziria aos mesmos resultados [1].

---

[1] Durante toda a década de 80 Portugal teve um regime cambial de desvalorização deslizante, i.e., o valor do escudo descia uma certa percentagem por mês, em relação a um conjunto de moedas. A razão de tal comportamento encontra-se no significativo diferencial das taxas de inflação portuguesa e dos nossos principais parceiros comerciais.

Com a formação de uma UM este mecanismo não pode funcionar. Daí que seja imperativo uma harmonização das respectivas taxas de inflação. A harmonização não significa uma total identidade da taxa de inflação em toda a UM. Estados federais, como os EUA e a Alemanha, embora há muito formem uma só economia apresentam diferenças relativamente importantes na inflação das várias regiões [1].

A ideia central que de qualquer modo importa reter é a de que para se constituir uma UM estável e sem choques bruscos no momento da sua constituição é necessário harmonizar o ritmo de variação de preços.

1.1. Custos da UM com base na Curva de Phillips

A necessidade de actuação sobre as taxas de inflação está directamente ligada a uma determinada concepção da teoria económica.

No final dos anos 50, um autor inglês, A.W. Phillips efectuou um estudo estatístico – que abrangia um período de cerca de um século – em que se mostrava a existência de uma relação inversa entre variação de salários e desemprego. A níveis mais elevados de variação salarial correspondiam níveis mais baixos da taxa de desemprego e vice-versa [2].

Pouco depois estabeleceu-se uma ligação entre variação salarial e taxa de inflação. Descontando os ganhos de produtividade, a subida de salários correspondia a uma determinada variação do nível geral de preços. Assim, se os salários subissem 5% e a produtividade subisse 2% os custos dos produtores só subiam 3%. Seria essa a taxa média de inflação correspondente àquela variação salarial.

A chamada Curva de Phillips podia agora ler-se da seguinte forma: a níveis mais elevados de inflação correspondem menores taxas de desemprego e vice-versa. Essa relação era, porém, não linear. A uma idêntica redução da taxa de desemprego correspondia uma cada vez maior variação da taxa de inflação. Veja-se a Figura V-1.

---

[1] Sobre os diferenciais das taxas de inflação numa união monetária ver BCE, Boletim Mensal, Outubro de 1999.
[2] Cf. PHILLIPS 1958.

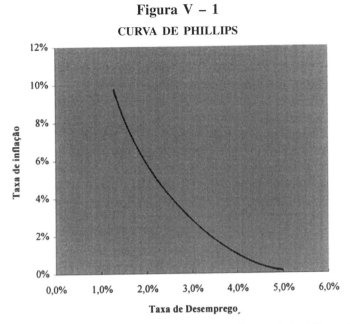

Figura V – 1
CURVA DE PHILLIPS

Sendo uma pura verificação estatística a Curva de Phillips não tinha em si qualquer poder explicativo. Procurou-se, então, elaborar uma teoria que permitisse compreender aquele fenómeno. O resultado foi um raciocínio deste tipo:

A verificada subida dos salários – e consequentemente da taxa de inflação – bem como a redução do desemprego, tinham lugar quando a economia se encontrava em expansão.

Em termos causais, era o crescimento económico que explicava a redução da taxa de desemprego que, por sua vez, fazia subir os salários, dada a escassez relativa de mão-de-obra disponível.

No fim dos anos 50 início da década de 60 era dominante a ideia – de raiz keynesiana – de que era possível ao Estado, especialmente através da despesa pública, manipular a procura global e controlar razoavelmente bem a economia. Daí que a Curva de Phillips se ajustasse como uma luva àquela ideia. O Estado podia estimular o crescimento económico gerando inflação, por um lado, mas reduzindo o desemprego, por outro. Nestes termos, a Curva de Phillips surgia como um verdadeiro menu para as políticas económicas [1].

---

[1] Esta formulação resultou de um artigo de A. Rees, "The Phillips Curve as a menu for public choice". Ver REES 1970.

Podia escolher-se menos inflação – suportando mais desemprego – ou escolher-se mais inflação obtendo menos desemprego. Tudo dependia de uma escolha entre dois objectivos conflituantes, de um ponto de equilíbrio considerado aceitável. Sendo uma escolha, haveria países com preferência por uma maior inflação e menor desemprego, enquanto outros prefeririam menos inflação, mesmo que há custa de uma maior taxa de desemprego.

Com este cenário teórico, a formação de uma UM – com a necessária aproximação das taxas de inflação – iria contender com o desemprego.

Se os países que vão integrar uma UM tiverem à partida diferentes pontos de equilíbrio entre inflação e desemprego, cada país terá de aceitar um equilíbrio diferente do por ele considerado desejável.

Se a UM se formasse tendo como referência uma taxa de inflação média, alguns países teriam de reduzir a taxa de inflação enquanto outros a fariam subir. Seguindo a Curva de Phillips, o desemprego diminuía em alguns países e aumentava noutros.

No entanto, dada a relação não linear implicada pela Curva de Phillips, no conjunto da União, para uma dada taxa de inflação, o desemprego seria maior do que antes da unificação; ou, para um dado nível de desemprego, a inflação seria superior [1].

Em qualquer caso, a unificação monetária seria uma má solução.

Esta conclusão pode ser evitada se descartarmos a leitura implícita na Curva de Phillips. Foi, justamente, esse o papel dos autores monetaristas.

1.2. Custos da UM com base na interpretação monetarista [2]

No aspecto que nos importa, a tese central dos monetaristas é a de que, no longo prazo, não existe relação alternativa entre inflação e desemprego [3]. A suposta relação constante da Curva de Phillips não existe, pelo menos nos termos apontados. A taxa de desemprego só temporariamente diminuiria por efeito de uma mais elevada taxa de inflação,

---

[1] É claro que se a harmonização fosse feita tendo como referência uma taxa inferior à média os efeitos negativos sobre o emprego seriam ainda maiores.

[2] Sobre a interpretação monetarista da Curva de Phillips veja-se especialmente NUNES 1984 e SAMUELSON 1993.

[3] A reinterpretação da Curva de Phillips teve origem em dois artigos publicados, em finais dos anos 60, por Edmund Phelps e Milton Friedman. Cf. PHELPS 1967 e FRIEDMAN 1968.

voltando sempre o desemprego à sua *taxa natural* – conceito que foi introduzido pelos críticos da Curva de Phillips. Veja-se a Figura V-2.

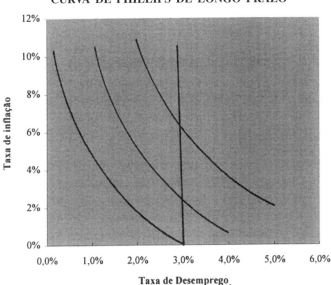

Figura V – 2
CURVA DE PHILLIPS DE LONGO PRAZO

Segundo eles, quando se verifica um estímulo da procura levado a cabo pela política económica e monetária, as empresas vêm subir os preços dos seus produtos e aumentam a produção. Para fazer face ao crescimento da oferta aumentam a procura de trabalho reduzindo-se assim o desemprego. Este efeito de curto prazo é em tudo idêntico ao raciocínio anterior. Simplesmente esta seria apenas metade da história. O verificado aumento da procura de trabalho tinha como pressuposto um determinado nível salarial. Ora, verificando-se inflação, os trabalhadores e os seus sindicatos iriam adequar os salários a esse novo nível de preços. A subida de salários teria como consequência o desaparecimento do diferencial inicial entre preços e custos salariais, que eram geradores de mais lucros [1]. Verificada a subida salarial as empresas iriam reduzir a respectiva procura

---

[1] O efeito sobre o emprego depende, nesta concepção, da subida *ex ante* dos salários reais para os trabalhadores e na descida *ex post* dos salários reais para os empregadores. Ver FRIEDMAN 1968, 10.

de trabalho voltando a taxa de desemprego ao nível inicial mas existindo agora uma mais elevada taxa de inflação. Para que o processo se voltasse a repetir seria preciso que os agentes económicos fossem surpreendidos por um novo surto inflacionista, de que não estavam à espera. Só nessas condições seria possível pagar salários que foram fixados tendo por base uma determinada taxa de inflação e vender os produtos a um preço mais elevado do que se esperava. É claro, no entanto, que num período seguinte toda as expectativas se vão novamente adequar ao nível da inflação efectivamente verificada. O nível de emprego voltava, uma vez mais, para a sua taxa natural.

Segundo esta análise, o que verdadeiramente importa não é a inflação nem a sua taxa mas o facto de ser ou não antecipada. Tudo gira em torno das expectativas dos agentes económicos. Só quando a inflação efectiva superar a inflação esperada se verificam efeitos passageiros na taxa de desemprego. Assumindo que os agentes económicos não são cegos perante a realidade, tem de aceitar-se que ajustarão essas mesmas expectativas em conformidade. O resultado a longo prazo será uma taxa de desemprego independente da taxa de inflação, o mesmo é dizer, não afectada por uma política económica expansionista. A capacidade de manipulação da economia por intervenção do Estado fica assim posta em causa. Pior ainda. Se se insistir em provocar choques através de subidas da inflação não esperadas teremos como resultado uma taxa de desemprego, a prazo, invariante e uma taxa de inflação sempre crescente até ao limite da total desarticulação da economia.

Desta hipótese teórica – que é hoje dominante entre os economistas em geral e os defensores da UM em particular [1] – decorre que a formação de uma UM não traz consigo qualquer custo duradouro, em termos de desemprego. Cada país continuará a ter a mesma taxa de desemprego de longo prazo e o nivelamento da inflação não implica maior ou menor rendimento real.

A economia, entende-se agora, funcionará melhor se for estável o ambiente macroeconómico, o que neste contexto significa que deve haver estabilidade dos preços e não tentativas inúteis de estimular a economia pela via inflacionária.

---

[1] No discurso de Roy Jenkins de 1977, a que supra se fez referência, já se falava de um 'errado apego a teorias económicas ultrapassadas'. O que ele tinha em mente era esta, então recente, interpretação da Curva de Phillips. Veja-se igualmente a citação do Manifesto do dia de Todos os Santos, supra p. 82.

Cap. V – Teoria das Uniões Monetárias   165

O que sempre existirá, adopte-se ou não a Curva de Phillips, são as consequências de diferenças de produtividade.

Nos países em que a produtividade cresce menos terá que haver variações salariais menores. Este crescimento diferenciado da remuneração do trabalho poderá ter como consequência uma deslocação de trabalhadores das zonas de baixos salários para as zonas de salários altos.

Inversamente, se vier a assistir-se a um crescimento idêntico de salários será o capital que vai abandonar as zonas de menor produtividade em direcção às de maior produtividade.

A UM não traz, por si só, qualquer alteração às condicionantes fundamentais das economias mas pode provocar movimentos, eventualmente perturbadores, de trabalho ou capital.

Para evitar um crescimento diferenciado das várias regiões, ou para se uniformizarem as taxas naturais de desemprego, é necessária uma forte política regional que promova as alterações estruturais conducentes a iguais níveis de produtividade.

Uniformizar as condições económicas básicas é a única forma de evitar situações instáveis. Este mesmo remédio é o recomendado quando se analisa o problema dos choques assimétricos.

2. UNIÃO MONETÁRIA E CHOQUES ASSIMÉTRICOS

Para além da ligação com a teoria económica em geral, existe também uma análise específica das uniões monetárias que tenta determinar o que seria uma *zona monetária óptima*.

Esta temática foi inicialmente lançada por um famoso artigo de Robert Mundell no já longínquo ano de 1961 [1]. Na sua sequência outros contributos, recorrendo a diversos critérios, foram vindo a lume tentando sempre saber quais as condições necessárias para um conjunto de países formarem uma união monetária, i.e., prescindirem da sua própria moeda (moeda única) ou, pelo menos, da utilização da taxa de câmbio (fixação irrevogável da taxa de câmbio).

Vamos analisar esta questão tendo por base duas perguntas fundamentais:

    i) Em que condições uma UM pode fazer face a choques assimétricos?

---
[1] Ver MUNDELL 1961.

ii) Qual a probabilidade de se verificarem choques assimétricos que venham a constituir um problema para uma UM?

2.1. Mecanismos de resposta a choques assimétricos

Considere-se um exemplo muito simplificado em que existem 3 países (A,B,C) que integram uma união monetária [1]. Suponha-se agora que a produção principal de A é cobre, a de B é alumínio e a de C é carvão. Para tornar o caso ainda mais claro, suponha-se que a economia do país C é a de menor dimensão de entre os três países.

Imagine-se, por fim, que subitamente se dá uma redução internacional na procura de carvão enquanto se mantém, ou até aumenta, a procura de cobre e alumínio.

Como é evidente os países em causa não vão ser igualmente afectados. O país C sofre um choque negativo enquanto os outros dois não são afectados ou são-no positivamente. O produtor de carvão vê reduzir-se a exportação, a produção, o emprego e o rendimento. Sendo essa a sua produção principal, o país C entraria rapidamente em recessão mantendo-se ou melhorando as condições económicas anteriores nos restantes.

Atente-se ao que sucedia se os três países não fizessem parte de uma união monetária, mantendo cada um a sua moeda e a sua soberania monetária.

O país C poderia combater a situação recessiva utilizando a política monetária e cambial. Se estava a verificar-se uma redução da actividade económica, seria apropriada uma descida da taxa de juro. Com isso tornava-se mais fácil o acesso ao crédito, tanto de produtores como de consumidores, estimulando o investimento e o consumo. A actividade produtiva geral poderia ter melhores condições para se expandir.

A política cambial seria igualmente mobilizada. A forma mais simples e imediata de contrariar a redução na procura de carvão seria torná-lo mais barato para os países importadores. Se a moeda do país C estivesse integrada num regime de câmbios fixos mas ajustáveis, deveria proceder a uma desvalorização. Se o regime cambial fosse de câmbios flutuantes era muito provável que a moeda se depreciasse. Na verdade a redução da procura de carvão era sinónimo de redução na procura da moeda do país C. Por outro lado, como a taxa de juro tinha descido, as aplicações nessa

---

[1] Para uma exemplificação mais próxima da adoptada por Mundell veja-se De Grauwe 1997, 7.

moeda eram agora menos rentáveis diminuindo também, por esta via, a sua procura. O resultado seria sempre a depreciação.

Aqui temos como a acção conjugada da política monetária e cambial poderia contrabalançar o choque sofrido pela economia do país C.

Mas, como se começou por supor, o país C integra uma união monetária com A e B. Não existem três políticas monetárias e cambiais distintas mas apenas uma. O banco central que gere toda a zona monetária está agora perante um dilema sem solução. Não pode reduzir a taxa de juro, conforme seria do interesse do país C, porque iria provocar um desequilíbrio nas economias de A e B, criando muito provavelmente tensões inflacionistas. As autoridades cambiais também não podiam desvalorizar a moeda por razões semelhantes. A política monetária e cambial tem de ser pensada e executada em função das condições globais de toda a zona. Como foi admitido que a economia do país C era de pequena dimensão relativamente às restantes, mais facilmente se compreende que essas condições globais não fossem substancialmente afectadas pelo choque sofrido por aquele país.

A conclusão imediata deste exemplo é a de que os instrumentos monetário e cambial são inúteis para fazer face a um choque assimétrico no interior de uma união monetária. A gestão da economia de cada país fica amputada de meios que anteriormente tinha ao seu dispor.

Como resolver o problema?

2.1.1. Flexibilidade de salários e preços

A resposta tradicional recorre aos mecanismos básicos de ajustamento económico.

Já vimos que a solução para o problema do país C era a redução do preço do carvão, o que podia ser conseguido, no plano externo, através da desvalorização. Mas existe outra forma de obter o mesmo resultado sem recurso à manipulação cambial.

Estarão recordados que no regime do padrão-ouro o equilíbrio das balanças de pagamentos era conseguido por meio da variação interna – e não apenas externa – dos preços. O mesmo poderá acontecer no caso que estamos a analisar.

Se diminuir o custo a que é produzido o carvão diminuirá também o seu preço. Uma das formas de o conseguir é através da redução dos salários. Na verdade, se baixou a procura de carvão também acabará por baixar a respectiva produção. Serão precisos menos trabalhadores o que faz aumentar o desemprego. O excesso de oferta do mercado de trabalho levará a uma diminuição dos salários. Essa redução de custos vai repercutir--se no preço a que o carvão é lançado no mercado. Os importadores estarão agora dispostos a aumentar as quantidades procuradas. A inicial redução na procura vê-se contrabalançada por um aumento das quantidades, resultante da descida do preço. O equilíbrio económico poderia ser reposto com mais produção, mais emprego, mais rendimento.

A conclusão a tirar é só uma. Na ausência dos instrumentos monetário e cambial, tem de existir uma perfeita flexibilidade de salários e preços. Se existir rigidez na formação de salários e/ou de preços será impossível desencadear este mecanismo corrector. Concretizando um pouco mais, se o excesso de oferta no mercado de trabalho não conduzir a uma redução salarial porque os trabalhadores, as organizações que os representam ou a própria legislação o impedirem, então fica cortada esta via de equilíbrio.

O mesmo se pode dizer do mecanismo de formação de preços. Se as empresas, não obstante a redução de custos, pretenderem manter os preços tentando fazer subir os lucros, impedirão a correcção do desequilíbrio.

Há ainda uma segunda via, alternativa ou complementar, que faz apelo à mobilidade dos factores de produção.

2.1.2. Mobilidade de factores

Todas as economias estão num permanente processo de ajustamento da produção. Os recursos disponíveis em cada momento podem ser afectados e desafectados à produção de determinados bens. Antes de se ter generalizado o uso da electricidade as cidades e os seus habitantes eram iluminadas com gás. Hoje não há recursos económicos afectados à produção de gás de iluminação. Foram desviados para outros sectores, nomeadamente para a produção eléctrica. O mesmo se pode dizer de uma infinidade de produtos que foram no passado importantes produções e não têm hoje qualquer relevância.

Este processo da mobilidade de factores entre várias produções é mais fácil de ver em períodos longos mas existe também em períodos mais curtos. Há trinta anos não se aplicavam recursos na produção de computadores pessoais e do respectivo software. Em contrapartida existia uma importante indústria de máquinas de escrever, hoje quase desaparecida. O mesmo se dirá da produção de discos compactos ou de telemóveis, que só começou nos anos 80, e do importante sector ligado à Internet, que é dos anos 90.

Trata-se, pois, de um mecanismo essencial do ajustamento da economia e da produção a novas condições. Em termos mais gerais verifica-se que os recursos tendem a desviar-se do sector agrícola para o industrial e deste para o sector dos serviços.

Apliquemos a mobilidade de factores ao problema dos choques assimétricos.

A redução da procura de carvão que afecta o país C provoca uma diminuição da produção e do emprego. Para reequilibrar a economia podemos recorrer à transferência dos recursos que são agora excessivos. O capital e os trabalhadores em excesso serão afectados à produção de outros bens. Uma forma de o conseguir é a migração de capitais e trabalhadores para outras zonas ou países onde a produção requeira mais recursos. Se a redução da procura de carvão for acompanhada do aumento da procura de cobre, deslocam-se capitais e trabalhadores para essa produção da mesma forma que se transferiram do sector das máquinas de escrever para os computadores.

Repare-se que neste caso o equilíbrio da produção e do emprego no país C representa um seu empobrecimento permanente. Os recursos de que antes dispunha e utilizava vão agora gerar produção e rendimento para outro país.

O que seria, afinal, uma zona monetária óptima?

Se recordarmos os dois instrumentos de ajustamento acabados de referir pode concluir-se que uma das condições para o bom funcionamento de uma UM é a existência, em toda a zona da UM, de flexibilidade de preços e salários bem como mobilidade de factores.

É esta a resposta tradicional quando se indaga sobre os requisitos ideais para a constituição de uma união monetária. Se admitirmos tal resposta seremos forçados a concluir que é quase impossível justificar, por esta via, a formação de uniões monetárias. Na realidade preços e salários estão longe de ser perfeitamente flexíveis. A mobilidade de factores, particularmente do factor trabalho, cumpre ainda menos as condições exigidas.

Mas será isto o mais importante, ou não haverá outra via de abordagem?

2.2. Tipo e probabilidade de choques assimétricos

Basta olhar o exemplo apresentado para se perceber que o choque arbitrariamente introduzido foi, por um lado, sectorial – o sector do carvão – e, por outro lado, nacional – só o país C produzia carvão. Se os três países o produzissem continuava a existir um choque sectorial mas não dava origem a um choque assimétrico. Todos os países seriam, quando muito não uniformemente, afectados.

Também diferente seria a situação em que o sector da produção de carvão se estende por uma região que abrange mais do que um país. O choque continuava a ser sectorial mas não nacional. Nestes casos é indiferente que exista ou não uma política monetária e cambial autónoma de cada país, visto que elas seriam imprestáveis de qualquer maneira.

Mas os choques podem ainda assumir outras características.

A redução da procura de carvão tanto pode ser meramente passageira ou conjuntural como permanente ou estrutural. A forma de ajustamento também terá de ser diversa. Se for de tipo conjuntural a mobilidade de factores traria custos económicos desproporcionados. Pense-se no que seria a migração de capitais e de trabalhadores que pouco tempo depois voltariam a ser necessários quando se invertesse a situação conjuntural. A mobilidade de factores seria uma solução não eficiente.

Inversamente, num choque estrutural em que se verificava um declínio permanente na procura de carvão de pouco serviria a flexibilidade de preços, do mesmo modo que isso de pouco serve à indústria das máquinas de escrever. Neste caso exigia-se uma reafectação permanente de recursos.

Choques do tipo introduzido no exemplo só serão um problema específico da uma união monetária quando assumirem a dimensão de um choque nacional e conjuntural, i.e., que afecte significativamente toda uma economia. A razão de assim ser deriva da própria natureza das políticas monetária e cambial. Apenas podem ser usadas como instrumentos globais que influenciam o comportamento da economia no seu conjunto [1].

Uma condição para evitar choques assimétricos, relevantes para uma união monetária, seria então um elevado grau de diversidade produtiva nos países que a compõem. No nosso exemplo, o ideal seria que os três países produzissem carvão, cobre e alumínio. Quanto maior a especialização produtiva [2] de cada país mais facilmente um choque sectorial se transforma em choque nacional e assimétrico.

As situações assimétricas podem ainda surgir sem que exista um choque do mesmo tipo do exemplo que tem vindo a ser utilizado. Basta

---

[1] Veja-se, mais desenvolvidamente, LARANJEIRO 1998 e Ministério das Finanças 1998.

[2] O primeiro a enfatizar este aspecto foi KENEN 1969

que não exista uma sincronização do ciclo económico entre os países que integram uma UM. Se alguns deles estiverem em fase de expansão enquanto outros ainda se encontram em recessão, é claro que o problema se põe da mesma forma que anteriormente. A política monetária e cambial única não pode dar resposta a este tipo de assimetria.

Tudo depende, afinal, do tipo de choque e da probabilidade da sua existência.

Podemos agora indagar se a União Económica e Monetária Europeia é um risco inaceitável ou se, pelo contrário, há factores que tornam mais fácil a sua realização.

2.3. Choques assimétricos. Visão crítica

i) A temática dos choques assimétricos no interior de uma UM baseia-se, como vimos, numa análise de tipo alternativo.

Quando os países são monetariamente independentes podem usar as políticas monetária e cambial. Quando formam uma UM perdem esses instrumentos. É essa perda que representa um custo na gestão económica e que inviabiliza as respostas adequadas à situação.

Quando nos colocamos na perspectiva da integração monetária no âmbito da Comunidade Europeia não pode ignorar-se a realidade de onde se parte.

Ao confrontar um mecanismo de ajustamento por via cambial ou sem ele está-se a supor uma perfeita liberdade de escolha entre ambas as opções. Sucede, porém, que quando esta questão se coloca perante economias que estão, desde há muito, em processo de integração económica o caso muda de figura.

Os países membros da Comunidade Europeia nunca basearam os respectivos ajustamentos económicos na manipulação cambial.

Quando surge a CEE os mecanismos cambiais estavam condicionados pelos Acordos de Bretton Woods e pelo Acordo Monetário Europeu, ainda mais restritivo. Nessa época a manipulação cambial era entendida como um instrumento extremo a que muito excepcionalmente se recorria.

Com o colapso de Bretton Woods, a Comunidade imediatamente sentiu a necessidade de criar um novo esquema cambial que limitasse a amplitude das variações: as duas 'Serpentes'.

Amplas flutuações sempre foram entendidas como inimigas do próprio processo de integração, dificultando o comércio intracomunitário e o investimento directo. É por essa mesma razão que desde os anos 60 a formação de uma UEM aparece como uma constante nos objectivos da integração e enquanto não foi possível avançar nessa direcção tivemos o Sistema Monetário Europeu.

Os episódios, por vezes dramáticos, de alteração cambial foram fruto de um conjunto de circunstâncias que o prévio processo de convergência já eliminou. A turbulência cambial verificada até 1995 resultou, fundamentalmente, dos diferenciais nas taxas de inflação, hoje reduzidos a estreitas margens.

Resumindo, para países empenhados numa integração económica não pode pôr-se em pé de igualdade câmbios estáveis ou flexíveis já que estes tendem a destruir o objectivo fundamental. Daí que a opção do ajustamento cambial não estivesse em aberto, pelo menos nos termos requeridos para funcionarem eficazmente.

ii) Em segundo lugar tem de investigar-se se existem ou não condições para se verificarem choques assimétricos. Como bem se vê, esta é uma questão fundamental. Se pudermos afastar a existência de choques todo o problema desaparece.

A formação da UEM potencia ou reduz a existência de choques assimétricos?

Tal como no ponto imediatamente anterior, temos de ter em conta o já longo processo de integração económica. Os estudos apontam para uma progressiva homogeneização das economias comunitárias, tornando menos provável a verificação de choques assimétricos. Os ciclos económicos manifestaram igualmente a tendência para ser mais sincronizados eliminando uma outra fonte de assimetria.

E o que sucederá no futuro, i.e., a UEM vai acentuar ou inverter esta tendência?

Se aceitarmos a tese segundo a qual o processo de integração tende a gerar uma concentração de certas indústrias em zonas ou países específicos [1], então uma flutuação conjuntural da procura afectará alguns países mais do que outros. O choque será assimétrico. Assim sendo, estaremos confrontados com uma maior ameaça de assimetria ao mesmo tempo que despojados dos instrumentos que, em abstracto, com ela poderiam lidar: a taxa de câmbio e a política monetária específica.

---

[1] Veja-se AMARAL 1999 que alerta para o conhecido fenómeno da polarização geográfica da produção em que Portugal tem claras desvantagens.

Veja-se também o muito citado KRUGMAN 1993.

Cap. V – Teoria das Uniões Monetárias

A tese oposta considera que o processo conducente à integração monetária, especialmente na última fase, teve como consequência uma maior uniformidade das estruturas produtivas bem como uma maior sincronia ao longo dos ciclos económicos, tornando menos prováveis choques de tipo assimétrico [1]. Com este cenário fica afastada uma das dificuldades de funcionamento da UM.

Não podendo dar uma resposta cabal, aceita-se como boa a perspectiva segundo a qual a crescente integração comercial e sobretudo financeira, resultante da unificação monetária, tenderá a tornar menos prováveis os comportamentos assimétricos.

Não quer isto dizer que a possibilidade da verificação de choques assimétricos seja liminarmente afastada. Aponta, porém, para um quadro em que a sua existência assume bem menor relevo.

Tudo visto, pode dizer-se que a passagem para uma UM tem um carácter muito menos dramático do que a teoria tradicional das zonas monetárias óptimas parece concluir [2].

2.3.1. Instrumentos preventivos

A forma mais eficaz de evitar o surgimento de choques assimétricos é de tipo preventivo. Os mais importantes instrumentos para o funcionamento sem sobressaltos da UM são a política regional e as intervenções estruturais.

Como foi referido supra, a existência de diferentes zonas/países com diversos graus de produtividade é uma fonte de perturbação eventualmente geradora de excessivos movimentos de factores ou de declínio do rendimento.

Também sob o ponto de vista de um comportamento mais simétrico das economias é necessário colocar a ênfase nas intervenções estruturais. Como resulta dos seus objectivos, as intervenções levadas a cabo pelos fundos estruturais tendem a aproximar as condições de concorrência entre as várias regiões. A maior uniformidade dessas condições, que contraria

---

[1] Ver sobre estes pontos Ministério das Finanças 1998, 120 ss, e a literatura empírica aí citada. Ver igualmente a defesa desta tese nos estudos citados por DE GRAUWE 1997, 74 e TORRES 1997. Também na mesma linha VIEIRA 1999 e CAVACO SILVA 1999, 99. Mais recentemente um estudo publicado pela Direcção-Geral dos Assuntos Económicos e Financeiros aponta no mesmo sentido. Cf. HALLET 2000.

[2] Para uma análise mais alargada desta temática ver LARANJEIRO, 1998.

a tendência de polarização, será um factor que tornará cada uma das economias menos (assimetricamente) vulnerável a choques externos.

Um estudo recente analisou a distribuição regional do desemprego e o efeito dos choques assimétricos. O resultado mostra a importância dos factores regionais demonstrando que as regiões de menor produtividade são sistematicamente negativamente mais afectadas e – o que é ainda mais grave – de um modo permanente [1].

Uma economia integrada está também sujeita a choques de tipo interno, isto é, com origem no interior da zona. As decisões sobre a política económica num dos países têm, cada vez mais, efeitos nos restantes. Impõem-se, então, formas acrescidas de coordenação das políticas económicas de modo a evitar consequências eventualmente nefastas nos parceiros da economia integrada [2].

2.3.2. Maior eficácia dos mecanismos de ajustamento

Nada do que foi dito deverá servir para afastar a possibilidade de choques assimétricos e fazer esquecer os mecanismos básicos de ajustamento de que se começou por falar.

A flexibilidade de salários e preços é um elemento de grande importância.

Em situações de recessão é muitas vezes necessário reduzir os salários reais. Pode conseguir-se esse objectivo através de actualizações nominais inferiores à inflação. Quando esta se situa a níveis muito baixos aquele expediente pode tornar-se impossível visto o ajustamento salarial poder ter de passar por reduções salariais absolutas. A maior dificuldade de o conseguir impõe uma estratégia minimamente consensual na formação dos salários.

Na Europa os salários são bastante sensíveis a variações de preços e menos a variações na taxa de desemprego. Em Portugal os estudos apontam para uma relativamente grande flexibilidade salarial tanto perante as variações de preços como da taxa de desemprego [3].

A questão é saber se essa flexibilidade se mantém perante um clima de contínua baixa inflação.

---

[1] Cf. PENCH 2000.
[2] No capítulo seguinte vamos encontrar desenvolvimentos concretos desta ideia.
[3] Veja-se OCDE, 1996; e OCDE, 1998.

O que se exige é um esquema de negociações salariais que seja entendido pelas partes como 'justo' [1]. A aceitação, por parte dos trabalhadores, da manutenção ou redução de salários nos períodos recessivos, deve ter como contrapartida uma subida salarial compatível com os ganhos de produtividade nas fases de crescimento. Não há países ricos com trabalhadores pobres. O aumento da riqueza – não apenas por razões de justiça social mas económicas – deve repartir-se por todos os sectores sociais. Um entendimento deste tipo permitirá a necessária flexibilidade para o ajustamento económico.

Isto é tanto mais importante quanto a sensibilidade salarial perante a taxa de desemprego é um pau de dois bicos. Funciona bem em períodos de desinflação e elevado desemprego, quando o que se pretende é uma baixa variação salarial. Já não assim se estivermos num período de baixo desemprego que se pretende manter com um crescimento sustentado a longo prazo. A flexibilidade exige, neste caso, que ao baixo desemprego corresponda uma subida salarial.

Além disso, deve ter-se presente que o Tratado inviabiliza o aumento da flexibilidade do mercado de trabalho pela via da redução dos salários reais e dos benefícios sociais, como muitas vezes se propõe. O artigo 2.º estipula como missão da Comunidade "... promover ... um elevado nível de emprego e de protecção social ... ". Seria violador dos princípios que enformam a Comunidade Europeia adoptar uma solução de 'tipo americano' em que a redução do desemprego tem a sua contrapartida numa mais baixa protecção social e numa redução sistemática dos salários reais dos trabalhadores menos qualificados.

A estratégia consensual será especialmente eficaz se levada a cabo por um processo de negociação centralizado, como em regra sucede em Portugal [2]. A fixação de normas salariais gerais tem a desvantagem de prejudicar empresas com mais baixa produtividade. Porém, a sua eventual eliminação, resultado normal do processo concorrencial, é contrabalançado pelos ganhos obtidos pelas mais dinâmicas. Estas últimas obtêm rendas

---

[1] Foi Alfred Marshall que no artigo "A fair rate of wages" de 1925 pela primeira vez realçou a importância económica dos trabalhadores entenderem a sua remuneração como justa. O tema tem vindo a ser discutidos desde então e foi particularmente aproveitado por Robert Solow na sua caracterização do mercado de trabalho. Ver SOLOW 1990.

[2] O mesmo não será defensável ao nível comunitário em que são muito marcadas as diferenças de produtividade.

resultantes da sua capacidade de inovação. No seu conjunto o tecido produtivo melhora o desempenho.

A mesma lógica fundamental aplica-se à formação dos preços. Se não forem suficientemente flexíveis torna-se muito mais difícil combater uma situação assimétrica. O problema poderá até ser agravado com a crescente integração das economias.

É verdade que a concorrência em todo o espaço monetário unificado tende a ser maior e, por essa via, a reduzir a rigidez dos preços. Mas, por outro lado, esses mesmos preços tendem a uniformizar-se e a ser menos sensíveis às situações nacionais ou regionais. Daí que um país, ao sofrer um choque assimétrico, possa não ver reflectidas nos preços as condições económicas existentes. Por exemplo, a redução salarial imposta aos trabalhadores poderá não expressar-se em redução de preços.

Um outro tópico – dos que mais se fala e continuará a falar – é a eventual necessidade de transferências conjunturais de rendimento entre zonas/países da UM sempre que se verifique um choque assimétrico. O que muitos entendem essencial é a criação de um mecanismo que atribua ao orçamento comunitário um papel redistributivo e estabilizador semelhante aos orçamentos nacionais.

No Capítulo IX far-se-á uma apreciação deste problema.

CAPÍTULO VI

DO ACTO ÚNICO A MAASTRICHT

1. NOVO INTERESSE PELAS QUESTÕES MONETÁRIAS

A partir de 1987/88 foi reconhecido que a construção do mercado único – objectivo central da revisão dos Tratados em 1986 – impunha por si própria um movimento no sentido de uma maior integração económica e monetária. Para além disso, foi também considerada a necessidade de um novo salto qualitativo no processo da integração.

Com o relançamento da liberalização dos movimentos de capitais e perante o então grande objectivo do mercado interno, a realizar no fim de 1992, as questões monetárias passaram a estar na primeira linha das preocupações comunitárias.

No início de 1988 o então Ministro das finanças francês E. Balladour pronunciou-se favoravelmente pela constituição de um Banco Central no que veio a ser apoiado pelo ministro alemão dos negócios estrangeiros H.D.Genscher e mais tarde por responsáveis do *Bundesbank*[1]. A oposição a estes novos avanços veio sobretudo da, na altura, primeira ministra britânica M.Thatcher.

Não obstante aquela oposição, a Comunidade avançou decididamente numa via de maior integração.

---

[1] A reacção inicial do *Bundesbank* foi muito negativa. Para um relato mais circunstanciado deste processo veja-se GROS, 1999.

Ao contrário do que se defende infra no ponto 3, Daniel Gros desvaloriza a dimensão política na criação da UEM.

2. DECISÕES INSTITUCIONAIS

2.1. O Conselho Europeu de Hanôver

É neste contexto que volta a estar na ordem do dia o problema da União Económica e Monetária. Em 27 e 28 de Junho de 1988 o Conselho Europeu, reunido em Hanôver, encarregou um comité, presidido por Jacques Delors [1], de elaborar um relatório de estudos e propostas para as etapas a seguir com vista à realização de uma união monetária europeia. Novamente funcionou o 'eixo Paris-Bona' – agora pela voz de F. Miterand e Helmut Khol – para dar um impulso decisivo à integração monetária.

O Relatório Delors, resultante daquele grupo de trabalho, veio a ser presente ao Conselho Europeu seguinte.

2.2. O Conselho Europeu de Madrid

No Conselho de Madrid, em Junho de 1989, e na reunião informal de Antibes, de Setembro de 1989, foi estabelecido um acordo de princípio que deu luz verde para o avanço da União, começando por realizar uma política monetária mais coordenada a partir de Julho de 1990, data em que se fixou o início da primeira fase da UEM.

Permaneciam, no entanto, muitas indecisões quanto às fases seguintes e ao seu calendário, em especial pela continuada oposição das autoridades britânicas.

O Relatório Delors, então aprovado, previa a necessidade de revisão profunda dos Tratados para que a UEM pudesse avançar.

2.3. O Conselho Europeu de Estrasburgo

Foi em Dezembro de 1989 que o Conselho Europeu de Estrasburgo apontou para finais de 1990 a data de início do processo da alteração dos Tratados (Conferência Intergovernamental sobre a União Económica e Monetária).

---

[1] Que também nessa data foi reconduzido no cargo de presidente da Comissão.

2.4. O Conselho Europeu de Dublin

O Conselho Europeu de Dublin realizado a 25-26 de Junho de 1990 aprovou, finalmente, por unanimidade, a data de 13 de Dezembro de 1990 para o início das Conferências Intergovernamentais.

2.5. O Conselho Europeu de Roma

O Conselho de Roma, de Outubro de 1990, apreciou e definiu as grandes linhas a que deveria obedecer a realização das Conferências. No que respeita à UEM, a decisão mais importante diz respeito à marcação da data de início da 2.ª fase, prevista no Relatório Delors. Embora a Comissão tivesse proposto 1 de Janeiro de 1993, o Conselho acabou por aprovar o adiamento por um ano. Assim, o início da 2.ª fase ficou marcado para Janeiro de 1994.

A Conferência Intergovernamental sobre a UEM veio efectivamente a realizar a sua sessão de abertura em 13 de Dezembro de 1990 na cidade de Roma.

3. OS ASPECTOS POLÍTICOS

Antes de analisarmos as importantes decisões tomadas nos Conselhos seguintes, será conveniente enquadrar o ambiente político da altura.

Para além dos sucessos entretanto conseguidos no campo da integração estritamente económica, não podem ignorar-se os problemas políticos de fundo que condicionaram todo o processo da integração. Quer dizer, a unificação monetária estava, e está, dependente dos objectivos políticos finais em que os Estados-membros acordarem.

Ora é justamente aqui que, nos finais da década de 80, se centrava o debate sobre a União Económica e Monetária.

Os acontecimentos no leste europeu, a partir de Agosto de 1989, vieram reabrir velhas querelas no seio do continente e recolocar em novos moldes a discussão política. O futuro da Comunidade ficou dependente, em larga medida, do modo como evoluiu essa discussão.

Logo após a queda do muro de Berlim começaram a desenhar-se cenários sobre o futuro da Europa. Um dos cenários baseava-se na existência de uma Alemanha unificada, política e economicamente hegemónica no centro e leste da Europa. Neste quadro, as tensões iriam no sentido de uma menor força integradora e no abandono inevitável do objectivo da União Monetária.

Uma outra hipótese, adoptada pelo presidente Delors – com apoio da própria Administração americana de G.Bush – ia no sentido de um reforço da coesão comunitária, que passaria pelas questões monetárias como elemento dinamizador, tornando uma Comunidade mais forte no grande polo de atracção de todo o continente. Como se podia ler nas Conclusões da Presidência do Conselho de Roma de Dezembro de 1990 estava em causa 'definir as etapas do processo de transformação da Comunidade numa união política concebida como polo de estabilidade na Europa'.

No seu discurso ao Parlamento Europeu em Janeiro de 1990, Delors afastou a possibilidade de imediatas novas adesões mas abriu desde logo as portas à integração da RDA [1], removendo quaisquer eventuais obstáculos comunitários à unificação alemã. Ao mesmo tempo pretendia aumentar de imediato o poder decisório da Comissão, tornando-a num verdadeiro órgão executivo com poder deliberatório autónomo.

No próprio Reino Unido, onde o governo Thatcher tinha repetidas vezes declarado a sua desconfiança na integração económica em geral e na monetária, em particular, ouviam-se já inúmeras vozes discordantes. Num relatório apresentado à Câmara dos Lordes podia ler-se:

"A união monetária é entendida em França, Itália, Holanda, Bélgica, Dinamarca e Luxemburgo como o meio ideal de amarrar definitivamente a Alemanha ao sistema europeu ocidental. A elite política da Alemanha, Socialistas, Liberais e Cristãos Democratas vêm igualmente uma única moeda europeia como o melhor meio de se defenderem dos cantos de sereia da Direita, que agora ressurge, e da ilusão de uma alternativa económica e política, na Europa central, à CEE.(...) Nós subestimamos este perigo."

Eis uma outra declaração significativa de Michael Heseltin, publicada em 1990 antes da reunificação alemã:

---

[1] Nesta altura a RDA continuava a existir como Estado autónomo e independente. Em Março de 1990 estava ainda a negociar-se um acordo de cooperação comercial com a RDA que veio a ser assinado em Maio. Às zero horas de 3 de Outubro de 1990 teve lugar a reunificação alemã, juridicamente efectuada com a integração dos cinco Länder que antes formavam a RDA.

Cap. VI – Do Acto Único a Maastricht 181

"Se o sistema comunitário actual se desintegrar e uma Alemanha reunificada se tornar no 'Japão da Europa', não haverá nenhuma solução confortável para uma Grã-Bretanha insular."

As questões europeias tiveram, como se sabe, grandes repercussões políticas no Reino Unido e em especial no seio do governo conservador. Foram as diferentes posições perante a integração europeia, nomeadamente a integração monetária, que estiveram na origem das demissões do então Chanceler do Tesouro N. Lawson e do Ministro dos Negócios Estrangeiros G.Howe [1]. E foi ainda – mesmo que em parte – a posição adoptada por M.Thatcher no Conselho de Roma que levou M. Heseltin a disputar a liderança do partido conservador em finais de Novembro de 1990 e que provocou a demissão da primeira-ministra britânica em 22/11/1990.

Na própria Alemanha o Chanceler H. Khol deu claramente a entender que reconhecia os receios dos seus parceiros europeus perante a reunificação alemã [2]. Ainda não estão esquecidos os efeitos devastadores provocados pelos alemães, enquanto grande potência da Europa central. Basta relembrar a Guerra Franco-prussiana e as duas Guerras Mundiais. A tendência histórica para os alemães se tornarem hegemónicos em relação à parte leste do continente funcionava contra a lógica da integração e o ambiente de colaboração – em particular entre a França e a Alemanha – que havia permitido um clima de paz e cooperação após a II Guerra. Daí que fosse necessário um sinal claro de que a Alemanha continuava empenhada na integração europeia e que não pretendia destacar-se, novamente, como "alternativa económica e política, na Europa central, à CEE".

O futuro da União Económica e Monetária ficou, deste modo e mais do que nunca, indissociavelmente ligado ao quadro político geral da Europa.

Como afirmava a Comissão, numa Comunicação sobre a UEM de Setembro de 1990, "para que a União Económica e Monetária seja plenamente eficaz é necessário um salto qualitativo no plano institucional, que aproximará consideravelmente a Comunidade da União Política".

---

[1] Sobre as posições defendidas pelo Chanceler do Tesouro e M. Thatcher pode ver-se CORDON 1994, p. 117 e Apêndice 7.2.

[2] Veja-se CAVACO SILVA 1999, 13, onde, num testemunho obviamente em primeira mão, se pode ler: "O antigo chanceler alemão Helmut Kohl chegou a afirmar que a realização da união monetária europeia era uma questão de guerra e paz, o que dá uma ideia da relevância política do projecto."

Assim se compreende que, ao mesmo tempo que se tomaram as principais decisões no sentido de avançar com a UEM, a Comunidade tenha sentido a necessidade de proceder a um reforço de integração noutras áreas. É o caso da definição de políticas comuns nos domínios da defesa, das relações externas, do ambiente, das liberdades fundamentais, etc. A convocação de uma segunda Conferência, agora sobre União Política, e que decorreu paralelamente à Conferência sobre a UEM, pretendeu, justamente, encontrar as respostas para uma nova Comunidade eventualmente com poderes reforçados e apontando para uma futura orgânica confederal.

A transferência de poderes soberanos – até então apenas detidos pelas autoridades nacionais – que a UEM iria impor, só seria aceitável se os Estados-membros estivessem empenhados num processo de progressiva integração, a todos os níveis. Se assim não fosse – como paradigmaticamente era o caso do Reino Unido – muito dificilmente se poderia concordar com limitações importantes da soberania nacional.

4. O RELATÓRIO DELORS

O objectivo final da integração monetária europeia, tal como definido no Relatório Delors, era a criação de uma verdadeira União Económica e Monetária. Recordando o Conselho Europeu de Haia (1969), o Relatório Werner (1970) e a criação do SME (1979), o Relatório Delors deixa bem claro que a UEM implica a existência de uma total liberdade de circulação de pessoas, bens, serviços e capitais, a fixação irrevogável de taxas de câmbio e finalmente uma moeda única.

No que respeita à União Monetária, são novamente invocados os princípios do Relatório Werner e a necessidade de dar o passo fundamental: a fixação irrevogável das taxas de câmbio e a adopção de uma moeda única. Este passo implicava necessariamente a criação de um Sistema Europeu de Bancos Centrais, independente das autoridades nacionais e comunitárias, a quem passaria a incumbir a direcção de uma política monetária única, incluindo as decisões sobre a oferta de moeda, o crédito e as taxas de juro.

A União Económica foi sintetizada em 4 pontos essenciais:

– mercado único de circulação livre para pessoas, mercadorias, serviços e capitais;

Cap. VI – Do Acto Único a Maastricht

- uma política de concorrência que reforce os mecanismos de mercado;
- políticas comuns que promovam alterações estruturais e o desenvolvimento regional;
- coordenação das políticas macroeconómicas incluindo regras vinculativas para as políticas orçamentais.

Tal como estava já implícito no Acto Único, este novo quadro impunha a revisão do Tratado e a alteração das legislações nacionais.

As modificações institucionais deveriam contemplar, nomeadamente, os domínios em que o poder decisório passaria do nível nacional para o comunitário, tendo em atenção o princípio da subsidiariedade.

No que se refere às etapas a serem percorridas até à total realização da UEM, o Relatório Delors propunha um esquema de 3 fases. Embora o Relatório não apresentasse um calendário fixo para a sua execução, foi marcada, como vimos, a data de 1 de Julho de 1990 para o início da primeira fase, por ser nessa altura que entrou em vigor a Directiva que liberalizou por completo os movimentos de capitais [1].

Durante esta 1.ª fase deveria ser reforçada a coordenação das políticas nacionais. Neste sentido, foi proposta a revisão das disposições comunitárias relativas à convergência económica e ao papel do Comité de Governadores dos Bancos Centrais [2].

Ainda durante esta fase devia dar-se início ao processo de alteração do Tratado. Entendia-se ainda como muito importante a integração de todas as moedas comunitárias no mecanismo cambial do SME.

A segunda fase, com início em 1 de Janeiro de 1994, como vimos, seria marcada pela entrada em vigor do texto, já revisto, do Tratado e pelas novas instituições comunitárias. Dar-se-ia assim início ao processo de decisão comum e central que gradualmente se instalaria.

A fase final supunha a fixação irrevogável de taxas de câmbio e a passagem das competências em matéria monetária para a esfera comunitária. O Conselho de Ministros e o Parlamento Europeu passariam a ter poderes de impor restrições aos orçamentos nacionais, proceder a alterações nos recursos comunitários e modificar as actuais políticas estruturais.

---

[1] Ver Capítulo IV.
[2] Ver infra.

As várias moedas deveriam nessa altura ser substituídas por uma moeda única, o ecu – posteriormente redenominado euro.

4.1. Desenvolvimentos do Relatório Delors

4.1.1. Alteração de Decisões em vigor

4.1.1.1. A Decisão 90/141 de 12/3

No seguimento dos princípios que foram definidos no Relatório Delors para a 1ª fase da UEM, o Conselho adoptou em 12/3/1990 a Decisão 90/141 que visava uma progressiva convergência das políticas e resultados económicos e que revogou a Decisão 74/121 [1].

Esta nova Decisão definiu os termos em que se passou a processar a supervisão multilateral das economias e das políticas económicas, até 1994. Duas vezes por ano o Conselho examinava as políticas económicas de cada Estado-membro e a sua compatibilidade com o conjunto comunitário e analisava o contexto económico externo, tanto a curto como médio prazo.

A supervisão multilateral deveria conduzir à aceitação de compromissos específicos, por parte dos Estados-membros, no domínio da política económica. A supervisão realizava-se com base em relatórios e análises que incluíam indicadores dos resultados económicos. Foi dado especial destaque ao exame das políticas orçamentais. Quando o comportamento económico de um Estado-membro constituía um risco para a estabilidade ou a coesão da Comunidade, podiam ser emitidas recomendações visando a correcção da política económica seguida.

Este novo esquema, em vigor desde 1990, previa ainda que os governos chamassem a atenção dos respectivos parlamentos para os resultados da supervisão multilateral de forma a estes serem tidos em conta aquando da elaboração das políticas orçamentais.

Como facilmente se vê, este documento constituiu um primeiro passo no sentido da progressiva centralização do processo de definição das linhas essenciais da política económica.

---

[1] Ver supra Cap. II, ponto 3.7.

4.1.1.2. A Decisão 90/142

Na mesma data o Conselho procedeu à alteração da Decisão 64/300 relativa à colaboração entre os bancos centrais.

A Decisão 90/142 previa, na sua parte mais importante, que o Comité de Governadores devia proceder a consultas junto dos bancos centrais dos Estados-membros sobre as grandes linhas da política monetária. No âmbito da troca regular de informações, o Comité devia ser consultado, antes da tomada de decisões pelas autoridades nacionais, sobre a orientação da política monetária. Genericamente, cabia ao Comité promover a coordenação das políticas monetárias podendo para tal dirigir pareceres aos governos dos Estados-membros ou ao Conselho.

Tal como no diploma anteriormente analisado, também neste se detecta, como principal linha de força, o intento de dar maior capacidade de intervenção aos organismos então existentes, com o objectivo de progressivamente ser preparada a futura transferência de competências do domínio nacional para o comunitário.

5. A CONFERÊNCIA INTERGOVERNAMENTAL SOBRE A UEM

A Conferência sobre a UEM decorreu durante o ano de 1991. As propostas apresentadas para as alterações ao Tratado CEE, seguiram, basicamente, o que havia sido recomendado no Relatório Delors.

O projecto final de revisão do Tratado foi apresentado pela presidência holandesa e objecto de inúmeras alterações.

O acordo final acabou por ser rubricado em Maastricht em Dezembro de 1991, e assinado, na mesma cidade, em Fevereiro de 1992.

CAPÍTULO VII

O PROCESSO DE CONSTRUÇÃO DA UEM

Em Maastricht foram aprovados, como vimos, os termos em que se realizaria a UEM.

Mantendo no fundamental as propostas vindas do Relatório Delors, e discutidas durante a Conferência sobre a UEM, o Conselho Europeu de Maastricht deu corpo ao Tratado da União Europeia(TUE). A sua entrada em vigor, que estava prevista para 1 de Janeiro de 1993, supunha, porém, a prévia ratificação pelos Estados-membros, segundo as respectivas normas constitucionais [1]. O atraso verificado nesse processo levou a que a entrada em vigor só se concretizasse a 1 de Novembro de 1993.

Esse Tratado alterou substancialmente o Tratado de Roma [2] introduzindo todo o dispositivo legal que presidiu à construção da UEM.

A construção da UEM, tal como previsto no texto do Tratado de Roma, tornou-se num objectivo central para os Estados-membros, enunciado logo no artigo 4.º (ex 3.º-A) [3]. Na sua sequência foi prevista, no artigo 7.º (ex 4.º), a constituição de uma nova entidade comunitária,

---

[1] Cf. artigo 52.º (ex. R) do Tratado da União Europeia (TUE).
A recusa de ratificação por parte da Dinamarca, em resultado do 1.º referendo aí realizado, impediu a sua entrada em vigor na data prevista. O 2.º referendo dinamarquês desbloqueou a situação abrindo igualmente as portas à ratificação britânica.

[2] O Tratado da União Europeia alterou igualmente os Tratados CECA e EURATOM, e instituiu uma política de segurança comum e de cooperação no domínio da justiça.

[3] As referências aos artigos do Tratado CE são feitas indicando a actual numeração, introduzida pelo Tratado de Amesterdão, e o número da versão então em vigor, resultante do Tratado da União.

o Sistema Europeu de Bancos Centrais (SEBC) que integra o também novo Banco Central Europeu (BCE)¹.

O processo para a construção da UEM foi pormenorizadamente regulamentado, sendo efectivado em três fases, nos termos que passam a analisar-se.

1. 1.ª FASE, ATÉ DEZEMBRO DE 1993

A 1.ª fase da UEM teve início antes da assinatura do Tratado da União e resultou da aprovação do Relatório Delors². Foi essencialmente constituída por um conjunto de medidas de carácter preparatório. No entanto, tal não significa que tenha sido de menor importância. Bem pelo contrário, foi durante ela que os Estados-membros da CE tiveram de efectuar um conjunto de ajustamentos – tanto na política económica como na monetária – a maioria dos quais devia estar concluído aquando do início da 2.ª fase.

1.1. Política económica

Embora integrados numa UEM, os países participantes não têm de prosseguir uma mesma política económica. Facilmente se compreende que a diversidade de situações nacionais implique uma diversa articulação ou hierarquização dos objectivos da política económica.

Em países com níveis de desemprego particularmente elevados é natural que as acções das autoridades privilegiem o objectivo emprego. Poderão, por isso, tentar actuar sobre o funcionamento dos mercados de trabalho, sobre a formação profissional, as políticas de rendimentos, etc. Do mesmo modo, países com deficiências marcadas em infraestruturas terão tendência a dar especial importância à superação dessa desvantagem canalizando fundos públicos e privados para redes de transportes, para a educação ou para a saúde³.

---

¹ Como infra se verá com mais pormenor, o BCE é o responsável pela política monetária em toda a zona da moeda única tendo funções semelhantes às antes desempenhadas pelos bancos centrais nacionais relativamente às respectivas áreas monetárias.

² Como vimos supra o início da primeira fase teve lugar no quadro jurídico então existente, ou seja antes da revisão do Tratado.

³ A título de exemplo veja-se o que sucede em Portugal relativamente às despesas com a protecção social.

A autonomia das políticas económicas nacionais mantém-se na medida em que não foi criada qualquer instituição comunitária com funções de direcção, em sentido estrito, neste domínio – ao contrário do que sucede no domínio monetário. Formalmente cada Estado-membro mantém a soberania na elaboração e execução da política económica.

É da competência nacional, nomeadamente, a definição da política fiscal, ou a distribuição das despesas orçamentais entre as várias rubricas.

Mesmo numa UEM totalmente realizada é tecnicamente possível manter políticas orçamentais independentes ao mesmo tempo que existe perfeita liberdade de circulação de capitais e taxas de câmbio fixas – ou uma mesma moeda – mantidas pela política monetária comum [1].

Aliás a política orçamental passa a ter um papel ainda mais importante na estabilização de choques específicos de um país. Perdido o instrumento da taxa de câmbio e sem o registo da balança de pagamentos, é à política orçamental que cabe actuar em caso de necessidade de correcção de desequilíbrios.

A autonomia referida, das políticas orçamentais e fiscais, é mesmo essencial para uma gestão correcta das várias economias participantes. Um aumento da procura registado num país – resultante, por exemplo, de um súbito aumento do consumo e redução da poupança – não pode ser contrabalançado pela política monetária, que é gerida tendo em conta a união no seu conjunto. As acções de correcção têm, por isso, de ser de tipo nacional ou local. Caberia em particular à política fiscal corrigir o desequilíbrio de modo a ser evitada uma subida de preços interna com reflexos negativos sobre a competitividade [2]. No entanto, como veremos ao abordar as 2.ª e 3.ª fases, embora se mantenha uma larga autonomia neste domínio, não pode admitir-se a existência de défices públicos explosivos.

Segundo dados do EUROSTAT relativos a 1996, Portugal era o país comunitário com menos gastos por habitante em pensões de reforma, subsídios de desemprego, saúde, apoio a deficientes, abono de família, etc.

Em paridade de poder de compra, o valor para a UE15 era de 5.120 e o de Portugal 2.533. O país com gastos mais elevados era o Luxemburgo com 8.297 e o mais perto de nós a Grécia com 2.695.

Cf. EUROSTAT, Press Realease n.º 499 de 3 de Maio de 1998.

[1] Esta questão foi debatida muito antes do processo da UEM ter arrancado. Ver RELATÓRIO SCHIOPPA 1987, 172 e ONE MARKET 1990, 102 e 162.

[2] Recorde-se o que foi dito supra no capítulo V.

Não obstante a autonomia nacional na elaboração das políticas económicas, cada uma delas tem de ser compatível com os objectivos gerais da União.

Neste sentido, logo durante a primeira fase, a política económica passou a ser entendida por cada Estado-membro como "matéria de interesse comum" e objecto de coordenação no âmbito do Conselho [1].
Nos termos do artigo 99.º (ex 103.º), tal coordenação foi, e continua a ser, efectivada segundo o procedimento seguinte:

i) O Conselho elabora e aprova, por maioria qualificada, um projecto de orientações económicas para a Comunidade, que os Estados deverão ter em conta;
ii) O Conselho Europeu deverá aprovar aquele projecto ficando assim definidas as linhas de orientação gerais da política económica comunitária [2];
iii) O Conselho acompanha a evolução económica em cada um dos Estados-membros, que deverão enviar as informações consideradas pertinentes.
Os Estados-membros comprometeram-se a caminhar no sentido da total realização da UEM desde a 1.ª fase. Por isso, já nessa altura, sempre que necessário, os Estados adoptaram programas plurianuais assegurando o cumprimento dos objectivos em termos de inflação, taxas de juro e défices orçamentais [3];
iv) Deliberando por maioria qualificada, o Conselho poderá dirigir recomendações aos Estados-membros e, eventualmente, como medida de pressão em caso de incumprimento, torná-las públicas.

Como se vê, embora as autoridades nacionais continuem a ser responsáveis pela elaboração e execução das respectivas políticas económicas, as grandes linhas de orientação cabem agora ao Conselho Europeu e a supervisão multilateral é feita pelo Conselho da CE [4].

---

[1] Não se esqueça que antes mesmo da entrada em vigor do TUE a coordenação das políticas económicas era feita nos termos da Decisão 90/141, supra referida no Capítulo VI.

[2] As primeiras orientações gerais aprovadas na vigência no artigo 99.º (ex 103.º) do Tratado foram emitidas pelo Conselho Europeu de Bruxelas reunido a 10-11 de Dezembro de 1993.

[3] Ver infra.

[4] Este esquema não diferia muito do processo em vigor desde 1990.

1.2. Política monetária

Como vimos, para a realização de uma união monetária é essencial que exista, entre os países que a compõem, uma perfeita liberdade de circulação de capitais. Nesse sentido se compreende que o Tratado estipule expressamente sobre tal matéria.

Antes da entrada em vigor das novas disposições [1] os Estados--membros tiveram de assegurar a plena liberdade de circulação de capitais, executando as disposições da Directiva, então ainda em vigor [2], de modo a estarem aptos, em 1 de Janeiro de 1994, a respeitar as disposições do Tratado constantes dos artigos 56.º (ex 73.º-B) a 60.º (ex 73.º-F).

Os Estados-membros passaram a submeter ao Conselho programas plurianuais onde se comprometiam a tomar medidas que assegurassem não só a convergência económica, como vimos, mas também a monetária e, muito em especial, a estabilidade dos preços.

As políticas monetárias continuaram a ser coordenadas e supervisionadas pelo Comité de Governadores dos Bancos Centrais.

No que respeita à política cambial, não era obrigatório [3] que todas as moedas dos países comunitários fizessem parte do sistema cambial do SME.

Além disso, todos os Estados-membros tiveram de tomar as medidas apropriadas a fim de se prepararem para as proibições de concessão de crédito ao Estado por parte dos bancos centrais e de acesso privilegiado ao crédito por parte das entidades estatais [4].

2. A 2.ª FASE E O PROCESSO DE CONVERGÊNCIA (1.1.1994 a 31.12.1998)

2.1. Política económica

A partir de Janeiro de 1994 entraram em vigor um conjunto de artigos que passaram a condicionar as políticas económicas dos Estados-membros [5].

---

[1] Cf. n.º 2-a) do artigo 116.º (ex 109.º-E).
[2] 4.ª Directiva.
[3] Ao contrário do que havia sido proposto no Relatório Delors.
[4] Cf. artigos 101.º e 102.º (ex 104.º e 104.º-a).
[5] O faseamento da entrada em vigor de várias disposições consta do artigo 116.º (ex 109.º-E).

Nos termos do artigo 101.º (ex 104.º), desde aquela data que os bancos centrais nacionais ficaram proibidos de conceder crédito a descoberto aos Estados ou outras entidades públicas assim como às instituições comunitárias. Os Estados deixaram de poder financiar-se junto dos respectivos bancos centrais como até aí ainda sucedia com alguns deles.

No mesmo sentido, o artigo 102.º (ex 104.º-A) veio proibir o acesso privilegiado às instituições financeiras por parte dos Estados ou das instituições comunitárias.

O financiamento público passou a ser feito com recurso aos mercados de capitais em pé de igualdade com qualquer outro agente económico.

Por outro lado ficou claro, nos termos do n.º 1 do artigo 103.º (ex 104.º-B) que a Comunidade não seria responsável por quaisquer compromissos assumidos pelos Estados-membros sendo aqueles da sua inteira responsabilidade.

As políticas orçamentais ficaram, assim, condicionadas por este enquadramento e sem possibilidade de ser directamente monetarizada a dívida que viesse a ser emitida.

A segunda grande alteração que ocorreu no início da 2.ª fase resultou da aplicação do artigo 104.º (ex 104.º-C)[1] relativo ao acompanhamento das situações orçamentais.

A Comissão passou a avaliar o défice orçamental e o montante da dívida pública de cada país comunitário tendo por base os valores de referência, fixados em Protocolo anexo ao Tratado[2].

Esses foram fixados em 3% do PIB para o défice orçamental[3] e 60% do PIB para a dívida pública.

---

[1] Com excepção do n.º 1, que impõe a obrigação de não incorrer em défices excessivos; do n.º 9, que estipula a emissão de notificações para que sejam tomadas medidas de correcção do défice; do n.º 11 que impõe sanções em caso de défice excessivo; e do n.º 14 que veio a ser executado através do Pacto de Estabilidade e Crescimento. Estes números do artigo 104.º (ex 104.º-C) só entraram em vigor a partir de 1 de Janeiro de 1999.

Quer isto dizer que durante a 2.ª fase não era obrigatório cumprir a exigência referida no n.º 1. No entanto, só o seu cumprimento daria acesso à fase seguinte. Como se verá infra, a situação alterou-se substancialmente após a 3.ª fase.

[2] Cf. o n.º 2 do artigo 104.º (ex 104.º-C).

[3] Para a Comunidade é considerado défice público o montante líquido dos empréstimos contraídos, i.e., a totalidade dos empréstimos menos os reembolsos. Em termos de uma definição clássica de equilíbrio orçamental, está subjacente o conceito de equilíbrio receitas-despesas efectivas. Haverá défice sempre que se recorra a empréstimos, mesmo que para financiar despesas de investimento.

Após uma avaliação casuística – tendo em conta a tendência manifestada pelos défices e a importância relativa das despesas de investimento – a Comissão elabora um relatório sempre que considere que o Estado em causa esteja a incorrer em "défice excessivo". Nesse caso, é enviado um parecer ao Conselho que, deliberando por maioria qualificada, decide da existência ou não de uma situação de "défice excessivo"[1]. Em caso afirmativo, o Conselho pode dirigir recomendações ao Estado em causa. Se não forem cumpridas as recomendações emitidas, o Conselho, como forma de pressão, pode decidir, por maioria de 2/3, torná-las públicas[2].

2.2. Política monetária

Como se fez notar no Cap. IV, os movimentos de capitais condicionam fortemente a política monetária. Se não houver restrições à circulação de capitais as variáveis monetárias acabam por ser determinadas externamente.

A partir de 1 de Janeiro de 1994 os movimentos de capitais deixaram de ser regulamentados pelos então artigos 63.º a 73.º do Tratado e pela 4.ª Directiva. Essa matéria passou a ficar sujeita ao estatuído nos artigos 56.º a 60.º (ex 73.º-B a 73.º-G) do Tratado[3].

Neles se prevê a liberalização genérica de todos os movimentos de capitais, tanto entre Estados-membros como nas relações com países terceiros.

Contrariamente à Directiva antes em vigor, as eventuais restrições aos movimentos de capitais só podem ser aplicadas relativamente a países terceiros – com duração limitada a seis meses – e em caso algum entre Estados-membros.

---

[1] A regulamentação do procedimento relativo aos défices excessivos foi feita pelo Regulamento (CE) n.º 3605/93 de 22-11 (JOL 332 de 31.12.93, p. 7). Ver LARANJEIRO 1999c, 151. Posteriormente o Regulamento (CE) n.º 475/2000 de 28/2/2000, JOL n.º 58 de 3/3/2000, adaptou-o ao 'SEC 95'.
As primeiras decisões relativas à existência de "défice excessivo" foram adoptadas pelo Conselho em Setembro de 1994.

[2] Cf. n.º 7, 8 e 13 do artigo 104.º (ex 104.º-C).

[3] Cf. artigo 73.º-A na redacção do TUE.

Ficou deste modo definitivamente assegurada, dir-se-á "constitucionalizada", uma das vertentes fundamentais para a instauração da UEM.

Por outro lado, até ao final da 2.ª fase, todos os Estados-membros tiveram de assegurar a independência legal e estatutária dos respectivos bancos centrais. A condução da política monetária deixou de estar sujeita a directrizes ou sequer à influência dos governos ou outras entidades [1].

2.3. O Instituto Monetário Europeu

Sob o ponto de vista institucional a 2.ª fase é marcada pelo surgimento do Instituto Monetário Europeu (IME).

O Instituto Monetário Europeu, com sede em Frankfurt [2], entrou em funcionamento em Janeiro de 1994, como uma instituição de carácter provisório.

Genericamente as suas funções visavam preparar as condições técnicas para o arranque da terceira fase [3] e superintender os primeiros passos da gestão central da política monetária.

O IME foi dirigido por um Conselho, no qual tinham assento os governadores dos bancos centrais nacionais, presidido por uma personalidade nomeada de comum acordo entre os Estados-membros [4].

---

[1] Cf. artigo 109.º (ex 108.º) e 116.º (ex 109.º-E).

Entre nós veja-se o artigo 18.º da Lei Orgânica do Banco de Portugal, com a redacção dada pelo DL 231/95, que já cometia em exclusivo ao Banco de Portugal a condução da política monetária. O banco central colaborava ainda na definição da política cambial – cuja responsabilidade continuava a pertencer ao governo – e executava-a.

Ver infra sobre o estatuto de independência do BCE.

[2] Ver artigo 117.º (ex 109.º-F).

[3] Em Abril de 1994 a Comissão propôs a criação de um Comité de estudo, composto por 15 personalidades independentes e representativas dos principais sectores económicos. Entre as suas funções contava-se a análise dos aspectos técnicos ligados à concepção, fabrico e distribuição das novas notas representativas da moeda única bem como as alterações resultantes para o sistema bancário.

[4] Cf. artigo 117.º (ex 109.º-F).

O primeiro presidente do IME, nomeado pelos Chefes de Estado e de Governo no Conselho Europeu de Bruxelas de 10-11 de Dezembro de 1993, foi Alexandre Lamfalussy, com um mandato de 3 anos a contar de 1 de Janeiro de 1994. O seu mandato terminou no primeiro semestre de 1997 e foi substituído por Willem Frederik Duisenberg.

A primeira reunião do Conselho do IME teve lugar a 15 de Novembro de 1994.

Cap. VII – O Processo de Construção da UEM

A partir da sua criação, o IME absorveu o Comité de Governadores dos Bancos Centrais e o Fundo Europeu de Cooperação Monetária (FECOM)[1]. Bem se compreende, por isso, que entre as atribuições do IME se incluíssem as funções antes desempenhadas por aqueles dois órgãos. Competia-lhe, nomeadamente[2]:

- reforçar a cooperação entre os bancos centrais e coordenar as respectivas políticas monetárias tendo como principal objectivo a estabilidade de preços;
- supervisionar o mecanismo cambial do Sistema Monetário Europeu e gerir os mecanismos de crédito;
- gerir o sistema de criação de ecus e promover a sua utilização;

A actuação do IME, enquanto coordenador das políticas monetárias nacionais, concretizava-se no acompanhamento permanente dessas políticas e na possibilidade de emitir recomendações.

Assim, sempre que a política seguida por um Estado-membro afectasse a situação monetária interna ou externa da Comunidade, o IME podia, por maioria de 2/3, deliberar emitir avisos ou recomendações, dirigidas aos Estados em causa, as quais, se decidido por unanimidade, seriam tornadas públicas[3]. Tal como para a supervisão das políticas económicas, a publicitação das recomendações adoptadas era uma forma de pressão sobre os Estados relapsos de modo a tornar efectiva a acção do IME.

Além do seu papel coordenador das políticas monetárias e de gestão das várias componentes do SME, coube-lhe ainda a preparação dos instrumentos técnicos necessários à efectivação da 3.ª fase.

Quanto a estes, destaca-se:

- a elaboração das regras de procedimento para a concretização da política monetária única e o modo como os bancos centrais nacionais deveriam passar a efectuar as suas operações no quadro do Sistema Europeu de Bancos Centrais (SEBC)[4];

---

[1] Recorde-se que o FECOM foi criado em 1973 e tinha por principais funções gerir o mecanismo cambial da Serpente e os instrumentos creditícios entretanto criados.
Desde a instauração do SME coube-lhe a atribuição de ecus mediante as contrapartidas nacionais de ouro e dólares. Foi igualmente no seu seio que se procedeu à gestão dos mecanismos de crédito integrantes do SME.
[2] Cf. n.º 2 do artigo 117.º (ex 109.º-F).
[3] Cf. n.º 4 do artigo 117.º (ex 109.º-F).
[4] O IME apresentou em Janeiro de 1997 um documento sobre esta matéria.

- supervisionar todos os aspectos técnicos relacionados com a emissão das notas e moedas [1];
- elaborar, até finais de 1996, o quadro administrativo, organizacional e logístico do SEBC.

Temporalmente a última função do IME, em colaboração com a Comissão, consistiu na avaliação do grau de convergência económica e monetária atingido entre os Estados-membros, que determinou a possibilidade da passagem à 3.ª fase da UEM e quais os Estados dela excluídos.

2.4. Decisão de passagem para a 3.ª fase

O artigo 121.º (ex 109.º-J) do Tratado previa que a passagem à 3.ª fase da UEM estava dependente de uma decisão do Conselho Europeu que deveria reunir até 31 de Dezembro de 1996.

Se, com base nos relatórios elaborados pelo IME e pela Comissão, o Conselho verificasse que a maioria dos países [2] estava em condições de

---

[1] Os desenhos finais das notas e moedas de euro foram apresentados pelo IME nos Conselhos de Dublin (Dezembro de 1996) e Amesterdão (Junho de 1997).

[2] O número de países a considerar para a determinação da maioria não ficou definido pelo TUE. Considerando a composição da Comunidade com 15 Estados--membros a maioria poderia ser obtida tendo por base 12 ou 13 Estados-membros.

O Protocolo relativo ao Reino-Unido estipula que este só integrará a 3.ª fase se notificar o Conselho ser essa a sua intenção. Esta cláusula, dita de *opting out*, colocou o Reino-Unido, em princípio, fora do conjunto dos Estados-membros que integrarão a 3.ª fase. Por tal razão o número de Estados-membros a considerar para o cálculo da maioria seria apenas de 14.

Ao invés, a Dinamarca, fez aprovar um outro Protocolo segundo o qual a sua participação na 3.ª fase ficaria dependente da prévia realização de um referendo. Nestes termos, a Dinamarca participava, em princípio, na construção integral da UEM mas podia declarar o seu afastamento da 3.ª fase. No Conselho Europeu de Edimburgo, porém, a Dinamarca declarou, com efeitos imediatos, a sua não participação na 3.ª fase.

Deste modo, salvo decisões em contrário, o número de Estados-membros para a determinação da maioria seria de 13.

Posteriormente a Suécia também declarou que não integraria o primeiro conjunto de países da 3.ª fase da UEM. Esta recusa de participação não resultou de qualquer Protocolo e foi tecnicamente conseguida pelo não cumprimento dos critérios exigidos. Ver infra.

É claro que esta questão foi ultrapassada já que para a data de 1/1/1999 não era exigida qualquer maioria.

integrar a fase final – e considerasse conveniente que a Comunidade lhe desse início – declararia, por maioria qualificada, a data de entrada em vigor da 3.ª fase.

Estava legalmente em aberto a possibilidade da UEM ter início no ano de 1997 ou 1998.

Porém, em Maio de 1995, foi submetido à Comissão o relatório final do Grupo de Peritos que havia sido criado em Abril de 1994 [1]. No mesmo mês a Comissão fez publicar um 'Livro Verde' sobre o processo prático de passagem à terceira fase [2]. Também o IME apresentou um relatório com o mesmo objectivo.

Com base nesses contributos, em Junho de 1995 foi decidido abandonar a possível meta inicial de 1997 ficando, assim, fixado o ano de 1999 como data para o início da terceira fase, tal como impunha o n.º 4 do artigo 121.º (ex 109.º-J).

O Conselho Europeu de Madrid, reunido a 15-16 de Dezembro de 1995, tomou a decisão formal de apenas se dar início à UEM em 1999 e apresentou o calendário para a introdução da moeda única [3].

2.4.1. O Conselho Europeu de 1996

Embora, como vimos, a decisão política já tivesse sido tomada, o Conselho de Dublin de 13-14 de Dezembro de 1996 cumpriu o estipulado no n.º 3 do artigo 121.º (ex 109.º-J), e formalizou o abandono da data de 1 de Janeiro de 1997 com base na inexistência de 'uma maioria de Estados-membros que preencham as condições para a adopção de uma moeda única'.

---

[1] Ao elaborar os cenários possíveis para o início da 3.ª fase, o relatório logo fez notar a improbabilidade de estarem reunidas as necessárias condições para se concretizar a data de 1997.
Por mera curiosidade, esse grupo integrava o ex-vice-administrador do Banco de Portugal, António Borges, à data Reitor do INSEAD de Fontainbleau.
[2] Ver COMISSÃO 1995.
[3] Ver infra sobre outras decisões então tomadas.

2.4.2. O Conselho Europeu de 2 de Maio de 1998

Tal como previsto no n.º 4 do artigo 121.º (ex 109.º-J), a não fixação da data de início da 3.ª fase até Dezembro de 1997, implicou o seu arranque automático em 1 de Janeiro de 1999.

Para esse efeito, o Conselho Europeu tinha de reunir até 1 de Julho de 1998 decidindo, por maioria qualificada, quais os países em condições de adoptar uma moeda única e, independentemente do seu número, declarar o início da 3.ª fase, em 1/1/1999 [1].

Esse importante Conselho Europeu teve lugar a 2 de Maio de 1998.

2.4.2.1 Análise do processo de convergência

A inclusão ou exclusão de Estados-membros da UEM teve por base os relatórios apresentados pela Comissão [2] e pelo IME em Março de 1998 e sob proposta do Conselho ECOFIN, que reuniu em 1 de Maio.

Conforma impunha o n.º do artigo 121.º (ex 109.º-J), aqueles relatórios incluíam:

– uma avaliação das legislações nacionais em que foi verificada a transposição interna das proibições constantes dos artigos 108.º e 109.º (ex 107.º e 108.º)[3], a autonomia dos bancos centrais nacionais bem como a sua compatibilidade com os estatutos do BCE [4].
– uma análise da convergência económica e monetária usando um conjunto de indicadores pré-definido – os designados critérios de convergência – a saber:
  * a taxa de inflação;
  * a situação das finanças públicas;
  * o comportamento da moeda no MTC do SME;
  * o nível das taxas de juro a longo prazo.

---

[1] Entre as decisões de carácter prático tomadas no Conselho de Madrid de Dezembro de 1995, já constava a indicação de que a reunião do Conselho Europeu se faria no mês de Abril ou Maio de 1998.

[2] Ver COMISSÃO 1998.

[3] Ver supra ponto 2.1.

[4] No nosso país, uma nova Lei Orgânica do Banco de Portugal, que entrou em vigor na data da adopção da moeda única, foi aprovada pelo DL 5/98 de 31 de Janeiro.

Num Protocolo anexo ao Tratado [1] foram quantificados os limites máximos dos indicadores [2]. Assim, um Estado-membro só pode ser [3] qualificado como estando em condições de integrar a 3.ª fase se satisfizer cumulativamente os seguintes requisitos:

a) a taxa de inflação, durante o ano que antecede a avaliação, não pode ultrapassar em 1,5% a média das taxas de inflação verificadas nos três países com menor subida nos índices de preços [4];
b) no momento da avaliação, não pode ser considerado como tendo um défice excessivo, isto é, o défice orçamental não pode, em princípio, ultrapassar 3% do PIB e a dívida pública não pode ser superior a 60% do mesmo [5];
c) a sua moeda deve fazer parte da banda normal [6] do SME durante, pelo menos, dois anos sem que tenha tomado a iniciativa de

---

[1] Veja-se o art. 6.º do Protocolo relativo aos critérios de convergência do art. 121.º (ex 109.º-J).

[2] Estes critérios de convergência mantiveram-se inalterados embora pudessem ser modificados pelo Conselho, sujeito à regra da unanimidade.

[3] Tenha-se bem presente que estes critérios continuam actualmente a aplicar-se aos Estados-membros que no futuro pretendam vir a integrar a UEM, como já sucedeu com a Grécia. Com a perspectiva do alargamento, os futuros novos membros da Comunidade vão ter de os respeitar.

[4] Os países com menores taxas de inflação – no período que terminou em Janeiro de 1998 – foram: a Áustria (1,1%), a França (1,2%) e a Irlanda (1,2%). O valor de referência foi fixado em 2,7%.

[5] Em 1 de Maio de 1998 o Conselho ECOFIN revogou as declarações de existência de défice excessivo relativamente à Alemanha, Bélgica, Áustria, Espanha, França, Itália, Portugal, Reino Unido e Suécia.
Já não existia défice excessivo na Irlanda, Luxemburgo, Dinamarca, Holanda e Finlândia. Só a Grécia se mantinha nessa situação em Março de 1998. Ver LARANJEIRO 1999c, 70.

[6] Por "banda normal" dever-se-ia entender tratar-se da banda estreita de 2,25%, por contraposição à banda excepcional de 6%. Porém, devido ao alargamento de todas as margens para 15%, em Agosto de 1993 – e a manutenção de tal situação – o Comité Monetário veio a considerar, num Parecer de 15 de Setembro de 1994, que o conceito de "banda normal deve ser visto como um conceito jurídico que, de momento, não carece de concretização quantitativa."
Com tal entendimento qualquer moeda que integrasse o mecanismo de taxa de câmbio do SME e nele se mantivesse, cumpria os requisitos impostos por este critério.
No entanto, o Relatório de Convergência da Comissão revelou a existência de margens sombra, ao avaliar o comportamento das moedas no SME utilizando como referência, que não era obrigatória, o valor de 2,25%. Todas as moedas participantes com a excepção da libra irlandesa e da markka finlandesa se mantiveram dentro daqueles estreitos limites. Cf. COMISSÃO 1998, 38.

desvalorizar a sua moeda, por alteração da taxa central, nem conhecido graves tensões [1];

d) durante o ano que antecede a avaliação, a taxa de juro média de longo prazo, aferida pela taxa praticada nas obrigações públicas, não poderá ser superior a 2% da média das taxas praticadas nos três Estados-membros com menores taxas de inflação [2].

Os critérios de convergência, embora rigidamente quantificados, permitem alguma margem interpretativa [3].

Relativamente aos défices excessivos, a redacção do artigo 104.º (ex 104.º-C) admite que não é imperativo o valor limite de 3% para o défice orçamental.

Mesmo que esse valor seja ultrapassado poderá, ainda assim, não existir défice excessivo nas seguintes situações:

a) se o défice tiver baixado de forma contínua e significativa e se situar próximo do valor de referência;

b) se o valor de referência for apenas ligeiramente ultrapassado e se considerar tratar-se de uma situação excepcional e temporária.

Além destas excepções, o n.º 3 do artigo 104.º (ex 104.º-C) prevê ainda que no relatório a elaborar pela Comissão se analise 'se o défice orçamental excede as despesas públicas de investimento' bem como 'outros factores pertinentes'. Esta formulação permite claramente que um país apresente um défice acima dos 3% desde que resultante das despesas de investimento ou de outra situação justificativa [4].

---

[1] Devido a esta exigência, o Reino Unido, Itália, Suécia e Finlândia teriam de fazer integrar as sua moedas no SME até finais de 1996.

Foi por essa razão que a markka finlandesa entrou para o SME em 14/10/1996 e a lira italiana a ele regressou em 25/11/1996.

Repare-se que, estando-se em Maio de 1998, o prazo de dois anos não foi integralmente respeitado.

[2] O valor de referência em Janeiro de 1998 era de 7,8%.

[3] No caso das taxas de inflação e de juro até houve quem colocasse o problema de saber se a média dos três Estados-membros com menor inflação devia ser obtida por média aritmética simples ou ponderada. A solução adoptada foi a da média simples.

Por outro lado existia o problema da não homogeneidade na elaboração dos índices de preços nacionais. Por este facto, os serviços estatísticos da Comunidade passaram a calcular as variações de preços nacionais tendo por base o seu próprio índice harmonizado (IHPC). É com base nele que se efectua a avaliação da taxa de inflação nos países da UE e foi o utilizado para analisar o cumprimento do respectivo critério.

[4] Sobre esta interpretação ver LARANJEIRO 1999a.

Cap. VII – O Processo de Construção da UEM

Quanto à dívida pública há uma excepção semelhante. Basta que seja verificada uma tendência de descida com aproximação significativa ao valor de referência.

A decisão de declaração de défice excessivo cabe ao Conselho tendo por base o relatório da Comissão e o Parecer do Comité Monetário. Trata-se, pois, de uma decisão política tomada apenas depois de ouvidas as razões apresentadas pelo Estado interessado, conforme resulta do n.º 6 do artigo 104.º (ex 104.º-C).

Por ser assim a aplicação destes critérios de convergência está sujeita a interpretações mais latas ou mais restritivas. As autoridades alemãs sempre se pronunciaram a favor da leitura restritiva para o défice orçamental admitindo maior margem para a dívida pública [1].

Sendo declarado o início da 3.ª fase, os países que a não integrarem são declarados 'Estados-membros que beneficiam de uma derrogação' [2].

De dois em dois anos, ou a pedido de um Estado beneficiando de uma derrogação, haverá lugar a uma reapreciação das suas condições de elegibilidade para a 3.ª fase [3], permitindo assim a sua integração [4].

---

[1] Se não fosse usada a margem de manobra relativamente à dívida pública haveria um país considerado politicamente nuclear – a Bélgica – que ficaria irremediavelmente de fora. A importância da Bélgica resulta do facto de ao pertencer ao Benelux estar ligada à Holanda e ao Luxemburgo, tendo com este último uma união monetária muito antiga. Seria de todo impossível excluir a Bélgica e incluir a Holanda e o Luxemburgo.

Este critério foi efectivamente interpretado de uma forma muito lata. Para a Bélgica e Itália veio a aceitar-se um valor de 122,2% e de 121,6%, respectivamente.

O caso alemão é também significativo. A relação dívida pública/PIB não só se situou acima dos 60% (61,3%) como subiu em 1996 e 1997. A não declaração de défice excessivo deveu-se ao facto de se esperar um declínio em 1998 e da consideração do peso imposto pelo processo de reunificação.

[2] Cf. artigo 122.º (ex 109-K).

[3] O processo de reapreciação da Grécia tornou-se possível quando, em Dezembro de 1999, o Conselho revogou a declaração de défice excessivo. Em 9/3/2000 a Grécia apresentou o pedido formal de integração no euro. O BCE adoptou o seu Relatório de Convergência em 27/4/2000 o mesmo tendo feito a Comissão em 3/5/2000. O Conselho Europeu da Feira aprovou a entrada da moeda grega no euro com a taxa de 1 euro=340,750 dracmas.

[4] Isto significa que sempre esteve prevista uma chamada 'Europa monetária a duas velocidades', o que não é novidade, pelo menos em termos monetários. Recorde-se que o MTC do SME também representou um esquema de 'duas velocidades'. O escudo português não integrou o sistema durante 6 anos; a dracma grega manteve-se de fora até 1998; a coroa sueca nunca integrou o SME; o Reino Unido suspendeu a sua moeda do MTC.

2.4.2.2. Sentido dos critérios de convergência

O objectivo central da UEM é a criação de um espaço onde circula apenas uma moeda. Implica, portanto, a necessidade de cada um dos países e das economias da União fazerem a transição das moedas nacionais para uma outra, com características semelhantes ao forte marco alemão [1].

i) O critério da taxa de câmbio

Um dos índices da capacidade de substituição da moeda nacional pela moeda única é o comportamento cambial relativamente à moeda líder do sistema. Se, por exemplo, o escudo se mantivesse estável durante um longo período relativamente ao marco, podia dizer-se que estava indiciada uma fácil substituição de uma moeda por outra. Os agentes económicos não revelavam, neste caso, (quase) nenhuma preferência de uma moeda por outra. Não havia relutância em adquirir e deter escudos porque não havia receio de uma súbita perda de valor dessa moeda.

A constância da taxa de câmbio significa que o instrumento cambial se revela desnecessário. Manter taxas de câmbio inalteradas é semelhante a ter uma única moeda [2].

Nestes termos, poder-se-ia dizer que uma longa estabilidade cambial era só por si critério suficiente para vir a adoptar a moeda única.

A estabilidade cambial só releva, porém, como indicador do comportamento da economia.

ii) O critério da taxa de inflação

Embora possa existir estabilidade cambial durante o período exigido (2 anos) isso não assegura só por si uma fácil transição de moedas. Se um dos países mantiver taxas de inflação mais elevadas, a sua competitividade externa estará constantemente a ser reduzida [3] e os efeitos

---

Há quem defenda – como os ingleses – que a integração europeia, incluindo a UEM, deve mesmo ser um sistema de tipo aberto, no sentido de não impor a participação de todos os Estados-membros. Cada país poderia ter a liberdade de aderir ou não aos vários sistemas. Este esquema é usualmente designado de "Europa de geometria variável".

[1] Sobre esta questão ver infra.

[2] Por outro lado a exigência de estabilidade cambial impedia um país de tentar ingressar na 3.ª fase manipulando a sua taxa de câmbio para valores mais favoráveis (desvalorização competitiva).

[3] Com uma taxa de câmbio nominal constante e uma maior inflação estaríamos perante uma variação da taxa de câmbio real. Quer dizer, a mesma quantidade de moe-

negativos sobre a economia far-se-ão sentir por uma menor capacidade exportadora, menos produção e menor emprego nesse sector. Este desequilíbrio fundamental levará os agentes económicos a não acreditarem na manutenção da taxa de câmbio. O efeito nefasto do diferencial das inflações só poderia ser corrigido aceitando, ou promovendo, uma depreciação cambial. A desconfiança em relação à estabilidade futura conduziria à subida do prémio de risco dessa moeda. Quer dizer, os agentes económicos só aceitariam deter uma moeda em que poderiam sofrer perdas cambiais se fossem compensados com um maior rendimento. Este efeito é assegurado pelas taxas de juro. O risco acrescido só será corrido se houver o aliciante de uma maior retribuição por via de uma mais elevada taxa de juro. A estabilidade cambial podia, pois, coexistir com desequilíbrios fundamentais.

Na união monetária diferenciais de taxa de inflação não poderiam ser corrigidos por meio de manipulação cambial ou por diferentes taxas de juro. Daí que tenha sido considerada essencial uma uniformização das respectivas taxas.

O valor concreto da taxa de inflação exigida é, no entanto, outra questão. Nada impede o funcionamento da união monetária com, por exemplo, uma taxa de 5%.

iii) O critério da taxa de juro de longo prazo

Diferenciais de taxas de juro nas obrigações de longo prazo gerariam lucros e perdas no momento da fixação irrevogável das taxas de câmbio. Se a taxa das obrigações alemãs fosse inferior às francesas os detentores das primeiras iriam vendê-las e comprar obrigações francesas, sem qualquer risco cambial. Esta arbitragem faria descer a taxa francesa (subia o preço dos títulos) e subir a alemã (descia o preço dos títulos) com ganhos para uns e perdas para outros. Foi para evitar uma grave perturbação nos mercados de capitais que se tornou necessária a sua prévia aproximação[1].

Por outro lado, o critério da taxa de juro pretende avaliar o grau de confiança que os agentes atribuem a um país ou economia. Justamente por se tratar de uma variável que incorpora um dilatado espaço temporal, esta taxa de juro é afectada pela perspectiva dos operadores sobre o futuro comportamento de uma certa economia.

---

da estrangeira comprava a mesma quantidade de moeda nacional (igual taxa nominal) mas esta permitia adquirir cada vez menos produtos nacionais (variação da taxa real).

[1] Cf. DE GRAUWE 1997, 135.

Já não está em causa a taxa de inflação corrente ou previsível; já não é fundamental a política orçamental em execução ou anunciada; não é relevante o comportamento cambial registado ou imediatamente previsível. O que agora importa é a avaliação global da capacidade de um país de manter tais comportamentos ao longo de um período de tempo que está fora das habituais previsões económicas.

Não existem métodos de prever uma taxa de inflação ou de câmbio a dez anos. O que existe é a convicção, certa ou errada, de que uma economia terá ou não um comportamento estável ao longo dos anos. Tal convicção só pode fundar-se na imagem de credibilidade e em certos indicadores que a afectam.

Suponha-se um país em que a alternância do poder político se poderá fazer entre dois partidos ou grupos partidários que têm visões opostas sobre a integração monetária. Neste caso será razoável esperar alterações significativas no sentido das políticas económicas futuras.

O mesmo se poderá dizer de um país com forte conflitualidade social, resultante, por exemplo, de elevadas taxas de desemprego e baixa protecção social. O sentido das políticas pode inverter-se por diferentes convicções ou por pressão insuportável dos eleitorados. Os valores actuais, mesmo que "convergentes", poderão vir a modificar-se. O risco desta economia seria avaliado e quantificado pelos mercados através da exigência de uma mais elevada taxa de juro para a sua moeda.

A taxa de longo prazo, mais ou menos convergente, surge assim como indicador fundamental da capacidade de mudança de moeda.

iv) O critério dos défices públicos

Ao contrário dos outros critérios não existe ligação directa entre o montante do défice orçamental (e da dívida) e a estabilidade cambial.

No que respeita à dívida pública, esta só poderá ter efeitos de tipo indirecto. Como, mais cedo ou mais tarde, a dívida terá de ser paga através de receitas orçamentais, o seu elevado montante condicionaria o comportamento orçamental futuro. Podia exigir aumento de impostos ou um novo acréscimo do défice orçamental.

Quanto às políticas orçamentais, se fortemente expansionistas – em especial se levadas a cabo por Estados-membros de grande dimensão – podem ter um efeito sensível sobre a procura global e/ou sobre as taxas de juro, o que entra em conflito com a política monetária, essencialmente virada para a estabilidade dos preços. Mesmo admitindo a impossibilidade de monetarização directa dos défices, o seu não controlo poderia conduzir a conflitos graves entre a política monetária e orçamental essencialmente pelo efeito sobre as taxas de juro.

Uma outra razão de fundo – embora seja um caso limite – é a necessidade dos Estados assegurarem a sua não insolvência. Ora, se existirem elevados défices a autonomia da política monetária central fica em perigo. Primeiro, porque uma política monetária mais restritiva reduz o rendimento e, logo, a receita dos impostos, ao mesmo tempo que o aumento das taxas de juros agrava as despesas orçamentais, com o que haveria tendência para um menor rigor monetário; segundo, porque, sendo mantido o rigor, uma situação de crise financeira, experimentada por um Estado-membro, implicaria o seu abandono da UEM para que pudesse monetarizar a dívida, afectando a União no seu conjunto; terceiro, porque se se manifestasse solidariedade comunitária isto implicaria uma absorção excepcional de títulos da dívida pública por parte do Banco Central Europeu que teria efeitos no mercado global de títulos governamentais.

Por estas razões torna-se necessário algum controlo sobre os défices públicos nacionais sob pena da política monetária da União vir a ser negativamente afectada.

No entanto, exceptuando os casos limite de insolvência, a existência de um défice orçamental não é só por si factor de instabilidade monetária. Poderia sê-lo no caso de o défice ser coberto com emissão monetária. Já não assim se for financiado recorrendo aos mercados de capitais, tal como está estipulado no Tratado [1]. O défice público assim financiado tem um pequeno efeito sobre a procura global e não é causa directa de inflação [2].

O critério do défice está ligado a outros factores, a saber: i) pode provocar a subida da taxa de juro e influenciar negativamente o investimento; ii) é ele próprio um índice de estabilidade; iii) corresponde à visão hoje tendencialmente dominante entre os economistas (e os políticos no poder) segundo a qual a intervenção estadual deve ser reduzida a um mínimo dando maior espaço ao mercado não regulamentado e (supostamente) mais concorrencial e eficiente.

---

[1] Recorde-se mais uma vez os artigos 101.º (ex 104.º) e 102.º (ex 104.º-A).

[2] Sobre o efeito das despesas públicas ver RIBEIRO 1995; BARRO 1990. Veja-se igualmente VISSER 1995, 145.

O volume da primavera de 1989 do 'Journal of Economic Perspectives' foi integralmente dedicado a este problema. Aí se pode encontrar uma síntese das várias perspectivas sobre esta questão.

A subida da taxa de juro pode dar-se quando o aumento da despesa não é acompanhado pela política monetária (dita acomodatícia). O aumento da procura de moeda para transacções gera uma subida da taxa de juro [1].

Pode ser um índice de estabilidade na medida em que demonstra a capacidade das instâncias governativas de controlarem e gerirem com rigor as contas públicas, dando assim credibilidade à sua acção.

Mas acima de tudo o que está em causa é a crença de que o Estado gere pior os recursos do que os particulares e de que a economia só tem a beneficiar com uma intervenção estadual reduzida.

As correntes do pensamento económico hoje tendencialmente dominantes apontam para uma grande capacidade de autoregulação económica que será prejudicada pela tentativa de acção correctora do Estado. A fusão deste tipo de teorias económicas com visões políticas neo-liberais conduziu à dominância do princípio minimalista, contrapondo-se à visão quase oposta, de derivação keynesiana, aceite até aos anos 70 [2]. Aos défices (quase sempre) virtuosos sucederam-se os défices (quase sempre) viciosos.

Há, no entanto, uma outra ligação possível entre a dívida, o défice e a inflação – e por esta via à moeda.

A existência de uma elevada dívida pública pode funcionar como um incentivo para os Estados provocarem surtos inflacionistas. Com a inflação o valor real da dívida decresce e os investidores obtêm menos rendimento, já que as taxas de juro antes fixadas tinham como base uma menor inflação [3]. Nesta perspectiva, os critérios ditos fiscais, funcionam como uma garantia de menor pressão inflacionista no futuro e consequente influência sobre a moeda. O seu verdadeiro papel é de carácter essencialmente político na medida em que limita a possibilidade dos governos de Estados-membros levarem a cabo políticas orçamentais particularmente desregradas que produziriam efeitos nefastos sobre os restantes [4].

Por outro lado, não derivam da teoria económica os valores concretos que foram adoptados. Os valores de 3% e 60% são apenas a média do

---

[1] Para um maior desenvolvimento sobre este ponto pode ver-se SAMUELSON 1993, p.726. Para uma abordagem utilizando um modelo de mercados de equilíbrio e expectativas racionais ver BARRO 1990, p. 337 e ss.

[2] 'A única regra boa é o orçamento nunca estar equilibrado – excepto no momento em que o superavit, para reduzir a inflação, vai ser substituído por um défice, para combater a recessão'.(Warren Smith, 1965), citado por SAMUELSON 1993, 715.

[3] Cf. DE GRAWE 1997, 131 e CONSTÂNCIO 1997, 31.

[4] Cf. neste sentido CAVACO SILVA 1997, 149 e CAVACO SILVA 1999, 86-87.

investimento público e da dívida pública verificada na altura da adopção dos critérios [1].

Daí que em certas situações e para alguns países não possa deixar de considerar-se virtuoso um défice acima do valor de referência [2].

2.4.2.3. Decisão política final

Analisados os relatórios produzidos pelo IME e pela Comissão, e sob proposta desta, o Conselho ECOFIN reunido a 1 de Maio de 1998, recomendou ao Conselho Europeu de 3 de Maio que a 3.ª fase da UEM deveria incluir 11 Estados-membros, a partir de 1/1/1999 [3].

Ouvido o parecer do Parlamento Europeu – que excepcionalmente reuniu no sábado 2 de Maio – o Conselho Europeu decidiu declarar elegíveis para a terceira fase 11 dos 15 membros da União.

Apenas foram excluídos os países que já haviam declarado a intenção de não participar – Reino Unido, Dinamarca e Suécia – e a Grécia que a essa data não cumpria os requisitos exigidos. Nos termos do artigo 122.º (ex 109.º-K) do Tratado, designam-se 'Estados-membros que beneficiam de uma derrogação'.

A segunda importante decisão foi a de nomear os membros da Comissão Executiva do BCE, que adiante será analisada.

A terceira decisão, deste histórico fim-de-semana, foi a fixação das taxas bilaterais entre as moedas integrantes do euro. Já a seguir se desenvolverá este ponto.

2.5. Período intercalar

A decisão política do Conselho de 2-3 de Maio é a primeira cena do último acto da UEM que culminará com a introdução física das notas e moedas de euro.

---

[1] Cf. CONSTÂNCIO 1997, 32.
Deve, porém, notar-se que, em certas condições, existe consistência mútua entre os dois valores. Para uma análise mais técnica sobre a relação entre os valores do défice e da dívida veja-se Ministério das Finanças 1998 e CAVACO SILVA 1999, 32.

[2] Para mais desenvolvimentos sobre este ponto veja-se CADILHE 1997, CAVACO SILVA 1997, 32, LARANJEIRO 1999a, CAVACO SILVA 1999, 98.

[3] Decisão do Conselho de 3 de Maio de 1998 nos termos do n.º 4 do artigo 109.º--J do Tratado, JOL n.º 139 de 11.05.1998. Ver LARANJEIRO 1999c, 89.

A introdução da moeda única foi processualmente subdividida em três etapas, seguindo de perto o proposto no 'Livro Verde' e no Relatório de Peritos, supra referidos, e adoptado pelo Conselho de Madrid de 1995.

– FASE A – até Dezembro de 1998

* Decisão do Conselho Europeu onde consta a lista dos Estados--membros que integram a 3.ª fase;
* Confirmação da data de arranque da 3.ª fase em 1/1/1999;
* Aprovação final do calendário da moeda única;
* Preparativos finais para a entrada em funções do Banco Central Europeu;
* Início do fabrico de notas e moedas;
* Plano de transição para o sector bancário e financeiro.

– FASE B – de 1/1/1999 até 31/12/2001

* Fixação das taxas de conversão das moedas nacionais em euros;
* Entrada em funções, em pleno [1], do BCE;
* Política monetária e cambial centralizada em euros;
* Operações interbancárias em euros;
* Emissão de títulos de dívida pública em euros;
* Pagamentos de elevado montante em euros;
* Possível transição para a moeda única das operações efectuadas por operadores não bancários, públicos ou privados.

– FASE C – início em 1/1/2002 – duração de algumas semanas

* Lançamento em circulação das notas e moedas de euros;
* Recolha das moedas nacionais;
* Conclusão dos planos de transição do sector bancário e não bancário;
* Utilização exclusiva do euro.

---

[1] Já antes dessa data, como se verá infra, o BCE foi instituído e começou a operar. Em rigor, porém, só após 1/1/1999 as suas funções foram plenamente assumidas.

2.5.1. Anúncio das taxas bilaterais

Com o arranque da UEM definitivamente marcado para 1 de Janeiro de 1999 era um dos seus pontos mais marcantes a fixação irrevogável de taxas de câmbio entre as várias moedas e o euro.

Existia, porém, um problema potencial resultante do n.º 4 do artigo 123.º (ex 109.º-L). Segundo ele a fixação das taxas de conversão "só por si, não altera o valor externo do ecu". Era, portanto, obrigatório que no dia 1/1/1999 1 euro fosse igual a 1 ecu.

A razão de ser desta disposição é tanto mais óbvia quanto se sabe que no momento da sua redacção se previa que a futura moeda única se designasse ecu [1]. A passagem de uma moeda compósita a uma moeda "de direito próprio" não poderia pôr em causa que 1 ecu fosse igual a 1 ecu! Seria inaceitável que detentores de activos expressos em ecus (a unidade monetária **europeia**) sofressem perdas de capital no momento em que a **Comunidade** dá início à união monetária.

Daí que o "valor externo do ecu" tivesse de ser entendido relativamente a todas as moedas, incluindo aquelas que faziam parte da sua própria definição.

Assim sendo, seria impossível que as taxas de conversão do (euro = ecu → moedas nacionais) diferissem dos respectivos valores de mercado em 31/12/98 [2].

Perante esta imposição jurídica, podia tomar-se uma de duas atitudes:

a) deixar ao livre jogo do mercado a fixação das respectivas taxas;
b) manipular e controlar o mercado.

A hipótese de nada fazer pareceria a mais apelativa, nestes tempos de redobrada "fé no mercado". Ficou longe, no entanto, de ser a preferida [3].

---

[1] Embora o Tratado se refira sempre ao 'ecu' foi entendido que apenas estava em causa o seu conteúdo substancial e não a própria designação. Por essa razão aprovou--se no Conselho Europeu de Madrid, de Dezembro de 1995, que a nova unidade monetária se viesse a chamar 'euro'. Após a 3.ª fase, todas as referências ao ecu deverão ser entendidas como referências ao euro.

A designação 'ecu' continua a constar do texto do Tratado, mesmo depois da revisão introduzida pelo Tratado de Amesterdão. Algo estranhamente o nome adoptado para a moeda única, euro, não consta do Tratado CE.

Sobre as diversas propostas e peripécias em torno da escolha da designação 'euro' pode ver-se: SILGUY 1996, 220.

[2] Veja-se sobre este ponto: CAVACO SILVA 1997, 51 e CONSTÂNCIO 1997, 34.

[3] Cf. ambos no mesmo sentido, CAVACO SILVA 1997, e CONSTÂNCIO 1997, ibidem.

A desvantagem desta solução era o risco de instabilidade causada por movimentos especulativos ou de acções deliberadas por parte dos bancos centrais tentando a formação de taxas consideradas mais vantajosas. Esta espécie de 'desvalorização competitiva' poderia desencadear uma forte turbulência nos mercados.

A alternativa escolhida foi o 'encaminhamento' do mercado para determinados valores usando as expectativas e, se necessário, a pura força de intervenção coordenada nos mercados.

Foi essa a razão que levou o Conselho ECOFIN – que reuniu logo após ter terminado o Conselho Europeu de 3 de Maio – a anunciar as taxas bilaterais das moedas participantes no euro.

Como vimos no Capítulo III, a entrada da dracma grega no mecanismo de taxas de câmbio do SME, em 16/03/1998, permitiu um ajustamento das taxas centrais das restantes moedas. A libra irlandesa foi revalorizada para um valor muito próximo da sua cotação de mercado o mesmo acontecendo à taxa de referência da libra inglesa.

Esta maior aproximação às taxas de mercado tornou mais fácil, como já era esperado, a fixação pelo Conselho das taxas bilaterais, usando as respectivas taxas centrais bilaterais do SME.

Relativamente ao escudo foram fixadas as seguintes taxas:

Florim holandês: 90,9753 escudos
Franco belgo-luxemburguês: 4,96984 escudos
Franco francês: 30,5634 escudos
Libra irlandesa: 254,560 escudos
Lira italiana: 0,103541 escudos
Marco alemão: 102,505 escudos
Markka finlandesa: 33,7188 escudos
Peseta espanhola: 1,20492 escudos
Xelim austríaco: 14,5697 escudos

Feito aquele anúncio, seria natural, como na verdade aconteceu, que os mercados incorporassem essas taxas e não viesse a haver dificuldade em mantê-las. De qualquer modo, os bancos centrais ficaram vinculados a fazer intervenções obrigatórias sempre que houvesse afastamento dos valores de referência. As intervenções coordenadas assegurariam que no final do ano de 1998 as taxas de mercado igualassem as taxas anunciadas a 2 de Maio.

Mesmo com aquela fixação não era possível saber antecipadamente o valor exacto das taxas de conversão. A relação obrigatória 1 ecu=1 euro impedia esse conhecimento.

Cap. VII – O Processo de Construção da UEM

Sendo o ecu uma moeda cabaz, o seu valor está dependente da cotação das moedas componentes. Tomando uma qualquer moeda como referência, 1 ecu valeria mais se todas se apreciassem relativamente a ela – para dar um exemplo extremo – e vice-versa. Tal não seria impedimento para se saber antecipadamente o valor do ecu/euro se houvesse coincidência entre as moedas que constituíam o cabaz e as que entraram no euro. Neste caso a fixação de taxas bilaterais permitia, obviamente, saber o valor do conjunto – usando as respectivas quantidades fixas no cabaz ecu.

Era já, no entanto, certo que tal coincidência não podia verificar-se. Moedas que integravam o ecu, como a libra e a coroa dinamarquesa, não iam integrar o euro.

O caso da libra é particularmente importante visto que o seu peso no cabaz ecu era de 13,44%. Se a cotação da libra se situasse a níveis (historicamente) elevados, a cotação do ecu/euro era puxada para cima. Se inversamente a moeda britânica deslizasse para valores inferiores a cotação do ecu/euro no final do ano de 1998 seria mais baixa [1].

Não obstante aquela fixação das taxas bilaterais, o valor do euro ficou em parte dependente da evolução, em particular, de uma moeda que nem sequer integrava o SME.

2.5.2. Instituição do BCE e do SEBC [2]

Como pode comprovar-se pelo plano geral acima apresentado, há um conjunto de procedimentos que se seguiram de imediato à Decisão do Conselho e que constituem a fase A.

Analisemos com mais pormenor.

Nos termos do artigo 123.º (ex 109.º-L), os Estados integrantes da UEM tinham como data limite o dia 1 de Julho de 1998 para nomear, por

---

[1] Como a maior parte do comércio dos Estados-membros é intracomunitário, o efeito das variações cambiais do euro sobre os preços será muito menor do que a anterior variação das taxas de câmbio das moedas nacionais.

O caso de Portugal é particularmente elucidativo. Sendo uma economia muito aberta ao exterior – com uma relação comércio externo/PIB superior a 74% – tornou--se com a UEM uma economia relativamente fechada – para esse efeito – dada a escassa dimensão do comércio extracomunitário. Daí que alterações cambiais do euro pouco afectem, directamente, o comportamento da economia portuguesa.

[2] Sobre o Sistema Europeu de Bancos Centrais (SEBC) e o Banco Central Europeu (BCE) ver infra.

acordo entre os Chefes de Estado ou de Governo, os membros da Comissão Executiva do Banco Central Europeu. Tal veio a ser feito por Decisão de 26 de Maio de 1998 [1].

Conforme o previsto no art. 50.º dos Estatutos do SEBC, a primeira nomeação do Presidente da Comissão Executiva do BCE foi feita pelo período normal de 8 anos.

O Conselho Europeu de 2-3 de Maio, após longo debate entre a França e a Alemanha, nomeou o então Presidente do IME – o holandês Wim Duisenberg – como Presidente do BCE. Formalmente, como não podia deixar de ser, foi nomeado por um período de 8 anos. No entanto, o próprio Duisenberg, em declaração oral, afirmou que poderia não cumprir o seu mandato até ao fim, abrindo deste modo lugar para um francês que virá a ser o seu sucessor.

O mandato do Vice-presidente é de apenas 4 anos e foi entregue ao francês Christian Noyer.

Nos termos do mesmo artigo 50.º dos Estatutos, o mandato dos restantes 4 vogais pode ir de 5 a 8 anos.

O Conselho Europeu nomeou uma finlandesa – Sirkka Hämäläinen – para um mandato de 5 anos; um espanhol – Domingo Solans – por um período de 6 anos; um italiano – Padoa Schioppa – por um período de 7 anos e um alemão – Otmar Issing – por um período de 8 anos.

Ficaram excluídos da Comissão Executiva 5 dos 11 Estados participantes na 3.ª fase: Áustria, Bélgica, Irlanda, Luxemburgo e Portugal.

Embora o Tratado nada diga sobre este ponto, foi acordado – sob proposta portuguesa – que as futuras nomeações dos membros da Comissão Executiva tenham em conta a rotatividade nacional dos seus membros. A designação oficial da Comissão Executiva tornou-se efectiva após a audição do Parlamento Europeu. A Comissão executiva entrou em funções a 1 de Junho de 1998.

Com a nomeação da Comissão Executiva ficou instituído o Banco Central Europeu e o SEBC, conforme estipula o n.º2 do artigo 123.º (ex. 109.º-L).

A partir desse momento, embora não desaparecesse de imediato, o Instituto Monetário Europeu entrou em liquidação. O BCE assumiu todos

---

[1] Decisão de 26 de Maio de 1998 que nomeia o presidente, vice-presidente e os vogais da Comissão Executiva do BCE. JOL n.º 154 de 28/05/1998. Ver LARANJEIRO 1999c, 221.

os activos e responsabilidades do IME e procedeu à sua liquidação até ao final do ano de 1998 [1].
As funções atribuídas ao IME passaram de imediato para o BCE.

2.5.3. Decisões de enquadramento

Para o BCE poder desempenhar plenamente as suas funções tornou--se necessário tomar um conjunto de decisões que definem o seu enquadramento operacional [2].

i) A Decisão do Conselho (98/415/CE) [3] definiu os termos em que as autoridades nacionais são obrigadas a consultar o BCE sempre que estejam em causa projectos de legislação relativos a matérias da competência do BCE, conforme impõe o artigo 4.º dos Estatutos. A legislação que fica abrangida por aquela obrigação é a respeitante: às questões monetárias; aos meios de pagamento; aos bancos centrais nacionais; às estatísticas monetárias, financeiras e bancárias; às normas aplicáveis às instituições financeiras.

As autoridades dos Estados-membros não participantes da UEM devem igualmente consultar o BCE sobre questões relativas aos instrumentos da política monetária.

ii) O Regulamento (CE) n.º 2531/98 do Conselho [4] estabeleceu os princípios a que deve obedecer o sistema de reservas mínimas obrigatórias impostas pelo BCE, conforme o n.º 2 do artigo 19.º dos Estatutos. Foram definidas as responsabilidades sobre que incidem as reservas bem como os limites – entre 0% e 10% – a fixar pelo BCE;

---

[1] Cf. art. 23.º dos Estatutos do IME.

[2] As matérias relativas ao BCE são aprovadas pelo Conselho por maioria qualificada de 2/3 mas excluindo os Estados não participantes na UEM.
Para a determinação da maioria qualificada a votação de cada Estado-membro é ponderada conforme o previsto no n.º 2 do artigo 205.º (ex 148.º). Veja-se o n.º 5 do artigo 122.º (ex 109.º-K).
Com a composição inicial da UEM, o total de votos é de 65 e a maioria de 2/3 é obtida com 43 votos.

[3] Decisão do Conselho de 29 de Junho de 1998 relativa à consulta do BCE pelas autoridades nacionais sobre projectos de disposições legais. JOL n.º 189 de 03/07/1998. Ver LARANJEIRO 1999c, 289.

[4] Regulamento (CE) n.º 2531/98 do Conselho de 23 de Novembro de 1998 relativo à aplicação de reservas mínimas obrigatórias pelo BCE. JOL n.º 318 de 27/11/1998. Ver LARANJEIRO 1999c, 343.

iii) A Decisão (98/382/CE) do Conselho[1] fixou as regras para a elaboração dos dados estatísticos – relativos à população dos Estados-membros e ao respectivo PIB – a fornecer pela Comissão, que servem de base para a determinar a repartição do capital do BCE, conforme ao disposto no n.º 2 do artigo 29.º dos Estatutos.

iv) O Regulamento (CE) n.º 2533/98 do Conselho[2] definiu quais as pessoas singulares e colectivas que ficam sujeitas à obrigação de prestar informações, bem como o respectivo regime de confidencialidade, como impõe o n.º 4 do artigo 5.º dos Estatutos;

v) O Regulamento (CE) n.º 2532/98 do Conselho[3] que regula a forma e os procedimentos da aplicação de sanções pelo BCE às empresas em caso de não cumprimento das suas decisões, tal como resulta do n.º 3 do artigo 34.º dos Estatutos;

vi) A Decisão (BCE/1998/12) (1999/284/CE) do BCE relativa ao acesso à documentação e arquivos do BCE[4].

2.5.4. Plano de transição para o sector bancário e financeiro

A partir de 1-1-1999 a política monetária e cambial iria passar a ser executada em euros[5]. Isto implicava que o sistema bancário tinha, nessa data, de estar pronto para funcionar na nova moeda. Não espanta, por isso, que fosse este o sector que há mais tempo se tinha vindo a preparar para o novo enquadramento monetário[6].

---

[1] Decisão (98/382/CE) do Conselho de 5 de Junho de 1998 relativa aos dados estatísticos a utilizar para a determinação da tabela de repartição para subscrição do capital do BCE. JOL n.º 171 de 17/06/1998. Ver LARANJEIRO 1999c, 271.

[2] Regulamento (CE) n.º 2533/98 do Conselho de 23 de Novembro de 1998 relativo à compilação de informação estatística pelo BCE. JOL n.º 318 de 27/11/1998. Ver LARANJEIRO 1999c, 305.

[3] Regulamento (CE) n.º 2532/98 do Conselho de 23 de Novembro de 1998 relativo ao poder do BCE de impor sanções. JOL n.º 318 de 27/11/1998. Ver LARANJEIRO 1999c, 297.

[4] Decisão do BCE de 3 de Novembro de 1998 relativa ao acesso do público à documentação e aos arquivos do BCE. JOL n.º 110 de 28/04/1999. Ver LARANJEIRO 1999c, 293.

[5] Adiante se desenvolverá este ponto.

[6] Sobre as dificuldades e desafios para o sistema bancário veja-se LARANJEIRO 1999a. Uma das consequências do euro e das novas condições de concorrência foi a

Durante o ano de 1998 ficaram prontos os novos mecanismos para as transacções interbancárias a efectuar em euros [1].

Sob o ponto de vista do grande público foram igualmente definidas as alterações nas formas de movimentação das contas bancárias. Mais adiante se falará dos respectivos pormenores.

2.5.5. Início do fabrico de moedas

O fabrico nas novas moedas começou com grande antecedência relativamente ao momento da sua entrada em circulação.

A urgência resulta das dificuldades técnicas de tal tarefa. O número de moedas metálicas necessárias para substituir todas as unidades nacionais ascende a muitos milhares de milhões. Só para Portugal a quantidade estimada é superior a 1.600 milhões. Bem se compreende, por isso, que a Casa da Moeda – e instituições similares nos restantes países – tenha começado bem cedo uma tão avultada produção [2].

---

redução das margens financeiras e a necessidade de redução de custos. A par disto ficaram criadas condições para um vasto processo de fusões à escala europeia.

[1] O chamado TARGET é um sistema de pagamentos, em tempo real, que liga todos os bancos da zona euro, através dos sistemas nacionais de pagamentos de grandes transacções (SPGT). Com ele podem efectuar-se pagamentos/transacções internacionais com a mesma facilidade e rapidez dos nacionais.

[2] Quanto às notas, cuja impressão não teve início durante este período, o seu volume total está estimado em 14.500 milhões.

CAPÍTULO VIII

FINALMENTE A UEM

No início de 1999 a longa história da tentativa de integração monetária europeia chegou, finalmente, aos últimos momentos. Recorde-se a primeira referência à UEM – logo em 1962; o frustrado Relatório Werner – de 1970; as primeiras medidas cambiais comunitárias das duas 'serpentes' – durante os anos 70; o Sistema Monetário Europeu – a partir de 1979.

1. O EURO

1.2. Definição, notas e moedas

Conforme o calendário aprovado no Conselho Europeu de Madrid de 1995, embora as notas e moedas euro só comecem a circular em 2002, foram definidas, em 1997 e 1998, as subdivisões bem como os valores e desenhos das notas e moedas de euro.

A nova unidade monetária europeia foi, como previsto, formalmente designada por euro e subdividida em 100 cêntimos [1].

Haverá 7 notas com o valor de 5, 10, 20, 50, 100, 200 e 500 euros, e oito moedas metálicas com valores faciais de 1 e 2 euros e 50, 20, 10, 5 e 1 cêntimo [2].

---

[1] Regulamento (CE) n.º 974/98 do Conselho de 3/5/1998, JOL n.º 139 de 11/5//1998. Ver LARANJEIRO 1999c,163.

[2] As especificações técnicas das moedas constam do Regulamento (CE) n.º 975/98 do Conselho de 3/5/1998, JOL n.º 139 de 11/5/1998 e Regulamento (CE) n.º 423/1999 do Conselho de 22/2/1999, JOL n.º 12 de 27/2/1999. Ver LARANJEIRO 1999c,181, 185.

As especificações técnicas das notas constam da Decisão (BCE/1998/6) do Banco Central Europeu de 7/7/1998, JOL n.º 8 de 14/1/1999 e Decisão (BCE/1999/2) do Banco Central Europeu de 26/8/1999, JOL n.º 258 de 5/10/1999. Ver LARANJEIRO 1999c, 187.

As notas terão um desenho uniforme, tanto na frente como no verso, em todo o espaço monetário.

Uma das faces das moedas será comum e a outra vai conter símbolos nacionais, obrigatoriamente rodeados pelas doze estrelas comunitárias. Os símbolos portugueses foram aprovados pelo DL 85/98 de 3 de Abril [1].

O diâmetro e o peso das moedas será crescente com o valor facial. Quanto à cor serão divididas em três tipos: as moedas de 1, 2 e 5 cêntimos são cor de cobre; as de 10, 20 e 50 cêntimos, amarelas; as moedas de 1 e 2 euros têm a parte externa/interna amarela/branca e branca/amarela, como as nossas moedas de 100 e 200 escudos.

Além disso, haverá diferenças nos bordos entre cada duas moedas com valor consecutivo e a moeda de 20 cêntimos será redonda, como as restantes, mas com entalhes no bordo.

1.2. Taxas de conversão

O início da terceira fase caracterizou-se, acima de tudo, pelo nascimento jurídico do euro e pela fixação das taxas de conversão de cada moeda.

A fixação irrevogável e definitiva das taxas de câmbio entre moedas é um das características que vimos ser essencial em qualquer união monetária. No entanto, no caso da UEM, não é exactamente isso que está em causa. Uma vez que foi decidido adoptar uma moeda única, com o consequente desaparecimento das moedas integrantes, o que se definiu foi a taxa de conversão de cada moeda para o euro.

O Conselho Europeu, reunido no fim de semana alargado de 31/12//1998, deliberou por unanimidade dos Estados-membros que não beneficiam de derrogação, fixar **irrevogavelmente** o valor do euro expresso em cada uma das unidades monetárias nacionais. Este valor não mais será alterado, aplicando-se, daí em diante, sempre que se pretenda converter de ou para euro ou entre unidades monetárias nacionais, enquanto estas estiverem materialmente em circulação.

Usando um procedimento técnico, previamente fixado, e mantendo a equivalência com o valor do ecu em 31/12/1998, foram fixadas as seguintes taxas de conversão [2]:

---

[1] Ver LARANJEIRO 1999c, 627.
[2] Regulamento (CE) n.º 2866/98 do Conselho de 31/12/1998, JOL n.º 359 de 31//12/1998. Ver LARANJEIRO 1999c, 195.

1 euro
 = 40,3399 francos belgas
 = 1,95583 marcos alemães
 = 166,386 pesetas espanholas
 = 6,55957 francos franceses
 = 0,787564 libras irlandesas
 = 1936,27 liras italianas
 = 40,3399 francos luxemburgueses
 = 2,20371 florins holandeses
 = 13,7603 xelins austríacos
 = 200,482 escudos portugueses
 = 5,94573 markkas finlandesas

1.3. Regras de conversão e arredondamento

As regras a que obedeceu a fixação das taxas de conversão, bem como os necessários arredondamentos do processo de conversão entre moedas, foram determinadas por um Regulamento publicado em 1997 [1].

a) A primeira regra diz respeito ao modo como deveria ser apresentada a taxa de conversão e o seu grau de precisão.

A taxa de conversão significa o valor de 1 euro expresso numa moeda nacional. Por exemplo, a taxa de conversão do escudo foi fixada em 1 euro=200,482 escudos, a do marco em 1 euro=1,95583 marcos.

Usando o mesmo procedimento em vigor no SME, essas taxas têm de conter 6 algarismos significativos.

A forma como foi definido o grau de precisão conduz a uma não uniformidade das casas decimais. As taxas de conversão têm um máximo de 6 e um mínimo de 2 casa decimais, como é o caso da libra irlandesa e da lira italiana, respectivamente.

b) A segunda regra proíbe qualquer arredondamento ou truncagem das taxas de conversão fixadas ao efectuar as operações de conversão de euro para moeda nacional ou de moeda nacional para euro.

No caso do escudo, por exemplo, é proibido arredondar para a unidade, 200$00, ou truncar para 200$48.

---

[1] Regulamento (CE) n.º 1103/97 de 17/6/1997, JOL n.º 162 de 19/6/1997. Ver LARANJEIRO 1999c, 175.

c) A terceira regra impõe o uso das taxas de conversão sempre que se procede às passagens de euro para moeda nacional ou de moeda nacional para euro, proibindo o uso de taxas inversas.

A taxa inversa consistiria na determinação do valor de uma unidade monetária nacional em euros. Se 1 euro=200,482 escudos a taxa inversa seria 1 escudo=0,0049879 euros. Este procedimento não pode ser utilizado nas operações de conversão.

d) A quarta regra define os procedimentos de conversão entre moedas e os arredondamentos intermédios.

Para transformar um montante de uma moeda nacional em outra moeda nacional tem de:

- converter-se a primeira em euros, usando a respectiva taxa de conversão;
- eventualmente, arredondar o resultado para um mínimo de 3 casas decimais;
- converter o valor obtido para outra moeda nacional recorrendo à respectiva taxa.

v) A última regra respeita ao arredondamento final.

Ao efectuar-se a conversão moeda nacional<->euro, usando a respectiva taxa, pode obter-se um valor que não corresponda a qualquer fracção da respectiva moeda. Por exemplo, a importância de 100$62 terá de ser arredondada porque não é possível efectuar um pagamento de 62 centavos. Como a mais pequena moeda em circulação é de 1 escudo [1], o valor em causa seria arredondado usando as práticas habituais [2].

Neste caso devia proceder-se a um arredondamento para cima fixando--se a importância em 101$00.

A mesma regra é aplicável quando a conversão se faz para euros. Um valor de 100,628 euros será arredondado para 100,63, visto que a menor fracção euro é de 1 cêntimo.

A regra do arredondamento final só se aplica quando está em causa determinar um certo montante a ser pago numa transacção. Não é obrigatório quando apenas se pretende calcular um valor contabilístico a ser usado em outras operações.

---

[1] As moedas de $50 e de 2$50 foram retiradas de circulação a partir de 30 de Setembro de 1998 sendo, desde então, 1 escudo a menor fracção da moeda portuguesa. Cf. DL 138/98 de 16 de Maio.

[2] Ou seja, se inferior a 0,5 arredondamento para a unidade anterior, se igual ou superior arredondamento para a unidade seguinte.

Cap. VIII – Finalmente a UEM

O mesmo princípio vale para a fixação de determinados preços. Por exemplo, tal como em escudos um impulso telefónico ou um Kilowatt têm valores não inteiros, também em euros se pode continuar a usar idêntico procedimento [1].

As regras de conversão e arredondamento podem conduzir a resultados aparentemente inesperados que devem ser tidos em conta.

Veja-se um exemplo de conversão de escudos portugueses em libras irlandesas.

Aplicando as regras de conversão, 100 PTE correspondem a 0,39 IRL, mas 0,39 IRL correspondem apenas a 99 PTE. A diferença resulta do processo de conversão que passa obrigatoriamente pelo euro.

Atente-se no cálculo efectuado:
(escudo->libra irlandesa)
100 PTE : 200,482 = 0,49879 euros;
0,49879 x 0,787564 = 0,39282904756 IRL;
arredondando o valor temos: 0,39 IRL

(libra irlandesa->escudo)
0,39 IRL : 0,787564 = 0,49519785 euros;
0,49519785 x 200,482 = 99,2782553670 PTE;
arredondando o valor temos: 99,28=99$00

Esta discrepância, como se viu, resulta do arredondamento obrigatório na unidade monetária nacional. Na verdade 100 PTE não correspondem a 0,39 IRL mas a 0,39282904756.

A parte perdida no arredondamento explica a não equivalência PTE<->IRL.

Situações semelhantes podem ocorrer quando se converte de/para euros.

Por exemplo: 500$00 correspondem a 2,49 euros, depois do arredondamento. No entanto, quando se reconverte 2,49 euros em escudos obtém-se 499$20 que deve ser arredondado para 499$00.

Para o caso do escudo, esta situação foi prevista e resolvida no DL 138/98. Conforme o seu artigo 8.º, sempre que se efectue uma conversão de escudos para euros e posteriormente seja necessário reconverter de

---

[1] Um outro caso em que se usam sempre várias casas decimais são as taxas de câmbio.

euros para escudos, será o valor desta última operação que deve ser considerado para efeitos de pagamento final ou contabilização. No exemplo dado, 500 PTE = 2,49 EUR; 2,49 EUR = 499 PTE. Os quinhentos escudos convertidos e reconvertidos seriam liquidados pelo valor de 499$00.

1.4. Estatuto jurídico do euro

Ainda em 1998 ficou estabelecido o estatuto jurídico do euro [1], que vigora desde 1 de Janeiro de 1999.

A partir do momento em teve início a UEM, o euro tornou-se a moeda oficial dos Estados-membros dela integrantes.

Por razões técnicas e necessidade de adaptação à nova moeda, decidiu-se que as notas e moedas euro só seriam introduzidas a partir de Janeiro de 2002. Durante este período transitório de três anos vão coexistir operações denominadas em euros e nas moedas nacionais.

Dada a inexistência física de notas e moedas euro, as unidades monetárias nacionais passaram a ser juridicamente entendidas como divisões do euro, à taxa de conversão fixada. Quer isto dizer que uma nota de 1.000$00, por exemplo, é desde 1 de Janeiro de 1999 considerada como sendo na verdade 4,99 euros. O escudo e todas as restantes moedas nacionais passaram a ser apenas diferentes formas de expressar a unidade monetária europeia, isto é, são apenas nomes diferentes para a mesma moeda [2].

Por ser assim, não há qualquer alteração nos contratos ou quaisquer outros instrumentos jurídicos onde se faça referência a unidades monetárias nacionais [3]. Sendo 1.000 escudos juridicamente o mesmo que 4,99 euros, e vice-versa, é desde então possível efectuar um pagamento tanto em escudos como em euros – este último desde que por meios bancários.

No entanto, durante o período transitório, ninguém pode ser obrigado a pagar ou receber em euros.

---

[1] Regulamento (CE) n.º 974/98 do Conselho de 5/5/1998, JOL n.º 139 de 11/5/ /1998. Ver LARANJEIRO 1999c, 165.

[2] Tal como em Portugal, durante muitos anos após a introdução do escudo em 1911, se dizia 50 mil reis quando, na verdade, se tratava de 50 escudos. Também na altura em que o real foi substituído pelo escudo se estabeleceu uma taxa fixa de con-versão que era de 1 escudo=1.000 reis.

[3] Para uma análise mais minuciosa das implicações do euro no negócios jurídicos ver PATRÍCIO 1999.

Com o arranque da UEM deram-se duas alterações no quadro institucional comunitário: surgiram o Comité Económico e Financeiro e o Banco Central Europeu, a funcionar plenamente.

2. COMITÉ ECONÓMICO E FINANCEIRO

Tal como previsto pelo artigo 114.º (ex 109.º-C), no início da 3.ª fase o Comité Económico foi dissolvido e substituído pelo Comité Económico e Financeiro.

Tendo um carácter consultivo, como o seu antecessor, cabe-lhe formular pareceres e apresentar relatórios relativos à situação económica e financeira e aos movimentos de capitais e sistemas de pagamentos dos Estados-membros da Comunidade.

A sua composição inclui dois representantes por cada Estado--membro, dois pela Comissão e dois pelo Banco Central Europeu. Devem ser peritos com elevada competência no domínio da economia e finanças, sendo os representantes dos Estados-membros escolhidos entre altos funcionários da administração e do respectivo banco central [1].

3. O SISTEMA EUROPEU DE BANCOS CENTRAIS E O EUROSSISTEMA

Sob o ponto de vista institucional, o elemento mais marcante da 3.ª fase da UEM foi a entrada em funcionamento pleno em 1-1-1999, do Sistema Europeu de Bancos Centrais (SEBC) – que integra o novo do Banco Central Europeu (BCE) que absorveu o Instituto Monetário Europeu, criado no início da 2.ª fase [2].

O SEBC, cujos Estatutos constam de Protocolo anexo ao Tratado, é constituído pelo Banco Central Europeu e pelo conjunto de todos os bancos centrais nacionais (BCNs) dos Estados-membros da Comunidade.

---

[1] Cf. Decisão (98/743/CE) do Conselho de 21/12/1998, JOL n.º 358 de 31/12//1998. Ver LARANJEIRO 1999c, 203.
  Os Estatutos do Comité foram aprovados pela Decisão (1999/8/CE) do Conselho de 31/12/1998, JOL n.º 5 de 9/1/1999. Ver LARANJEIRO 1999c, 207.

[2] Tal como o IME o BCE tem a sua sede em Frankfurt. Esta localização, já antes decidida, faz actualmente parte de um Protocolo anexado ao Tratado CE pelo Tratado de Amesterdão.

Como nem todos os Estados-membros adoptaram a moeda única e mantêm, portanto, a sua soberania monetária, foi necessário introduzir um novo conceito. Ao conjunto formado pelo BCE e pelos BCNs dos 11 Estados que adoptaram o euro passou a chamar-se Eurossistema [1]. É o Eurossistema e não o SEBC, em sentido lato, que elabora e executa a política monetária.

3.1. Objectivo da acção do BCE/SEBC

Nos termos do artigo 105.º, a actuação do SEBC tem como objectivo primordial garantir a 'manutenção da estabilidade dos preços' no interior da União. Só na medida em que tal objectivo não seja posto em causa poderá apoiar 'as políticas económicas gerais na Comunidade'.

Ao contrário do que sucedeu durante muitos anos não cabe agora ao banco central prosseguir outros fins, como o do máximo emprego [2], ou estar sujeito a objectivos conjunturalmente ditados pelo poder político.

3.2. O estatuto de independência do BCE/SEBC

A independência do SEBC começa por manifestar-se na forma como está definido o objectivo que é obrigado a prosseguir. Constando do texto do Tratado fica imediatamente excluída a hipótese de ele vir a ser alterado por decisões tomadas tanto a nível comunitário como, por maioria de razão, a nível nacional.

A clara separação das instâncias políticas consta igualmente do texto do Tratado. Segundo o artigo 107.º (ex 108.º) as autoridades nacionais e

---

[1] A inovação terminológica foi introduzida pelo BCE ainda em 1998. Veja-se o desenvolvimento desse novo conceito no primeiro Boletim Mensal do BCE de Janeiro de 1999.

'Eurosistema' é um neologismo cuja grafia habitualmente utilizada é a que antecede e parece derivar do inglês 'eurosystem'. No entanto, na língua portuguesa, como todos sabem, o S entre vogais tem sempre o valor Z. Daí que, para evitar o absurdo que seria ler-se 'eurozistema' se tenha antes adoptado a grafia eurossistema que mais parece adequar-se à nossa língua.

[2] Confronte-se com os objectivos fixados para o FED norte-americano: 1-promover o máximo emprego; 2-estabilidade dos preços; 3-baixas taxas de juro de longo prazo. Cf. "FED-Purposes and Functions", Board of Governors of the Federal Reserve System, Washington, 1994.

comunitárias não podem emitir qualquer tipo de instruções, ou sequer "procurar influenciar os membros dos órgãos de decisão"[1].

---

[1] O estatuto de independência do BCE/SEBC é particularmente marcado. O actual vice-presidente do BCE, C. Noyer, considera-o mesmo 'talvez o mais independente banco central do mundo'.

Não era esta a tradição dos bancos centrais europeus, com a excepção do *Bundesbank*, cuja criação muito deve à influência norte-americana. Para se compreender a razão desta nova atitude tem de olhar-se, mesmo que muito brevemente, para a evolução recente do pensamento económico.

Desde o fim da II Guerra até aos anos 70 veio a ser dominante a ideia segundo a qual a política monetária devia estar ao serviço do objectivo da política económica, então considerado primordial, que era a promoção do pleno emprego. Ao lado da política fiscal e orçamental, a política monetária devia ser utilizada como um instrumento anti-cíclico. Tal como acima se disse do orçamento – que só estava equilibrado quando passava do défice, para combater o desemprego, ao superavit, para combater a inflação – também a política monetária seguia o mesmo rumo. Reduzir a taxa de juro para estimular a economia, aumentá-la para refrear a subida dos preços. Era a chamada política de 'fine tunning' em que a componente monetária assumia um papel activo.

A partir dos anos 70 alterou-se a concepção dominante. Passou a dar-se razão aos que sempre tinham defendido uma clara separação entre as variáveis reais e monetárias. Segundo esta visão a moeda só tem efeitos passageiros, no curto prazo, não influenciando o comportamento real da economia. Recorde-se a crítica monetarista da Curva de Phillips e logo se reconhecerá o mesmo tipo de raciocínio. Para piorar as coisas, passou a aceitar-se que o resultado final de uma política monetária activa seria a introdução de um desequilíbrio que, a prazo, produzia até mais desemprego. O melhor seria não tentar sequer qualquer 'activismo monetário'.

Veja-se FRIEDMAN 1968 que ainda aceitava o consenso sobre os objectivos de política económica: alto nível de emprego, preços estáveis e rápido crescimento. Porém, assinalava enfaticamente aquilo que a política monetária não podia fazer, em especial, alterar a taxa de juro e o desemprego a longo prazo.

É exactamente esta ideia que o BCE acolhe e tem sido divulgada em várias intervenções do seu presidente.

É neste contexto, que igualmente se passou a aceitar que o banco central tem de prosseguir apenas um objectivo que efectivamente pode controlar – o nível geral de preços. Sendo a inflação vista como um fenómeno monetário é à autoridade monetária que compete o seu controlo. Daí o objectivo prosseguido pelo BCE, inscrito no Tratado.

Por outro lado, para o prosseguir tem de libertar-se dos efeitos de curto prazo que, continua a aceitar-se, a política monetária produz. E é aqui que entra a independência do poder político.

Estando os governos pressionados pelos eleitorados, têm tendência a privilegiar o curto prazo – o período entre eleições – e a descurar o prazo mais longo. Se tivessem ao seu dispor a política monetária seriam tentados a usá-la de uma forma hoje entendida como 'errada'. Daí a independência total e absoluta das autoridades monetárias, compostas por técnicos, e as autoridades políticas que agem em função das pressões eleitorais de conjuntura.

Esta separação aplica-se tanto ao BCE como a cada um dos bancos centrais nacionais. Daí que, como se viu supra, um dos requisitos exigidos para aceder à UEM fosse assegurar, nos respectivos diplomas nacionais, a independência do banco central.

A independência manifesta-se depois em vários aspectos concretos.

i) Independência pessoal

De forma a isolar o mais possível os membros dos órgãos de decisão das flutuações políticas, os mandatos dos membros da Comissão Executiva e dos governadores dos bancos centrais nacionais são deliberadamente longos. Os primeiros têm mandatos não renováveis de 8 anos, os segundos têm o mandato fixado pela respectiva legislação nacional mas que nunca pode ser inferior a 5 anos.

Por outro lado tanto os membros da Comissão Executiva como os governadores dos BCNs são inamovíveis. Os membros da Comissão Executiva só podem ser demitidos das suas funções pelo Tribunal de Justiça com fundamento em 'falta grave' e a pedido do BCE. Os governadores dos BCNs também só podem ser demitidos em caso de falta grave havendo sempre possibilidade de recurso para o Tribunal de Justiça interposto pelo próprio ou pelo Conselho do BCE.

Os membros dos órgãos do BCE e o seu pessoal gozam dos privilégios e imunidades estabelecidos no respectivo Protocolo anexo ao TCE.

Finalmente, os governadores dos BCNs, que têm assento no Conselho do BCE, não são considerados representantes dos respectivos Estados ou bancos centrais participando a título pessoal.

Fica assim assegurada a total independência pessoal dos membros dos órgãos de decisão do SEBC.

ii) Independência institucional e financeira

O BCE tem personalidade jurídica própria sendo, por isso, institucionalmente independente da Comunidade.

O SEBC elabora autonomamente as suas contas anuais que estão assim separadas das da Comunidade. A fiscalização não é sequer feita

---

Veja-se a, já muito antiga, defesa desta tese em HAYEK 1991 que sempre foi um acérrimo opositor de Keynes e das políticas que inspirou. Quanto à inflação sempre a considerou uma 'droga viciante' para os governos defendendo, por isso, a 'dissolução do casamento, nada divino, entre a política monetária e fiscal'(p. 206).

Sobre o tema da independência pode ver-se FERREIRA 1999 e a bibliografia aí citada. Veja-se também GIORDANO 1998, Cap. 5 e LARANJEIRO 1999b e infra ponto 4.

pelo Tribunal de Contas, excepto no que refere 'à eficácia operacional da gestão'. Cabe a auditores externos o controlo das contas quer do BCE quer dos BCNs [1].

As actividades do BCE estão também isentas de impostos.

iii) Independência sobre as condições de emprego do pessoal

Também no que se refere ao pessoal é ao Conselho do BCE que cabe definir o regime aplicável, tal como estipula o artigo 36.º dos Estatutos, tendo sido concretizado por uma Decisão do BCE de 9/6/1998 alterada em 31/3/1999 e publicada no JOL n.º 125 de 19/5/1999.

3.3. Órgãos do SEBC/BCE

O SEBC é dirigido pelos órgãos directivos do Banco Central Europeu.
O BCE é dirigido por um Conselho e uma Comissão Executiva.

No Conselho têm assento os membros da Comissão Executiva e os governadores dos bancos centrais nacionais dos Estados que não beneficiem de uma derrogação [2].

As decisões do Conselho são tomadas por maioria simples dos votos, vigorando o princípio de um membro um voto. Apenas nas matérias previstas no n.º 3 do artigo 10.º dos Estatutos se exigem maiorias qualificadas [3].

A Comissão Executiva é formada pelo presidente, vice-presidente e 4 vogais, todos nomeados, por comum acordo, pelos Estados-membros que não beneficiem de uma derrogação [4]. A duração dos respectivos mandatos é de 8 anos não renováveis [5], excepto no que respeita à primeira nomeação do vice-presidente e vogais [6], como já vimos. À Comissão

---

[1] O auditor externo do BCE foi designado pela Decisão (98/481/CE) do Conselho de 20/7/1998, JOL n.º 216 de 4/8/98.

Os auditores externos dos BCNs foram designados pela Decisão (1999/70/CE) do Conselho de 25/1/1999, JOL n.º 22 de 29/1/1999 e pela Decisão (2000/223/CE) do Conselho de 13/3/2000, JOL n.º 71 de 18/3/2000.

[2] Confrontar os artigos 107.º (ex 106.º) e 123.º (ex 109.º-L) do Tratado e os artigos 10.º-1 e 43.º-4 dos Estatutos.

[3] São todas elas respeitantes ao capital do BCE ou à distribuição dos seus lucros, nada tendo a ver com a condução da política monetária.

[4] Artigos 11.º-2 e 50.º dos Estatutos e 123.º (ex 109.º-L) do Tratado.

[5] Cf. artigo 112.º (ex 109.º-A) do Tratado.

[6] Recorde-se que os membros iniciais foram nomeados pelo Conselho Europeu de 2 de Maio tendo os mandatos prazos excepcionais previstos no artigo 50.º dos Estatutos.

Executiva cabe a gestão corrente do BCE e a execução da política monetária, decidida pelo Conselho do BCE.

Como nem todos os Estados-membros da Comunidade integram a UEM, o BCE tem um outro órgão de gestão: o Conselho Geral [1].

O Conselho Geral é composto pelo presidente e vice-presidente do BCE e pelos governadores dos bancos centrais de todos os Estados--membros da Comunidade, isto é, também aqui têm assento os representantes dos bancos centrais dos Estados que beneficiam de derrogação.

As funções atribuídas ao Conselho Geral têm um carácter essencialmente consultivo e de apoio mas é no seu seio que continuará a coordenação das políticas monetárias dos Estados-membros ainda excluídos da união monetária [2]. Embora seja um órgão considerado transitório, visto que só existe enquanto houver membros da UE que não adoptem a moeda única, é muito provável que venha a ter uma longa existência. Se pensarmos nos futuros membros, que em breve vão aderir à Comunidade, é fácil prever que a maioria deles só muito mais tarde venha a adoptar o euro. Enquanto assim for, o Conselho Geral continuará a desempenhar as suas funções [3].

3.4. Funções do SEBC e do BCE

Subordinado ao seu objectivo fundamental de garantir a estabilidade dos preços no interior da zona euro, as suas funções podem, genericamente, considerar-se similares às que anteriormente eram desempenhadas pelos bancos centrais nacionais, na sua área de competência.

Cabe ao Eurossistema:

  i) a elaboração e execução da política monetária na zona euro;
  ii) realizar operações cambiais;
  iii) deter e gerir as reservas cambiais;
  iv) emitir as notas com curso legal na zona euro;

---

[1] Cf. n.º 3 do artigo 123.º (ex 109.º-L) do Tratado e artigo 45.º dos Estatutos.
[2] Cf. artigo 47.º dos Estatutos.
[3] Tanto o BCE como o Conselho Geral adoptaram já os seus regulamentos internos que foram publicados no JOL n.º 125 de 19/05/1999 e JOL n.º 75 de 20/3/1999, respectivamente.

Também a Comissão Executiva tem um pequeno Regulamento Interno publicado no JOL n.º 314 de 8/12/1999.

v) aprovar aos montantes de moeda metálica a emitir por cada BCN [1].

O BCE é o único responsável pela emissão de notas em toda a zona euro e passou a deter e gerir as reservas cambiais externas transferidas pelos Estados-membros [2].

Deve também contribuir para a supervisão prudencial das instituições de crédito que se mantém, no entanto, a cargo de entidades nacionais [3].

No âmbito das suas competências o SEBC funciona como órgão consultivo e pode emitir avisos dirigidos a órgãos ou instituições comunitárias ou nacionais [4].

3.4.1. Instrumentos jurídicos do BCE [5]

Para desempenhar as suas funções o BCE dispõe de um conjunto de instrumentos jurídicos, sendo alguns deles comuns a outras instituições comunitárias e outros específicos do SEBC.

O BCE tem, como vimos, personalidade jurídica. O mesmo não sucede ao SEBC, como bem se compreende. Se cada banco central nacional já anteriormente tinha e continua a ter personalidade jurídica, o SEBC, de que todos fazem parte, nunca poderia ter ele próprio personalidade jurídica. Desta estrutura composta por entidades com personalidade jurídica – BCE, por um lado, BCNs por outro – vai resultar a necessidade de alguns instrumentos específicos.

A personalidade jurídica do BCE permite-lhe celebrar acordos internacionais e participar de direito próprio nas instâncias internacionais a que infra se fará referência.

---

[1] Veja-se, a título de exemplo, a Decisão (BCE/1999/11) do BCE relativa à aprovação do volume de emissão de moedas metálicas em 2000, JOL n.º 4 de 7/1/2000.

[2] Os bancos centrais nacionais integrantes do SEBC transferiram parte dos seus activos de reserva para o BCE. O montante global é de 50.000 milhões de euros, composto por moedas não comunitárias nem posições de reserva no FMI. Cf. artigo 30.º dos Estatutos.

O grosso destas reservas é composto por dólares norte-americanos e ouro.

[3] Sobre a supervisão prudencial ver MARTA 1999.

[4] Cf. artigo 105.º do TCE e artigo 3.º dos Estatutos.

[5] Ver sobre este ponto o artigo publicado no Boletim Mensal do BCE de Novembro de 1999.

Por outro lado, pode ainda ser parte litigante nos tribunais nacionais ou da Comunidade.

Os BCNs, porque continuam a ter personalidade jurídica, embora pertencentes ao SEBC, podem continuar a relacionar-se com outros bancos centrais e a participar em instituições internacionais [1].

Os BCNs, no entanto, ao integrarem o SEBC, conforme se lê no artigo 14.º dos Estatutos, devem 'actuar em conformidade com as orientações e instruções do BCE.' Disposição semelhante se encontra, por exemplo, na Lei Orgânica do Banco de Portugal [2].

Daqui resulta que o funcionamento do SEBC só possa ser assegurado se existirem instrumentos jurídicos que permitam o relacionamento entre entidades com personalidade jurídica autónoma. É neste mesmo contexto que, perante o Tribunal de Justiça, os artigos 237.º e 226.º do TCE equiparam as relações entre o BCE e os BCNs às existentes entre a Comissão e os Estados-membros da UE.

Como consequência, os instrumentos jurídicos ao dispor do BCE podem dividir-se em 2 grupos: os que se dirigem ou dizem respeito a entidades exteriores ao SEBC e aqueles que visam assegurar o funcionamento interno do SEBC.

Nos termos gerais e comuns a outras Instituições o BCE pode adoptar Regulamentos, tomar Decisões e formular Recomendações ou emitir Pareceres.

* Regulamentos

Os Regulamentos do BCE, como os das outras instituições comunitárias, são de aplicação geral e directa, não carecendo, portanto, de ser transpostos para a legislação nacional. No entanto, como bem se compreende, só se aplicam nos Estados-membros que adoptaram o euro.

Como impõe o artigo 17.º do Regulamento Interno do BCE, os regulamentos têm de ser aprovados pelo Conselho do BCE e assinados pelo seu presidente. Conforme o artigo 254.º do TCE (por remissão do n.º 2 do artigo 110.º), os regulamentos do BCE entram em vigor vinte dias após a sua publicação ou na data dele constante.

Um exemplo particularmente relevante deste tipo de instrumentos é o Regulamento (CE) n.º 2818/98 (BCE/1998/15) relativo à aplicação de

---

[1] Cf. o artigo 23.º dos Estatutos.
[2] Ver LARANJEIRO 1999c, 431.

reservas mínimas obrigatórias. As instituições de crédito (como os bancos) dos Estados-membros do euro ficam assim directamente sujeitas às disposições deste Regulamento.

* Decisões

As Decisões do BCE, como as das outras instituições comunitárias, são também directamente aplicáveis mas não têm carácter geral. Apenas são obrigatórias para as entidades a quem se dirigem. Podem ser pessoas singulares ou colectivas bem como Estados-membros. As decisões poderão ser aprovadas pelo Conselho do BCE ou pela Comissão Executiva no âmbito das suas competências. Tal como os regulamentos, são assinadas pelo presidente do BCE [1]. Entram em vigor imediatamente após a notificação à entidade ou entidades a que se dirige.

A Decisão do BCE de 22/4/1999 relativa à aprovação dos volumes de emissão de moedas em 2000 é um exemplo deste tipo de acto jurídico.

* Pareceres

Os Pareceres emitidos pelo BCE são uma das formas de participação na produção legislativa comunitária. Em vários artigos do TCE [2] bem como dos Estatutos [3] é exigida a emissão de um Parecer do BCE para que possa ser adoptada legislação comunitária. Embora não vinculativo, o parecer é condição *sine qua non* para a aprovação final.

Exemplo deste tipo de acto jurídico encontra-se no Parecer relativo a aspectos cambiais relacionados com o escudo cabo-verdiano, emitido pelo BCE em 17/12/1998, durante o processo de aprovação da Decisão (CE/1998/744).

* Recomendações

As Recomendações formuladas pelo BCE estão igualmente previstas nos artigos 107.º e 111.º do TCE bem como no artigo 41.º dos Estatutos e podem ser de dois tipos.

---

[1] Cf. artigo 17-4 do Regulamento Interno do BCE.
[2] Ver artigos 59.º, 104.º, 105.º, 106.º, 107.º, 111.º, 112.º, 114.º, 123.º.
[3] Ver artigos 4.º e 25.º.

Em primeiro lugar, as recomendações são um instrumento que permite ao BCE tomar a iniciativa num processo legislativo comunitário. O número 5 do artigo 107.º é um caso exemplar.

Os Estatutos do BCE, embora em anexo ao Tratado, constituem sua parte integrante. Daí que só possam ser alterados por um acto equivalente, isto é, por um outro tratado. No entanto, ficou prevista a possibilidade de se proceder a alterações em alguns dos seus artigos explicitamente mencionados no n.º 5 do artigo 107.º. O Conselho é competente para efectuar essas alterações desde que requeira o parecer do BCE. Neste caso tem de deliberar por unanimidade. Se, porém, existir uma prévia Recomendação do BCE, a deliberação apenas exige uma maioria qualificada.

O BCE pode igualmente emitir recomendações relativamente a algumas matérias que tenham de ser decididas pelo Conselho. É o caso, por exemplo, da regulamentação das reservas mínimas exigidas às instituições de crédito. O Regulamento (CE) n.º 2531/98 foi precedido pela Recomendação do BCE emitida em 7/7/1998 – que é praticamente reproduzida no Regulamento, com muito ligeiras variações terminológicas. Foi na sequência deste Regulamento (CE) que o BCE veio posteriormente a adoptar o Regulamento n.º 2818/98 (BCE/1998/15) a que infra se fará referência.

Em segundo lugar, as recomendações do BCE podem não integrar--se no processo legislativo, como acima se indicou, mas ser antes um instrumento de orientação para entidades situadas no âmbito da sua competência. Foi o caso da Orientação (BCE/1998/NP21) destinada a entidades belgo-luxemburguesas, italianas e irlandesas, sobre informação estatística das balanças de pagamentos.

* Orientações, Instruções e Decisões internas.

A coexistência de várias entidades com personalidade jurídica própria no seio do SEBC, como supra se referiu, implica que o funcionamento de todo o sistema não possa ser levado a cabo apenas com a emissão de simples 'ordens de serviço'. É necessária a existência de instrumentos jurídicos internos que vinculem os seus vários agentes sem que seja exigida uma eficácia geral.

Os instrumentos previstos no artigo 12.º dos Estatutos e referidos no artigo 17.º do Regulamento Interno são as Orientações, Instruções e Decisões.

Todas elas são instrumentos jurídicos formais que, como tal, fazem parte da legislação comunitária. À semelhança dos Regulamentos e

Decisões referidas anteriormente, também elas prevalecem sobre as legislações nacionais.

As Orientações e Instruções são instrumentos inovadores, antes inexistentes, no âmbito do direito comunitário.

* Orientações

As Orientações do BCE são o instrumento interno mais importante na condução do Eurossistema. São aprovadas pelo Conselho do BCE e dela têm de constar os motivos que a fundamentam. São assinadas pelo presidente e notificadas aos BCNs. Só são publicadas no Jornal Oficial se assim expressamente for decidido.

É nas Orientações que se fixa o quadro geral e as regras fundamentais a que deve obedecer a posterior execução. Como exemplo deste tipo de instrumento temos a Orientação do BCE de 7/7/1998 (BCE/1999/3) relativa a certas disposições sobre notas expressas em euros.

* Instruções

As Instruções são aprovadas pela Comissão Executiva, assinadas pelo presidente ou por dois dos seus membros e notificadas aos BCNs.

O seu conteúdo visa dar execução às Orientações ou Decisões do Conselho do BCE. Consistem em instruções pormenorizadas e específicas para dar cumprimento ao que tenha sido decidido sobre a condução da política monetária. Os destinatários são os BCNs enquanto agentes da execução descentralizada da política monetária única. São directamente vinculativas para os BCNs do Eurossistema e, se necessário, podem ser aplicáveis por via judicial. Tal como as Orientações, só serão publicadas, em todas as línguas oficiais, se assim for decidido.

* Decisões internas

As Decisões internas, ao contrário das Decisões anteriormente referidas, não têm destinatários especificados sendo aplicáveis e vinculativas para o Eurossistema. Destinam-se a regular os aspectos organizativos ou administrativos internos.

Um exemplo deste tipo de decisões é a Decisão (BCE/1998/12) relativa ao acesso do público à documentação e aos arquivos do BCE.

3.5. Capital do BCE

Para executar as suas funções de banco central o BCE dispõe de um capital de 5.000 milhões de euros, fixado pelo artigo 28.º dos Estatutos. O capital operacional foi realizado por subscrição dos bancos centrais nacionais. A percentagem subscrita por cada BCN foi determinada por dois elementos estatísticos: a percentagem da respectiva população na população total e a percentagem do PIB no PIB comunitário [1].

Com base nesses dados, o BCE determinou, em Junho de 1998, a participação percentual de cada BCN no capital total [2]. Posteriormente, face à alteração dos dados estatísticos fornecidos pela Comissão, foi fixada, em 1 de Dezembro de 1998, uma nova tabela de repartição [3].

Ao banco central de cada Estado-membro foi atribuída a seguinte percentagem:

Bélgica	2,8658%
Dinamarca	1,6709%
Alemanha	24,4935%
Grécia	2,0564%
Espanha	8,8935%
França	16,8337%
Irlanda	0,8496%
Itália	14,8950%
Luxemburgo	0,1492%
Holanda	4,2780%
Áustria	2,3594%
Portugal	1,9232%
Finlândia	1,3970%
Suécia	2,6537%
Reino-Unido	14,6811%

---

[1] A metodologia para a recolha dos dados estatísticos, feita pela Comissão, consta da Decisão (98/382/CE) do Conselho de 5/7/1998, JOL n.º 171 de 17/6/1998. Ver LARANJEIRO 1999c, 271.

[2] O método de cálculo e a tabela de repartição foi publicada nas Decisões (BCE/1998/1) e (BCE/1998/2) do BCE de 9/6/1998, JOL n.º 8 de 14/1/1999. Ver LARANJEIRO 1999c, 275, 277.

[3] Ver Decisão (BCE/1998/13) do BCE de 1/12/1998, JOL n.º 125 de 19/5/1999. Ver LARANJEIRO 1999c, 283.

Um Regulamento publicado em Maio de 2000 habilita o Conselho do BCE a, se necessário, proceder a um aumento de capital num montante idêntico ao inicial [1].

Relativamente aos bancos centrais que não fazem parte do Eurossistema, foi acordada a subscrição de 5% da sua quota para fazer face aos custos da sua participação em algumas actividades do BCE [2].

3.6. Representação externa

A representação externa da zona euro perante instituições internacionais – de carácter formal ou informal – levanta alguns problemas.

O BCE como instituição independente responsável pela política monetária e pela execução da política cambial tem necessariamente de ter um papel fundamental na representação externa da Comunidade nas matérias monetárias. Há algumas dificuldades, porém, resultantes quer da articulação entre Estados-membros e o BCE, quer das regras de funcionamento de algumas instituições internacionais.

Nos Conselhos Europeus do Luxemburgo, de Dezembro de 1997, e de Viena, de Dezembro de 1998, foram tomadas algumas decisões nesta matéria.

O problema da representação externa foi dividido em duas partes:

i) representação da Comunidade sobre questões de interesse para a UEM – como resulta do n.º4 do artigo 111.º (ex 109.º);
ii) representação sobre matérias que não são da competência comunitária mas em que deve existir uma posição comum entre os vários Estados-membros.

Quanto ao primeiro aspecto (i) foram adoptados três princípios: 1. "a Comunidade deve exprimir-se a uma só voz"; 2. "a Comunidade deve ser representada tanto a nível do Conselho ministerial como a nível de bancos centrais"; 3. "a Comissão será associada à representação externa da Comunidade" [3].

---

[1] Regulamento (CE) n.º1009/2000 do Conselho de 8 de Maio de 2000 relativo a aumentos de capital do Banco Central Europeu. JOL n.º 115 de 16/05/2000.
[2] Cf. Decisão (BCE/1998/14) do BCE de 1/12/1998, JOL n.º 110 de 28/4/1999. Ver LARANJEIRO 1999c, 281.
[3] Cf. Anexo II das Conclusões do Conselho de Viena de 12/12/1998. Ver LARANJEIRO 1999c, 333.

Quanto ao segundo aspecto (ii) tentaram-se soluções pragmáticas para a representação externa.

No que respeita à representação da Comunidade pelo BCE junto do Grupo de Ministros das Finanças e Governadores do Grupo dos 7 (G7)[1], foi aceite a participação do presidente do BCE nas suas reuniões, que discutirá os assuntos em agenda e aprovará a declaração final.

A representação da Comunidade a nível ministerial sobre matérias relativas à UEM, será feita através do presidente em exercício do ECOFIN ou, se este não pertencer a um Estado-membro integrante da UEM, ao presidente do Euro-11[2], mesmo que de um país não pertencente ao G7.

A Comissão será também integrada na representação externa através de um seu representante como assessor do presidente do ECOFIN ou do Euro-11.

No que se refere ao Fundo Monetário Internacional onde, segundo os seus Estatutos só os Estados têm assento, as posições comunitárias, sobre matérias UEM, serão veiculadas ao Conselho de Administração do FMI através do membro que exerça a presidência do Euro-11.

Por outro lado, a participação do BCE foi aceite pelo FMI com o estatuto de observador. Em Fevereiro de 1999 foi nomeado o primeiro representante permanente do BCE em Washington, tendo sido substituído em Agosto de 1999. Participará em todas reuniões da Comissão Executiva do FMI que digam respeito à supervisão da política monetária e cambial do euro; às políticas de cada Estado-membro da zona euro; ao papel do euro no sistema monetário internacional; à evolução e perspectivas da economia e dos mercados mundiais.

3.7. Articulação com o Conselho e o Parlamento

A total independência do BCE na condução da política monetária levanta alguns problemas no que refere à coordenação com a política económica e à responsabilidade democrática.

---

[1] Nas reuniões do G7 passou a participar regularmente a Rússia sendo por isso às vezes referido como G8.

[2] Designa-se Euro-11 o Conselho informal onde apenas participam os representantes dos Estados-membros que adoptaram o euro. A partir de Janeiro 2001, com a entrada da moeda grega, passará a Euro-12

O artigo 113.º (ex 109.º-B) do TCE pretende dar resposta à questão da coordenação prevendo a participação do presidente do Conselho e de um membro da Comissão nas reuniões do Conselho do BCE, podendo o primeiro apresentar moções para discussão e deliberação.

Reciprocamente, o presidente do BCE estará presente nas reuniões do Conselho quando esteja em causa a discussão de matérias relativas aos objectivos e atribuições do BCE.

A responsabilidade política do BCE é mais difícil de concretizar sem pôr em risco o seu estatuto de independência. Mesmo assim, existe a obrigação da entrega anual ao Parlamento Europeu, Conselho, Comissão e Conselho Europeu de um relatório sobre as suas actividades. O relatório é apresentado pelo presidente do BCE e o Parlamento Europeu pode, sobre ele, levar a cabo um debate de carácter geral. O Parlamento pode ainda solicitar a presença do Presidente do BCE ou de um membro da Comissão Executiva.

Por decisão do primeiro presidente do BCE e por sua iniciativa, este estará presente em audições trimestrais a levar a cabo pelo Parlamento Europeu [1].

4. POLÍTICA MONETÁRIA

4.1. Definições e Estratégia da Política monetária

Antes de ter início a política monetária única o BCE definiu uma estratégia a adoptar na sua condução. Estando definido pelo Tratado o objectivo fundamental do BCE, a estabilidade dos preços, havia que concretizar alguns conceitos e delinear a acção a empreender com a vista à sua prossecução. Em 13 de Outubro de 1998 o BCE emitiu um Comunicado do qual constam aqueles elementos [2].

i) Em primeiro lugar foi quantificado o que deve entender-se por estabilidade de preços. Utilizando como instrumento o Índice Harmonizado de Preços no Consumidor (IHPC)[3], fixou-se como constituindo estabilidade de preços uma taxa de inflação anual inferior a 2%.

---

[1] Ver Discurso de W.Duisenberg ao Comité Económico e Social em 3/12/1998.

[2] Ver LARANJEIRO 1999c, 363. A definição da estratégia consta igualmente do primeiro Boletim Mensal do BCE de Janeiro de 1999.

[3] O processo de cálculo da inflação baseia-se num índice obtido segundo uma determinada metodologia estatística. Para que não se verificassem divergências nacionais

Foi igualmente anunciado que esse valor seria tomado como um indicador de médio prazo, ou seja, a política monetária não tentará controlar variações conjunturais de preços desde que, a prazo, se considere que o objectivo continua a ser cumprido.

Por outro lado, enfatizou-se a ideia de que a condução da política monetária terá sempre em vista a área euro no seu conjunto e nunca reagirá a situações regionais ou nacionais.

ii) Em segundo lugar, a política monetária será conduzida utilizando dois elementos fundamentais [1]:

- um valor quantitativo de referência para o crescimento da massa monetária, a um prazo alargado;
- a avaliação global das perspectivas de evolução dos preços com base num vasto conjunto de indicadores económicos e financeiros.

O BCE, em especial pela voz do seu presidente, tem inúmeras vezes acentuado a ideia de que a política monetária a seguir não será de tipo conjuntural, isto é, não responderá nem a variações dos preços nem a variações da quantidade de moeda, no curto prazo, nem mesmo à fase do ciclo económico.

Atente-se na seguinte declaração de W.Duisenberg:

"The ECB does not pursue an activist policy. Precise steering of the business cycle or a cyclically-oriented monetary policy are not feasible and are likely to destabilise rather then stabilise the economy"[2].

O BCE assume claramente uma posição dita ortodoxa na condução da política monetária ao considerar não lhe caber qualquer função estabilizadora do ciclo económico.

---

no método de cálculo, o Eurostat elaborou o IHPC que é utilizado em toda a zona euro para determinar a variação de preços. Os índices nacionais – como o português – continuam a existir e dão resultados diferentes do índice harmonizado.

[1] A política monetária pode ser conduzida tendo por base essencial o controlo da massa monetária – como ainda o fazia o Bundesbank – ou a taxa de inflação. A solução adoptada é, portanto, de tipo ecléctico. Para uma exposição muito sucinta dos objectivos intermédios da política monetária ver CONSTÂNCIO 1999. Consulte-se também o Boletim Mensal do BCE de Julho de 2000, p. 45 ss.

Quantas às dificuldades de basear a política monetária apenas no controlo da quantidade de moeda ver CAVACO SILVA 1999, 57.

[2] Cf. "The Role of the Central Bank in the United Europe", Varsóvia, 4 de Maio de 1999. Para uma abordagem mais académica em defesa de um objectivo único e de uma política não contra cíclica, veja-se ISSING 2000.

Igualmente central tem sido a afirmação de que cabe aos orçamentos nacionais a criação de um clima económico estável através de maiores reduções nos respectivos défices.

Relembre-se o que acima se disse sobre a influência das teorias económicas, hoje dominantes, na escolha da concreta configuração da UEM europeia.

4.2. Fixação do valor de referência para M3

Tal como consta da estratégia, acima descrita, a execução da política monetária implica a fixação de um valor para o crescimento da massa monetária. Como se referiu no Capítulo I, a quantidade de moeda em circulação pode ser aferida através da consideração de vários agregados.

O BCE definiu o agregado M3 como referência para o controlo monetário.

Os vários agregados usados estão esquematizados no quadro seguinte:

Responsabilidades	M1	M2	M3
Circulação monetária	x	x	x
Depósitos à ordem	x	x	x
Dep. com prazo até 2 anos		x	x
Dep. pré-aviso até 3 meses		x	x
Acordos de recompra			x
Unidades participação em fundos do mercado monetário e títulos do MM			x
Títulos de dívida até 2 anos			x

Definido o agregado relevante, o BCE fixou a respectiva taxa de crescimento com base na análise prospectiva do crescimento do produto e das alterações da velocidade de circulação de moeda [1].

Para o ano de 1999 foi adoptada uma estimativa de crescimento real do produto de 2% a 2,5%.

Quanto à velocidade de circulação da moeda previu-se, como tendência de médio prazo, uma sua diminuição de 0,5% a 1% ao ano.

---

[1] Reveja-se o ponto 1.3. do Capítulo I onde se fala da relação entre quantidade de moeda e preços e da Equação de Fisher. Veja-se igualmente o Boletim Mensal do BCE de Julho de 2000, p. 45 ss.

Com base nestes pressupostos foi fixada a taxa de crescimento de M3 em 4,5% para o ano de 1999 [1].

Em Dezembro de 1999, tal como previsto, o BCE procedeu a uma reavaliação da situação e conclui manterem-se os pressupostos anteriores ficando inalterada em 4,5% a taxa de crescimento de M3 para o ano 2000.

4.3. Instrumentos da política monetária

Como, em traços gerais, se expôs no Cap. I, qualquer banco central tem ao seu dispor um conjunto de instrumentos que lhe permitem actuar sobre a moeda e controlar as suas variáveis mais significativas, como a taxa de juro.

Em Setembro de 1998 o BCE aprovou e publicou um documento onde se descrevem pormenorizadamente todos os instrumentos e procedimentos da política monetária da UEM [2].

O BCE, ou os bancos nacionais que integram o Eurossistema e que funcionam como agentes da autoridade comum, podem abrir contas a favor dos estabelecimentos de crédito aceitando activos como garantia.

O controlo monetário é efectivado, essencialmente, através de vários tipos de operações de *open market* e do mecanismo das reservas obrigatórias [3].

Comecemos por estas últimas.

4.3.1. O sistema de reservas mínimas obrigatórias

Na sequência do Regulamento (CE) n.º 2531/98 do Conselho [4], o BCE aprovou um Regulamento [5] em que fixou os pormenores do sistema de reservas.

A taxa normal de reserva obrigatória a constituir pelas entidades abrangidas é de 2%, pelo período de um mês. As reservas são remuneradas com base nas taxas praticadas nas Operações Principais de Refinan-

---

[1] Ver Comunicado do BCE de 1/12/1998.
[2] Ver BCE 1998.
[3] Cf. artigos 17.º, 18.º, 19.º dos Estatutos.
[4] Ver Capítulo VII, ponto 2.5.3.
[5] Regulamento (CE) n.º 2818/98 do BCE de 1/12/1998, JOL n.º 356 de 10/12/1998. Ver LARANJEIRO 1999c, 349.

ciamento, usando uma fórmula constante do artigo 8.º do referido Regulamento.

O valor das reservas mínimas é calculado mensalmente e serve de base ao depósito que deve efectuar-se no 24.º dia de cada mês e manter--se até ao 23.º dia do mês seguinte (o chamado período de manutenção). Assim sendo, os bancos têm de manter durante um mês o depósito correspondente às reservas mínimas de caixa findo o qual se procede a novo apuramento e nova constituição de reservas.

Como supra se disse, a variação da percentagem de reservas obrigatórias tem efeitos sobre a capacidade do sistema bancário para criar moeda escritural e assim influenciar a quantidade de moeda em circulação. Até hoje o BCE não fez qualquer alteração às taxas de reserva enquanto instrumento de controlo monetário.

4.3.2. O Mercado Monetário Interbancário

As operações de *open market* são o principal instrumento usado pelo BCE na condução da política monetária.

Para se poder compreender o seu funcionamento tem de começar por analisar-se o Mercado Monetário Interbancário (MMI).

Nas suas operações diárias os bancos comerciais tanto podem ter excesso de moeda, relativamente às necessidades do momento, como falta dela. É, por isso, normal que se tenha constituído um mercado em que alguns bancos oferecem o seu excesso de liquidez enquanto outros procuram liquidez. Conforme a relação existente entre oferta e procura irá formar-se uma taxa de juro de equilíbrio.

Os montantes, prazos e taxas de juro são livremente negociados entre os intervenientes e assumem a forma concreta de transferências de valores entre as contas à ordem que todos eles têm abertas no BCE, ou mais exactamente, nos bancos centrais nacionais que funcionam como agentes do BCE.

Estas operações são realizadas sob o controlo do BCE que se encarrega de efectuar as transferências e de automaticamente liquidar os juros.

As transações entre os bancos dão origem a uma taxa de juro média por um determinado prazo – 3 meses, 6 meses, etc. – que é um importante indicador da situação monetária [1].

---

[1] Essas taxas são calculadas nas várias praças nacionais dando origem às conhecidas LISBOR, em Lisboa, LIBOR, em Londres, EURIBOR, para a zona euro, etc..

Em períodos de excesso de liquidez haverá mais oferta de fundos do que procura. Daí resultará uma mais baixa taxa de juro, e vice-versa.

A taxa de juro fixada nas operações efectuadas entre os bancos pelo período de um dia, o chamado 'overnight'[1], são um dos importantes indicadores da situação de liquidez do sistema. A média das taxas praticadas em toda a zona euro é a taxa EONIA (*European OverNight Index Average*).

Esta taxa de juro do MMI pode ela própria ser influenciada pelo BCE[2].

---

[1] *Overnigth* significa que a operação tem a data de um dia e deverá ser concluída no dia seguinte.

[2] Para mais facilmente se entenderem as várias modalidades de intervenção do banco central convém começar por definir alguns conceitos básicos:

– Títulos

Como se verá, todas as operações em que o BC intervém como parte activa assumem a forma de troca de títulos. É, por isso, necessário analisar que títulos são estes.

Um título é uma declaração de dívida por parte do devedor que, visto do outro lado, dá direito a um crédito sobre ele. Título de dívida e título de crédito são perspectivas diferentes sobre a mesma coisa. Se alguém compra uma Obrigação do Tesouro está a emprestar dinheiro ao Estado. A dívida é reconhecida pela Obrigação e concede o direito ao seu detentor de reclamar o crédito respectivo. O Estado obriga-se (daí o nome obrigação) a restituir o montante em causa.

Título é, portanto, qualquer instrumento onde se reconheça uma dívida pagável numa data futura. Pode ter como suporte um papel, como as obrigações tradicionais, ou ser apenas um registo informático, como é hoje corrente.

O detentor de um título tem na sua posse um activo que pode utilizar como contrapartida de uma qualquer operação.

Além dos títulos emitidos pelo Estado, como no exemplo acima, há também os equivalente privados e os títulos emitidos pelos bancos centrais. Tanto os bancos comerciais como os bancos centrais têm permanentemente em carteira um conjunto destes títulos que utilizam nas operações que realizam entre si, como veremos já de seguida.

– Títulos Elegíveis

São os títulos que podem ser usados nas operações efectuadas com o BCE.

A lista exaustiva de títulos aceites nestas transacções (chamados activos elegíveis) constam – tal como as instituições a que supra se fez referência no Cap. I, p. 16 – da base de dados mantida no Banco Central Europeu.

– Acordos de recompra

Dizem-se acordos de recompra aquelas operações em que a propriedade do activo em causa (título) se transfere para a outra parte mas em que desde logo se acorda a inversão da operação na data do vencimento. Ou seja, se hoje um banco recebe fundos do BCE tem de entregar títulos. Findo o prazo da operação o banco devolve os fundos mais o juro e recebe de volta os títulos antes entregues.

4.3.2.1. As Facilidades Permanentes *(Standing Facilities)*

Como o seu nome indica, trata-se de uma permanente disponibilidade por parte do BCE de fornecer fundos (liquidez) às instituições que o solicitem ou absorver fundos dessas mesmas instituições.

São intervenções puramente passivas na medida em que o BCE nunca toma qualquer iniciativa limitando-se a corresponder às solicitações apresentadas.

As Facilidades Permanentes são operações fundamentais, porque balizam todas as restantes, como se verá já em seguida. Têm por base o prévio anúncio feito pelo BCE das taxas de juro a que realizará aquelas operações.

4.3.2.1.1. Facilidade Permanente de Cedência de Liquidez (*Marginal Lending Facility*)

O BCE anuncia a taxa de juro a que está disposto a fornecer liquidez aos bancos que o requeiram. Por iniciativa destes últimos o BCE fornece-lhe os fundos requeridos à taxa de juro fixada, pelo período de um dia (*overnight*).

A taxa de juro pode ser alterada a qualquer momento pelo BCE que, inclusive, tem a faculdade de suspender as operações quando achar conveniente.

– Apresentação de garantias
Neste caso, a propriedade dos títulos implicados na operação não se transfere, servindo apenas de garantia de cumprimento.

– Operações em leilão
As operações de mercado aberto realizam-se, por regra, em regime de leilão que podem assumir várias modalidades.

Quanto ao prazo de realização:
Leilões normais – efectuam-se num prazo de 24 horas desde o anúncio do leilão até à liquidação final da operação.
Leilões rápidos – efectuam-se no período de uma hora desde o anúncio até à conclusão da operação.

Quanto ao tipo:
Leilão de montantes (ou a taxa fixa) – anuncia-se a taxa de juro da operação e os interessados apresentam propostas quanto aos montantes que pretendem a essa taxa.
Leilão de taxa de juro (ou a taxa variável) – apenas se anuncia o leilão podendo ou não serem divulgados os montantes e a taxa de juro mínima da operação. As instituições interessadas apresentam propostas relativamente ao montante de fundos que pretendem e à taxa de juro que estão dispostas a pagar.

Os fundos são entregues pelo BCE mediante a contrapartida da entrega de títulos de crédito, como por exemplo Obrigações do Tesouro. Essa operação é legalmente feita com base num acordo de recompra ou mediante a apresentação de garantias.

Se a taxa de juro for, por hipótese, de 4,5% então nenhum banco estará disposto a pedir fundos emprestados no Mercado Monetário Interbancário a uma taxa de juro superior.

4.3.2.1.2. Facilidade Permanente de Depósito (*Deposit Facility*)

Quando os bancos têm excesso de liquidez, i.e., mais fundos do que aqueles que no momento necessitam, podem solicitar ao BCE que os receba em depósito que será remunerado à taxa de juro pré-anunciada. A duração da operação é de um dia (*overnight*). Neste caso não há lugar à troca de quaisquer títulos. O banco que efectuou o depósito tem apenas direito a levantá-lo, acrescido dos juros.

Se a taxa de juro for de 2,5%, é claro que nenhum banco participante do MMI irá emprestar a outro os seus fundos a menos de 2,5%.

Temos, então, um mercado em que os bancos trocam entre si os fundos em excesso ou em falta (MMI) a uma taxa de juro que é balizada pelas taxas das Facilidades Permanentes.

As taxas anunciadas para a cedência e para a absorção de liquidez funcionam como um limite superior e inferior para todas as restantes operações. Nenhum banco estará disposto a obter fundos a uma taxa de juro superior àquela a que o BCE se dispõe a fornecer-lhe. Similarmente, nenhum banco cederá fundos a uma taxa inferior àquela a que o BCE se dispõe a pagar [1]. Fica, deste modo, definido um 'túnel' dentro do qual se vai formar a taxa de juro corrente que é controlada pelas operações de mercado aberto. Através delas o banco central pode fazer subir ou descer a taxa de juro dentro dos limites referidos.

4.3.3. As operações de mercado aberto 'open market'

Dizem-se operações de mercado aberto (OMA) porque o BCE publicita perante todos os que participam no mercado as condições em

---

[1] As taxas de juro das Facilidades Permanentes foram inicialmente fixadas em 4% e 2%.

que está disposto a efectuar operações e analisa depois as propostas apresentadas em termos concorrenciais, i.e., só efectivará aquelas operações que, do seu ponto de vista, forem mais vantajosas.

As OMA podem ser de 4 tipos:
- Operações principais de refinanciamento (*main refinancing operations*)
- Operações de refinanciamento a prazo alargado (*longer term refinancing operations*)
- Operações ocasionais de regularização (*fine-tuning*)
- Operações estruturais (*structural operations*)

*

– Operações Principais de Refinanciamento (*main refinancing operations*)

São as principais operações de cedência de liquidez.

Semanalmente o BCE fornece crédito aos bancos do sistema pelo período de duas semanas.

Podem ser executadas de duas formas:

i – Leilão de taxa fixa.

O BCE anuncia a taxa de juro a que vai fornecer fundos. As instituições interessadas apresentam propostas dos montantes que querem absorver a essa taxa de juro. Caso as propostas apresentadas excedam o montante total que o BCE pretende fornecer, há lugar a um rateio entre todos os interessados;

ii – Leilão de taxa variável.

Nesta modalidade as instituições interessadas apresentam propostas quer de taxa de juro quer dos montantes que pretendem. A ordenação é feita com base nas propostas de mais alta taxa. As propostas são satisfeitas até se esgotar o montante que o BCE pretende fornecer ao mercado.

Seja qual for o tipo de leilão, a operação é realizada mediante a contrapartida de títulos elegíveis entregues pelas instituições de crédito ao BCE sob a forma legal de acordos de recompra. Findo o prazo da operação – duas semanas – o BCE devolve os títulos e recebe o montante fornecido, acrescido dos juros.

Todas as operações deste tipo começaram por ser realizadas em sistema de leilão de taxa fixa. A partir de 28 de Junho de 2000 passaram a sê-lo em sistema de taxa variável em que o BCE anuncia a taxa mínima da operação.

– **Operações de Refinanciamento de Prazo Alargado** (*longer term refinancing operations*)

São operações igualmente regulares que têm lugar uma vez por mês e pelo prazo de três meses.

O BCE anuncia antecipadamente os montantes disponíveis para as futuras operações.

São efectuadas, por regra, em regime de leilão de taxa de juro e têm a forma legal de acordos de recompra.

– **Operações Ocasionais de Regularização** (*fine-tuning*)

As operações ocasionais visam o controlo rápido das flutuações do mercado. São a forma mais expedita de manipulação das taxas de juro. Na medida em que pretendem contrabalançar flutuações, podem assumir a forma de cedência ou absorção de liquidez, conforme a flutuação seja num ou noutro sentido. Se houver uma súbita subida da taxa de juro – o que significa escassez de fundos – haverá lugar a operações de cedência de liquidez e vice-versa.

Compreende-se, por isso, que não haja um calendário pré-determinado para este tipo de operações, ao contrário do que vimos nas duas anteriores. O mesmo se aplica quanto ao prazo das operações. Dada a necessidade de uma intervenção expedita, realizam-se, em regra, segundo o método do leilão rápido.

– **Operações Estruturais** (*structural operations*)

São operações em que o BCE pretende alterar, de uma forma profunda, as condições do mercado absorvendo ou cedendo liquidez. São operações sem calendário pré-definido e podem ser executadas através de acordos de recompra ou de compras/vendas definitivas de títulos [1].

Através deste conjunto de operações o BCE pode controlar a fixação das taxas de juro no mercado e o crescimento dos meios de pagamento. Se, por exemplo, reduzir os montantes que está disposto a colocar no mercado numa operação principal de refinanciamento, isso irá provocar uma relativa escassez de liquidez e uma subida das taxas de juro que os bancos estão dispostos a pagar.

---

[1] Quando o BCE compra definitivamente um título – antes na posse de uma instituição de crédito – está a fornecer moeda ao sistema bancário. Inversamente, quando vende títulos, está a absorver moeda anteriormente na posse dos bancos.

Cap. VIII – Finalmente a UEM

Por outro lado, se alterar as taxas das Facilidades Permanentes também altera os limites dentro dos quais terão lugar as operações de mercado aberto.

4.4. A manipulação das taxas de juro

Usando os instrumentos acabados de analisar, o BCE procedeu já a algumas alterações nas taxas de juro da zona euro.

Antes mesmo de ter iniciado as suas funções de gestor da política monetária única, o BCE promoveu em Dezembro de 1998, numa acção coordenada dos bancos centrais dos Estados-membros que iam adoptar o euro (com excepção da Itália), uma redução concertada das sua taxas de juro oficiais para 3%.

Foi precisamente esse o valor que veio a ser fixado pelo BCE como taxa de referência no arranque da UEM.

Tendo em conta a estratégia definida e o valor de referência para M3, o BCE fixou a taxa da Facilidade Permanente de Cedência de Liquidez em 4,5% e a taxa da Facilidade Permanente de Depósito em 2%[1].

As Operações Principais de Refinanciamento foram efectuadas, em sistema de leilão a taxa fixa, com uma taxa de juro de 3%.

Perante a evolução dos preços na zona euro – com uma taxa de inflação inferior a 1% – e uma revisão em baixa das perspectivas de crescimento do produto, o BCE decidiu em 8 de Abril de 1999 proceder a uma redução das suas taxas directoras. A Facilidade de Cedência fixou-se em 3,5% e a de Depósito em 1,5%. As Operações Principais de Refinanciamento passaram a ser efectuadas com uma taxa de juro de 2,5%.

Em 4 de Novembro de 1999 o BCE considerou que se haviam invertido os pressupostos anteriores passando a existir um risco inflacionista que requeria a sua intervenção. Subiu a taxa das Facilidades para 4% e 2%, passando as Operações Principais de Refinanciamento a ser realizadas à taxa de 3%. Foi o início de um ciclo de subidas nas taxas de juro que se prolongou nos meses seguintes.

Em Fevereiro de 2000 o BCE detectou um aumento da taxa de inflação e o anormal crescimento de M3 juntamente com um crescimento económico relativamente elevado. Em face desse diagnóstico voltou a subiu as taxas directoras em 0,25%, passando as Facilidades para 4,25% e 2,25% e as Operações Principais de Refinanciamento a ser efectuadas a 3,25%.

---

[1] Durante um breve período de adaptação, entre 4 e 21 de Janeiro de 1999, estas taxas foram de 3,25% e 2,75% respectivamente.

Em Março de 2000 nova subida das taxas de juro. Perante as crescentes tensões inflacionistas [1], motivadas pelo aumento dos preços do petróleo em conjugação com a depreciação do euro face ao dólar, as taxas das Facilidades Permanentes passaram para 4,5% e 2,5% e a taxa das Operações Principais de Refinanciamento para 3,5%.

Em Abril de 2000 as taxas das Facilidades Permanentes passaram para 4,75% e 2,75% e a taxa das Operações Principais de Refinanciamento para 3,75%.

Até ao final do primeiro semestre de 2000 o BCE procedeu a uma última subida, de 0,5%, das suas taxas de referência. As Facilidades Permanentes passaram para 5,25% e 3,25% e a taxa das Operações Principais de Refinanciamento para 4,25%. Simultaneamente, decidiu que estas operações passariam a ser feitas em sistema de leilão de taxa de juro em que o BCE anuncia a taxa mínima do leilão e as previstas necessidades de liquidez do sistema. Como nos leilões anteriores – a taxa fixa – os pedidos de financiamento foram sistematicamente superiores aos montantes disponíveis [2], é de prever que a taxa média destas operações venha a fixar-se acima da taxa mínima anunciada, o mesmo é dizer, que se prevê uma subida da taxa de referência superior à fixada pelo BCE.

5. POLÍTICA CAMBIAL

A política cambial externa é da responsabilidade política da União. Cabe ao Conselho, deliberando por unanimidade e ouvido o BCE e o Parlamento Europeu, estabelecer acordos cambiais internacionais.

Caso não existam tais acordos, como sucede actualmente, é também ao Conselho que incumbe formular as orientações gerais da política cambial sem, no entanto, pôr em risco o objectivo da estabilidade de preços [3].

No Conselho Europeu do Luxemburgo, de Dezembro de 1997, foi aprovada uma Resolução segundo a qual só em situações muito excepcionais haverá lugar à formulação daquelas orientações [4].

---

[1] A taxa de inflação registada pelo Eurostat para a zona euro, referente a Janeiro de 2000, era de 2%.

[2] Durante 1999 os montantes colocados foram, em média, cerca de 10% dos pedidos. Entre Janeiro e Junho de 2000 essa relação tinha descido para 2,7% e nas duas operações anteriores à mudança para taxa variável era já de menos de 1%.

[3] Cf. artigo 111.º (ex 109.º) do Tratado.

[4] Ver LARANJEIRO 1999c, 381.

Cap. VIII – Finalmente a UEM

O BCE ficou em posição de decidir livremente a atitude a tomar perante a taxa de câmbio do euro relativamente a terceiras moedas.

O presidente do BCE anunciou publicamente que não será fixado qualquer objectivo cambial para o euro [1]. O mesmo é dizer que a taxa de câmbio pode variar, em função do comportamento do mercado, sem que o BCE intervenha. Esta posição de relativa indiferença perante a taxa de câmbio tem duas justificações fundamentais.

Em primeiro lugar a zona euro constitui um espaço económico muito vasto em que a grande maioria das transacções são internas.

A zona euro produz cerca de 15,5% do PIB mundial, enquanto os EUA representam 20,75% e o Japão 7,5%. Por outro lado, a zona euro é responsável por cerca de 19,5% das exportações mundiais enquanto os EUA e o Japão detêm 15% e 8,5%, respectivamente.

No entanto, o conjunto das importações/exportações relativamente ao PIB na zona euro é de 16% o que denota um baixo grau de abertura embora superior ao dos EUA – 12% – e do Japão – 10,5%.

Trata-se, pois, de uma grande região com um grau relativamente baixo de abertura ao exterior, se comparado com a situação de cada um dos Estados-membros antes de se integrarem no euro.

Em segundo lugar, a fixação de um alvo para o valor externo do euro limitaria a capacidade de acção da política monetária. Em especial no que se refere às taxas de juro, estas ficariam prisioneiras do objectivo externo. Intervenções nos mercados cambiais apenas manipulam temporariamente a taxa de câmbio. Para ela se poder estabilizar em torno de um determinado valor seria preciso fazer variar a taxa de juro, tornando os activos em euro mais ou menos rentáveis. A ser adoptada uma postura deste tipo, ficaria inviabilizada a capacidade de manipulação dessas taxas em função dos objectivos internos, tal como efectivamente já sucedeu [2].

A descida da taxa de juro, efectuada em Abril de 1999, não teria sido possível se existisse a preocupação de não deixar cair a taxa de câmbio do euro face ao dólar e às outras principais moedas mundiais [3].

---

[1] Cf. Discurso de W. Duisenberg à American European Community Association em 14 de Janeiro de 1999.

[2] Na palavras de W. Duisenberg "o objectivo secundário da política monetária do BCE é apoiar, sem pôr em risco a estabilidade de preços, as políticas económicas gerais da Comunidade", como decorre, aliás, do artigo 105.º do Tratado.

Veja-se a resposta de W. Duisenberg a M. Hendrik na audição do Parlamento Europeu que teve lugar a 19 de Abril de 1999.

[3] Tendo começado com um valor em torno de 1,13 USD por euro, situava-se à volta 1,06 em finais de Abril de 1999. Se a defesa da taxa de câmbio fosse um objectivo primordial a medida correcta seria uma subida e não uma descida da taxa de juro.

No entanto, embora considerado secundário, o grau de depreciação do euro em Fevereiro de 2000 – já abaixo da paridade com o dólar – foi um dos elementos [1] que justificou as já referidas subidas das taxas de juro.

Como supra se analisou, a perda de valor externo de uma moeda, ao encarecer as importações, acaba por influenciar a formação dos preços internos, gerando tensões inflacionistas. Enquanto se manteve a constante depreciação do euro face ao dólar, colocando-o em valores inimaginavelmente baixos [2], dificilmente se poderia inverter o ciclo de subida de taxas de juro que acima se referiu. Daí que embora não exista uma taxa de câmbio alvo para o euro, o comportamento do dólar e da economia americana acabam por ser elementos particularmente relevantes.

---

[1] O outro elemento fundamental foi a subida do preço do petróleo acima dos 30 dólares por barril. Ao juntar o preço absoluto do crude à apreciação do dólar temos como resultado uma subida significativa dos preços de importação medidos em euros, com reflexos na taxa interna de inflação.

[2] A claramente excessiva depreciação do euro foi determinada por 2 factores principais. Primeiro o diferencial de crescimento económico entre a Europa e os USA. O muito mais elevado crescimento americano gera oportunidades de negócio que se reflectem no investimento estrangeiro e na procura da moeda americana (Na Europa, durante os anos 90, o investimento baixou em percentagem do PIB enquanto nos USA mais do que duplicou). Em 1999 a balança europeia de capitais de longo prazo apresentou um défice de 120 M.M. de dólares. Por outro lado, o forte crescimento das bolsas norte-americanas atraiu igualmente grandes investimentos em acções.

O segundo elemento foi a espiral das taxas de juro americanas. Embora tenha havido um ganho substancial no crescimento da produtividade, o risco de inflação levou o FED a subidas sucessivas das taxas de juro. O diferencial com a Europa, de quase 3 pontos, tornou o dólar muito mais apetecível em termos de moeda de investimento obrigacionista. O efeito conjugado resultou num aumento da procura de dólares e na sua apreciação cambial.

Foram estes movimentos que mais do que compensaram o astronómico défice da balança comercial americana que, no entanto, mais tarde ou mais cedo irá provocar uma inversão de tendência. O grande receio é que tal inversão seja súbita e não controlada – pode ter origem num colapso bolsista – e eventualmente desencadear uma crise à escala mundial.

Não obstante, estas razões não chegam para explicar integralmente a excessiva descida do euro, nomeadamente face ao iene. Daí que, usando a já famosa expressão de Alan Greenspan, parece ter-se estado perante uma invertida 'exuberância irracional' relativamente ao euro.

5.1. Os activos de reserva do BCE

Independentemente de existir ou não um objectivo para a taxa de câmbio do euro, é claro que o BCE tem de dispor de capacidade de intervenção nos mercados cambiais.

O Tratado dispõe no seu artigo 105.º que o BCE é o detentor e gestor das reservas cambiais oficiais cabendo-lhe igualmente realizar operações cambiais. O artigo 30.º dos Estatutos do SEBC regulamenta em pormenor a forma da constituição inicial dos activos de reserva.

Os bancos centrais nacionais (**BCNs**) transferiram para o BCE parte das suas reservas de ouro e de moedas não comunitárias. Embora o limite estabelecido seja de 50.000 milhões de euros, apenas foram efectivamente transferidos 39,46 mil milhões sendo 15% em ouro e 85% em dólares e ienes.

A parcela atribuída a cada BCN foi proporcional à sua participação no capital do BCE.

Caso venha a ser necessário, o BCE poderá exigir a entrega de novos activos de reserva. Num Regulamento de Maio de 2000 [1] o BCE prevê a possibilidade de essa contribuição suplementar ter um limite idêntico ao inicial, i.e., mais 50.000 milhões de euros.

5.1.1. Gestão dos activos de reserva do BCE

Os activos de reserva não se encontram, obviamente, meramente depositados nos cofres dos bancos. Como qualquer outro activo, privado ou público, devem ser geridos fazendo aplicações financeiras que maximizem o seu rendimento. No entanto, como se destinam essencialmente a possibilitar intervenções nos mercados cambiais, a sua gestão tem de obedecer a dois critérios fundamentais: liquidez e segurança. Com base neles, o BCE define, de uma forma centralizada, o tipo de investimentos em que podem ser aplicadas as reservas cambiais. Inclui-se nessa definição um referencial de investimento para cada moeda, os desvios admitidos em relação aos referenciais de risco de taxa de juro, o tipo de operações possíveis e os limites de risco de crédito.

A execução das operações de gestão está a cabo dos BCNs que actuam como agentes e em nome do BCE [2].

---

[1] Regulamento (CE) n.º 1010/2000 do Conselho de 8 de Maio de 2000 relativo a novas contribuições em activos de reserva exigidos pelo Banco Central. JOL n.º 115 de 16/05/2000.

[2] Para mais pormenores veja-se o Boletim do BCE de Janeiro de 2000, pág. 55 a 61.

5.1.2. Reservas cambiais dos BCNs

Como os BCNs apenas transferiram uma parte das suas reservas para o BCE continuam a deter e gerir autonomamente os seus próprios activos. Além da gestão de carteira os BCNs efectuam também operações do Tesouro enquanto banqueiros dos respectivos Estados. Está apenas vedada a realização de operações que afectem as taxas de câmbio ou a liquidez interna, o que contrariaria o disposto no artigo 31.º dos Estatutos do SEBC.

5.2. O novo mecanismo de taxas de câmbio (MTC II)

No que diz respeito à política cambial no interior da Comunidade, acordou-se a criação de um novo mecanismo cambial.

Como é obvio, o anterior mecanismo de taxas de câmbio do SME deixou de ter sentido a partir do momento em que as moedas nacionais foram substituídas pelo euro. Foi, então, necessário regular as relações entre o euro e aquelas moedas comunitárias que o não adoptaram.

No Conselho de Dublin de 14/12/1996 houve um acordo político sobre as linhas essenciais desse novo mecanismo de taxas de câmbio, abreviadamente conhecido como MTC II.

Esse acordo deu origem a uma Resolução do Conselho de Amesterdão de Junho de 1997 e a um posterior Acordo entre bancos centrais em Setembro de 1998 [1].

O MTC II é facultativo, tal como o anterior MTC do Sistema Monetário Europeu em que havia Estados-membros cujas moedas nele não participavam. No entanto, decorre do n.º2 do artigo 122.º (ex 109.º-K), que a futura inclusão na zona euro está dependente dessa participação por um período de dois anos.

Para cada moeda é fixada uma taxa central relativamente ao euro. A partir dela definem-se bandas de flutuação cujo limite normal é de ±15%. As intervenções nas margens são, em princípio, obrigatórias e ilimitadas mas podem vir a ser suspensas caso seja considerado que põem em causa a estabilidade dos preços.

---

[1] Acordo de 1 de Setembro de 1998 entre o BCE e os BCNs não participantes na zona euro, JOC n.º 345 de 13/11/1998. Ver LARANJEIRO 1999c, 387.

Cap. VIII – Finalmente a UEM

O financiamento de intervenção será idêntico ao anteriormente existente (Apoio Monetário a Muito Curto Prazo) com algumas adaptações [1]. Em especial, foi fixado um limite de crédito de financiamento para as intervenções intramarginais. Os bancos centrais da Inglaterra, Dinamarca e Grécia têm limites de 3.480, 520 e 300 milhões de euros, respectivamente.

Estes limites, que não existiam durante a vigência do SME, articulam-se com a possibilidade da suspensão das intervenções, acima referida.

Este novo mecanismo tem diferenças e semelhanças relativamente ao MTC do SME (MTC I).

A primeira diferença consiste no desaparecimento da grelha de cotações bilaterais. Como se viu supra, o funcionamento do MTC I baseava-se nas taxas centrais bilaterais não existindo nenhuma moeda no centro do sistema. Por isso se a moeda X se encontrasse na margem relativamente à moeda Y então, necessariamente, a moeda Y estava na margem relativamente a X. Daí que as intervenções fossem sempre de dois bancos centrais.

No MTC II o euro passa a estar no centro do sistema, como era o caso do dólar nos Acordos de Bretton Woods e Smithsoniano. As cotações das moedas têm como referência o euro e é a partir delas que se obtém a margem de flutuação.

Dada a inexistência de margens bilaterais directas também as intervenções não têm de ser bilaterais. Recorde-se o caso do dólar em que cada moeda assegurava individualmente a sua manutenção nas margens ficando as autoridades americanas isentas de intervir.

Se é verdade que o sistema não impõe intervenções simultâneas é igualmente certo que as não exclui. O banco central responsável por uma moeda que atinja a margem relativamente ao euro deve intervir obrigatória e ilimitadamente e o BCE deverá também intervir para sustentar a moeda em causa. No entanto, o que igualmente se acordou é que tal intervenção pode ser suspensa se estiver em causa o objectivo da estabilidade dos preços [2]. Assim sendo, o peso do ajustamento cambial recai sobretudo nas moedas que não o euro.

---

[1] O Apoio Monetário a Curto Prazo, dada a pouca relevância prática demonstrada, foi extinto.

O Apoio Financeiro a médio prazo também desaparece para os Estados-membros integrantes da UEM – Cf. n.º 4 do artigo 119.º (ex 109.º-H) – mas mantém-se relativamente aos Estados que beneficiam de uma derrogação – Cf. n.º 6 do artigo 122.º (ex 109.º-K).

[2] Recorde-se que quando uma moeda atinge o limite de depreciação o respectivo banco central compra a sua moeda usando as reservas externas, neste caso euros. Se o

O esquema cambial, embora pretenda evitar grandes variações entre as outras moedas e o euro, vai aceitar mais facilmente alterações de taxas centrais do que longas intervenções de apoio. O próprio BCE poderá tomar a iniciativa do procedimento confidencial tendo em vista alterar a taxa central das moedas participantes [1].

Por outro lado, o financiamento das intervenções através do Apoio a Muito Curto Prazo só será concedido após a utilização de activos de reserva e poderá, também ele, ser suspenso.

A conjugação destes elementos retira peso relativo ao funcionamento do MTC para assegurar a estabilidade cambial e torna mais importante as acções preventivas de fundo. Entre estas vai assumir especial relevo a manipulação das taxas de juro internas.

Uma moeda que entre em queda dentro do MTC II – por não estar assegurado o apoio ilimitado do BCE – vê-se forçada a subir as taxas de juro ou a desvalorizar.

Um outro aspecto do MTC II é a possibilidade de se virem a estabelecer margens mais estreitas que as normais entre uma moeda e o euro [2] com base numa análise casuística e em função do respectivo grau de convergência.

Em Setembro de 1998 foi anunciado que a coroa dinamarquesa e a dracma grega iriam integrar o MTC II a partir de Janeiro de 1999. Com a moeda dinamarquesa foi acordada uma margem estreita de ±2,25%. Quanto à dracma passou a usar a margem normal de ±15%.

As taxas centrais fixadas relativamente ao euro e os respectivos limites foram as seguintes:

BCE também intervier, compra com euros a moeda que se encontra na margem. O lado positivo é a subida da cotação da moeda em causa. O lado negativo é o aumento da quantidade de euros que são lançados em circulação.

Por outro lado, se uma moeda estiver no limite superior de variação relativamente ao euro, a intervenção do respectivo banco central consiste no lançamento no mercado da sua própria moeda.

É justamente este aumento da quantidade de moeda lançada em circulação que pode pôr em perigo o objectivo da estabilidade de preços e que justifica a suspensão das intervenções.

[1] Cf. artigo 17.º do Acordo de 1 de Setembro de 1998.
[2] No fundo trata-se de uma inversão da situação prevista no início do SME, em que a margem normal de 2,25% podia ser complementada pela banda larga de 6%. Agora temos uma banda normal de 15% e uma banda excepcional mais estreita.

	max.	7,62824
DKK		**7,46038**
	min.	7,29252

	max.	406,075
GRD		**353,109**
	min.	300,143

Posteriormente, em 15 de Janeiro de 2000 a dracma foi revalorizada em 3,5% passando os respectivos valores a ser os seguintes:

	max.	391,863
GRD		**340,750**
	min.	289,638

A partir de 1 de Janeiro de 2001, com a integração da dracma no euro à taxa de 1 euro=340,750, a moeda dinamarquesa fica sozinha no MTC II

5.3. Apresentação do euro nas tabelas cambiais

Uma última nota, de carácter prático, relativamente aos aspectos cambiais.

As moedas podem ser apresentadas nas tabelas cambiais segundo dois sistemas: dando o incerto pelo certo ou o certo pelo incerto.

O escudo português adoptava o primeiro sistema já que a taxa de câmbio era apresentada como uma quantidade variável da moeda nacional contra uma quantidade certa, fixa, da moeda estrangeira. Um dólar ou uma libra correspondiam a x escudos, cuja variação correspondia à variação da taxa de câmbio.

Foi decidido que o euro, tal como já sucedia com o dólar ou a libra, fosse apresentado nas tabelas de câmbio dando o certo pelo incerto.

Neste sistema apresenta-se uma quantidade certa, fixa, da moeda nacional que é cotada a uma quantidade variável da moeda estrangeira.

Assim, 1 euro, quantidade certa, corresponde uma quantidade variável da moeda estrangeira, 1,1 dólares, por exemplo. Neste caso se o euro passar a cotar-se a 1,09 dólares com cada euro compram-se menos dólares. O câmbio (do dólar) terá, pois, subido. Isto é equivalente a afirmar que o dólar subiu relativamente ao euro ou que o euro desceu relativamente ao dólar.

Quando se pretende sinalizar o movimento da taxa de câmbio – usando setas, por exemplo – opta-se pela segunda hipótese.

Assim, se o ponto de partida for 1 euro=1,05 dólares
1 euro=1,04 dólares ↓ (descida do euro)
1 euro=1,06 dólares ↑ (subida do euro).

6. EFEITOS IMEDIATOS DA UEM

A introdução do euro como moeda oficial em Janeiro de 1999 teve efeitos imediatos em vários domínios. O mais óbvio foi nos mercados cambiais.

6.1. Mercados cambiais

Uma vez que o euro se tornou a moeda oficial dos Estados participantes e as unidades monetárias nacionais passaram a ser suas meras designações, é claro que, em rigor, desapareceram os mercados cambiais entre as moedas integrantes. Embora sejam divulgadas as cotações fixas entre, digamos, escudos e pesetas o que na verdade sucede é uma simples troca de euros, denominados em escudos, por euros denominados em pesetas.

Sendo uma simples troca de euros por euros, o BCE emitiu um comunicado em Novembro de 1998 no qual se chamava a atenção dos bancos centrais nacionais para esta situação. Concretamente, foi-lhes solicitado que instituíssem mecanismos que possibilitassem a troca de moedas nacionais por outras moedas nacionais à taxa de conversão fixada.

No que respeita ao nosso país, o Banco de Portugal assinou um protocolo com os bancos relativo a esta matéria.

Em algumas agências do Banco de Portugal pode efectuar-se, gratuitamente, a troca de notas não-nacionais pertencentes à zona euro por notas nacionais.

A banca comercial efectuará igualmente aquela troca mas com o limite de 200.000$00 e cobrando uma taxa máxima de 0,5% – com o valor mínimo de 200$00 – por operação.

Cap. VIII – Finalmente a UEM

Pela mesma razão de fundo, desapareceu o mercado cambial de cada moeda nacional. Embora continue a ser divulgada a cotação do escudo, por exemplo, relativamente ao dólar não existe um mercado cambial escudo-dólar.

A fixação das taxas de câmbio, ou mais exactamente, a expressão de cada moeda relativamente a moedas terceiras é feita de modo indirecto, via euro. Fixada uma cotação do euro face a essas moedas obtém-se a cotação de cada moeda participante aplicando a taxa de conversão fixa oficial. O único mercado cambial existente é o do euro.

6.2. Contas bancárias e operações em euros

Existindo, a partir de 1/1/1999, uma nova moeda oficial, gerida pelo Banco Central Europeu e em que todas as transacções interbancárias são feitas em euros, é claro que houve imediatos reflexos dessa nova situação monetária no sistema bancário e nas suas relações com o público.

Os bancos passaram a disponibilizar contas de depósito expressos em euro a par das existentes, em escudos.

Ambas podem ser mobilizadas em escudos ou euros usando cartões de débito ou cheques. Os bancos encarregam-se, gratuitamente, de fazer as necessárias conversões.

No que respeita aos cheques, foram adoptados novos modelos para efectuar pagamentos em cada uma das moedas. O mesmo sucedeu aos modelos de letras e livranças [1].

6.3. Títulos. Denominação e redenominação

6.3.1. Dívida pública

Uma outra consequência imediata diz respeito à denominação da dívida pública. Sendo o euro a moeda oficial, desde 1/1/1999 que a dívida pública emitida é denominada na nova moeda [2].

---

[1] Cf. Portaria 1042/98 de 19 de Dezembro. Ver LARANJEIRO 1999c, 615.

[2] Cf. DL 138/98 de 16 de Maio e a Instrução 2-A/98 de 22 de Dezembro do IGCP que estabelece as regras de emissão de Obrigações do Tesouro. Ver LARANJEIRO 1999c, 501.

Os populares Certificados de Aforro continuarão, até 2002, a ser expressos em escudos que, recorde-se, é apenas uma outra forma de designar os euros.

As Obrigações do Tesouro bem como os Bilhetes do Tesouro são denominados em euro. As obrigações são emitidas com um valor nominal de 1 cêntimo.

Alguns dos títulos anteriormente emitidos foram redenominados em euros, seguindo um procedimento técnico adoptado pelas autoridades portuguesas [1].

6.3.2. Títulos privados

Também os valores nominais de acções e obrigações das empresas podem ser redenominadas em euros entre Janeiro de 1999 e 31 de Dezembro de 2001 [2].

O DL 343/98 definiu o método padrão para a redenominação das acções. Segundo ele, a redenominação de acções faz-se aplicando ao respectivo valor nominal de cada acção a taxa de conversão, arredondando para o cêntimo mais próximo.

O processo adoptado, tendo a vantagem da simplicidade e da não necessidade da introdução de alterações jurídicas de fundo, tem igualmente algumas desvantagens.

Um deles é a possibilidade de passarem a existir acções com valores nominais não inteiros. Não sendo em si uma dificuldade tem desvantagens na apresentação e divulgação de informação contabilística.

A consequência mais relevante do método utilizado é a obrigatória alteração do capital social das empresas emitentes de acções.

6.4. Capital social das empresas [3]

Como a redenominação se efectua pela aplicação da taxa de conversão – e respectivo método de arredondamento – a cada uma das acções, a soma dos seus valores deixa de coincidir com o capital social anterior convertido.

---

[1] Veja-se o artigo 13.º a 16.º do DL 138/98 de 16 de Maio, o artigo 23.º do DL 343/98 de 6 de Novembro, a Portaria 1004-A/98 de 27 de Novembro, e a Portaria 172-A/99 de 26 de Fevereiro. Ver LARANJEIRO 1999c, 511 e ss.

A redenominação das obrigações faz-se pelo método da alteração por carteira. Consiste na conversão – usando a taxa fixa de conversão para o euro – do valor global da carteira de detentores de obrigações, arredondado ao cêntimo.

[2] A partir de 1 de Janeiro de 2002 todos os valores passam automaticamente a euros visto que desaparecem as designações nacionais do euro.

[3] Sobre este ponto ver LARANJEIRO 1998, 18.

Uma acção com valor nominal de 1.000$00 passará a ter o valor de 4,99 euros. Se a sociedade tiver um capital social de 500 mil contos este deveria agora corresponder a 2.469.989,49 euros. No entanto, se somarmos as acções redenominadas obtemos o valor de 2.495.000 euros. A não coincidência dos dois valores implica legalmente a alteração do capital social. Há duas hipóteses a considerar:

i) a sociedade limita-se a ajustar o capital social em função do valor convertido das acções, usando o método padrão;
ii) a sociedade, além de ajustar o capital social, procede também à alteração do valor nominal de cada acção de modo a evitar valores fraccionários.

No primeiro caso, o DL 343/98 introduziu algumas simplificações às formalidades legais normalmente exigidas: as deliberações sobre a redenominação do capital social podem ser tomadas por maioria simples, bem como o aumento ou diminuição do capital social resultante da redenominação das acções, desde que satisfeito por incorporação ou transferências de reservas [1]. Além disso, é dispensada a escritura pública e as publicações obrigatórias legalmente exigidas aquando da alteração do capital social [2].

No segundo caso, em que a redenominação das acções não é feita pelo método padrão – aproveitando-se, então, para alterar o seu valor – não se aplicam os procedimentos simplificados, sendo exigido o cumprimento do estipulado no Código das Sociedades Comerciais.

Quanto às sociedades por quotas, pode igualmente proceder-se à redenominação do capital para euros. É também dispensada a escritura pública, mesmo que haja aumento de capital, desde que este seja feito para cumprir os novos valores mínimos previstos no DL 343/98 [3].

6.5. Operações de bolsa

As bolsas de toda a zona euro passaram a efectuar as suas operações em euros logo no dia 4/1/1999. Embora a negociação e fixação de

---

[1] Já não assim se houver lugar a entradas em dinheiro ou espécie.
[2] Cf. artigos 17.º e 20.º do DL 343/98.
[3] Os valores mínimos para o capital das sociedades foram fixados em euros mas podem continuar a ser expressos em escudos até 2002. Para as sociedades anónimas o valor é de 50.000 euros, nas sociedades por quotas e nos estabelecimentos individuais de responsabilidade limitada é de 5.000 euros.

cotações se efectue na nova moeda, a informação divulgada poderá ser convertida em escudos durante a fase de transição.

A uniformização daqui resultante juntamente com a inexistência de quaisquer entraves aos movimentos de capitais, gerou muito rapidamente um movimento de integração entre as várias bolsas europeias.

Desde Maio de 1999 que existe um acordo para um conjunto de títulos mobiliários que são negociados simultaneamente – por via electrónica – em 8 praças europeias.

No que respeita às fusões, foram estabelecidos acordos entre a bolsa londrina e de Frankfurt que vieram a dar origem, em Maio de 2000, à iX, que é a 3.ª maior bolsa mundial.

Em Março de 2000 foi divulgada uma fusão entre as praças de Paris, Amesterdão e Bruxelas com vista à formação do 2.º maior mercado bolsista europeu.

A tendência será para a constituição de um único mercado de capitais comunitário passando as bolsas nacionais a ter um papel secundário como segundo mercado ou meramente regional.

6.6. Obrigações fiscais e contabilísticas

Boa parte das obrigações fiscais [1] respeitantes ao exercício de 1999 e seguintes podem também ser feitas em euros. É o caso das:

– Declarações Periódicas do IVA;
– Declarações Anuais e Mapas Recapitulativos do IVA;
– Anexos Recapitulativos das Transacções Intracomunitárias;
– As Declarações mod. 10 e mod. 3 anexo C) do IRS;
– A Declaração mod. 22 do IRC [2];

Independentemente da moeda utilizada nas declarações fiscais, é possível, a partir de 1999, efectuar os pagamentos indistintamente em escudos ou euros [3].

Nos termos do artigo 9.º do DL 138/98, as entidades que tenham contabilidade organizada puderam passar a efectuá-la em euros, desde 1//1/1999.

---

[1] Excluem-se, nomeadamente, as Declarações de IRS anexos A e H
[2] Cf. Despacho n.º 6393/98 de 3 de Abril, DR 91 2.ª série de 18-4. Ver LARANJEIRO 1999c, 601.
[3] Cf. Despacho n.º 11035/98 de 8 de Junho, DR 148 2.ª série de 30-6. Ver LARANJEIRO 1999c, 603.

A Directriz Contabilística n.º 21 [1] regula as adaptações necessárias ao respectivo tratamento contabilístico. Foi-lhe posteriormente aditado um ponto 4.10 que prevê o tratamento contabílistico da redenominação do capital social e seu eventual aumento ou redução.

Foi igualmente publicada legislação relativamente às empresas de seguros e gestoras de fundos de pensões [2].

7. CONCLUSÃO DA UEM EM 2002

A partir de Janeiro de 2002 – altura em que termina o período transitório – começa a recolha material das moedas nacionais, que serão substituídas pelo euro, único meio de pagamento que passará a ser aceite.

O processo de recolha e substituição de notas e moedas será relativamente rápido, tendo sido inicialmente fixado como prazo limite para a sua conclusão o primeiro semestre do ano 2002.

No entanto, por se ter entendido conveniente reduzir ao máximo o período em que irão circular lado a lado espécies monetárias nacionais e euros, o ECOFIN de 8 de Novembro de 1999 decidiu que os Estados--membros tentarão assegurar que a maior parte das transacções possam já ser feitas com notas e moedas de euro no final da primeira quinzena de Janeiro de 2002. A total retirada de circulação das moedas nacionais deverá demorar entre 4 e 8 semanas. Foi ainda acordada a disponibilização de notas e moedas euro para as instituições financeiras e outras entidades antes de Janeiro de 2002 para que logo no início do mês possam circular.

Também desde 1 de Janeiro de 2002, todos os valores ainda expressos em unidades monetárias nacionais serão automaticamente convertidos em euros, à taxa oficial.

Será o caso, nomeadamente, dos contratos de todo o tipo, dos títulos de crédito, das contas bancárias, da afixação de preços, etc.

---

[1] Instrução 5/97, DR 258 de 17-11. Ver LARANJEIRO 1999c, 483.
[2] Ver Regulamento 8/98 do ISP, DR 189 2.ª série de 18-8 e Regulamento 7/98 do ISP, DR 189 2.ª série de 18-8. Ver LARANJEIRO 1999c, 491.

8. O NOVO QUADRO DA ECONOMIA COMUNITÁRIA

As economias dos Estados-membros que actualmente integram a UEM passaram a funcionar com num novo enquadramento desde 1 de Janeiro de 1999.

Além da política monetária única e do euro – com as consequências institucionais e operacionais acima analisadas – há também novidades no que respeita às políticas económicas comunitária e nacionais.

Sob o ponto de vista dos instrumentos disponíveis, a uma só Comunidade monetária não corresponde uma só economia comunitária. Como acima se assinalou, não existe qualquer instituição equiparável em poderes ao Banco Central Europeu que tenha a seu cargo a gestão da economia europeia no seu conjunto. É, no entanto, por demais evidente que a integração – e por maioria de razão a unificação monetária – tem necessariamente de implicar uma visão económica global e uma compatibilidade entre as suas várias componentes.

O problema consiste, então, na forma de coordenar as políticas económicas nacionais tendo como pano de fundo a totalidade da economia comunitária. Tal como o BCE determina a sua política monetária tendo em mente a globalidade da zona euro, também as políticas económicas terão de obedecer a um princípio, não propriamente igual, mas semelhante.

Desde 1997 que a Comunidade tem dado a devida atenção a esta vertente ensaiando novos passos na coordenação das políticas económicas.

8.1. Coordenação das políticas económicas

A visão de conjunto da economia comunitária está presente na elaboração das Orientações Gerais, previstas no artigo 99.º (ex 103.º) do Tratado [1] e na consequente supervisão multilateral.

As Orientações Gerais apresentam as grandes linhas da política económica a ser seguida no espaço comunitário. Chamam a atenção, por exemplo, para a necessidade de promover: reformas na regulamentação dos mercados de trabalho; alterações no funcionamento dos mercados de

---

[1] Tal como anteriormente já sucedia, um projecto de Orientações Gerais para as políticas económicas é aprovado pelo Conselho, sob proposta da Comissão, sendo depois presente ao Conselho Europeu que sobre ele delibera. Em seguida, o Conselho aprova, por maioria qualificada, uma recomendação onde ficam estabelecidas as Orientações Gerais. Cf. n.º 2 do artigo 99.º (ex 103.º).

produtos para incentivar a concorrência; alterações nas políticas fiscais e de segurança social; etc. Podem igualmente definir-se certos padrões para as negociações salariais, como seja a relação entre as variações de salários e da produtividade [1].

Com base nos objectivos essenciais, são depois elaboradas recomendações específicas para cada Estado-membro.

Cabe ao Conselho acompanhar a execução das políticas económicas de cada Estado de modo a aferir da compatibilidade com as Orientações Gerais.

Além disso, conforme impõe o n.º 4 do artigo 99.º (ex 103.º), a supervisão multilateral tem ainda em conta o impacto das políticas nacionais no "bom funcionamento da União Económica e Monetária".

A novidade que surgiu após a formação da UEM consiste na entrada em vigor de uma obrigação suplementar que recai sobre os Estados--membros que dela fazem parte.

Os défices orçamentais excessivos eram, até aí, uma mera condição de acesso à 3.ª fase da UEM, sendo um dos critérios referidos no artigo 121.º (ex 109.º-J). Após a inclusão de um Estado-membro na UEM – por força do n.º 3 do artigo 116.º (ex 104.º-E) – torna-se obrigatória a norma constante do n.º1 do artigo 104.º (ex 104.º-C) que impõe o dever de não incorrer na situação de défice excessivo, bem como os n.ºs 9 e 11 do mesmo artigo onde constam as consequências do não cumprimento.

Tal como previsto no n.º 5, as regras procedimentais para avaliar a compatibilidade das políticas económicas nacionais, quer com as orientações gerais quer com o funcionamento da UEM, teriam de ser aprovadas pelo Conselho. O Regulamento (CE) n.º 1466/97 foi a sua concretização.

Por outro lado, ao entrarem em vigor as disposições sancionatórias para o caso de algum Estado-membro incorrer em défice excessivo, foi necessário elaborar as respectivas disposições regulamentares, conforme previsto no n.º14 do artigo 104.º (ex 104.º-C). O Regulamento (CE) n.º 1467/97 procedeu a essa regulamentação.

Foi a conjugação entre a supervisão multilateral e as novas obrigações relativas aos défices excessivos que deu origem ao "Pacto de Estabilidade e Crescimento".

---

[1] Veja-se as 'Orientações gerais para a política económica' de 1999.

8.1.1. O Pacto de Estabilidade e Crescimento

O 'Pacto de Estabilidade e Crescimento' foi acordado no Conselho Europeu de Dublin de 13-14 de Dezembro de 1996 e objecto de uma Resolução no Conselho de Amesterdão de 17/06/1997 [1]. Tendo sido definidas as linhas políticas fundamentais, elas foram posteriormente concretizadas através dos dois Regulamentos acima referidos [2].

Nos termos do 'Pacto', os Estados deverão ter como objectivo de médio prazo a execução de orçamentos equilibrados ou excedentários.

A ideia central é a de permitir o funcionamento dos estabilizadores automáticos sem que seja ultrapassado o limite dos 3% de défice.

Os orçamentos integram mecanismos – chamados estabilizadores automáticos – que acentuam ou reduzem os défices conforme a fase do ciclo económico é descendente ou ascendente. Por exemplo, se diminui a actividade produtiva decrescem automaticamente os impostos arrecadados; se aumenta o desemprego crescem as despesas com subsídios de desemprego. O resultado é um aumento do défice público sem que se tenha alterado qualquer política. Assim sendo, se um orçamento for elaborado para produzir um défice de 3% e posteriormente se verificar um abrandamento na actividade económica, daí derivará uma ultrapassagem do valor máximo do défice. Para isso não acontecer, a meta orçamental tem de situar-se abaixo daquele limite para acomodar as possíveis flutuações.

Esta situação foi expressamente contemplada no n.º 3 do artigo 104.º (ex 104.º-C) no qual se prevê que, não obstante o Estado-membro em causa estar a cumprir os requisitos exigidos, mesmo assim se devem desencadear mecanismos preventivos sempre que exista 'um risco de défice excessivo'.

---

[1] Resolução (97/C 236/01) do Conselho Europeu sobre o Pacto de Estabilidade e Crescimento (Amesterdão 17/07/1997), JOC n.º 236 de 2/8/1997. Ver LARANJEIRO 1999c, 125.

A discussão sobre o conteúdo do Pacto teve por base uma proposta do então ministro alemão das finanças Teo Weigel. Segundo a 'proposta Weigel' os Estados que não cumprissem os requisitos do défice orçamental deviam ser automaticamente punidos com multas de 0,25% do PIB por cada ponto percentual em excesso e sem qualquer limite máximo. Como veremos infra, o esquema aprovado não adoptou um procedimento automático, reduziu o montante das multas e introduziu um limite máximo.

[2] Regulamentos (CE) do Conselho n.ºs 1466/97 e 1467/97, JOL n.º 209 de 2/8/1997. Ver LARANJEIRO 1999c, 129, 139.

No Conselho ECOFIN de 1 de Maio de 1998 foi aprovada uma declaração que pretende reafirmar, ainda com mais ênfase, a necessidade de obter orçamentos equilibrados ou excedentários nas fases altas do ciclo económico.

8.1.1.1. Novos procedimentos da supervisão multilateral [1]

O Regulamento n.º 1466/97 visa, fundamentalmente, a criação de um mecanismo de 'alerta rápido' para as situações em que possa estar em causa 'um risco de défice excessivo'.

A supervisão multilateral, efectuada nos termos do artigo 99.º (ex 103.º) do Tratado, passa a incluir uma análise feita com base em 'Programas de Estabilidade' que os Estados integrantes da UEM têm de anualmente apresentar ou actualizar [2].

Nesses programas cada Estado-membro da UEM tem de incluir um conjunto de informações relativas ao défice orçamental.

Em primeiro lugar tem de definir-se um objectivo de médio prazo para o défice orçamental que seja próximo do equilíbrio ou excedentário, de modo a criar uma margem suficiente para os períodos de menor crescimento económico ou mesmo de recessão, como acima se referiu.

Em segundo lugar devem apresentar-se as medidas de política económica, em geral, ou de política orçamental, em particular, que permitam alcançar aquele objectivo. Essas medidas devem ser compatíveis com a previsível evolução da economia, que igualmente será indicada.

Em terceiro lugar, tem de apresentar-se a trajectória de ajustamento, para o objectivo proposto, considerando um período alargado, que tem de incluir o ano anterior e os três anos seguintes [3].

A Comissão e o Comité Económico e Financeiro procedem a uma avaliação dos 'Programas' apresentados que serão sujeitos à análise do Conselho, no âmbito da supervisão multilateral, o qual emite um parecer, no prazo máximo de dois meses [4].

---

[1] Para uma análise minuciosa dos procedimentos previstos no 'Pacto' ver LARANJEIRO 1998.

[2] Os Estados não integrantes da UEM devem apresentar 'Programas de Convergência' com conteúdo semelhante ao dos Programas de Estabilidade.

[3] Portugal, por exemplo, apresentou no seu primeiro 'Programa de Estabilidade' uma projecção do défice orçamental para o ano 2002 de 0,8% do PIB.
Na revisão do 'Programa', apresentado em Fevereiro de 2000, aponta-se para o ano de 2004 um orçamento equilibrado.

[4] O Primeiro Programa de Portugal, para o período 1999-2002, foi apresentado em Dezembro de 1998 e tinha por base um crescimento médio real da economia de

Caso seja detectado um desvio da situação orçamental relativamente ao objectivo de médio prazo – o que se entende ser indiciador de um risco de défice excessivo – será emitida uma recomendação para que o Estado-membro tome medidas correctoras. A persistência daquela situação tem como consequência uma nova recomendação que poderá agora ter divulgação pública, tal como previsto no n.º4 do artigo 99.º (ex 103.º).

8.1.1.2. Défice excessivo. Definição

A obrigatoriedade de não incorrer em défice excessivo e as penalidades associadas ao seu não cumprimento, exigiu a clarificação de alguns conceitos imprecisamente definidos no texto do Tratado.

O procedimento relativo aos défices excessivos passa a ser efectuado conjugando o Protocolo 5.º do Tratado com as normas constantes do Regulamento (CE) n.º 1467/97.

Está em causa, fundamentalmente, a possibilidade de aplicar sanções aos Estados-membros da UEM, conforme o previsto no n.º 11 do artigo 104.º (ex 104.º-C), que passou a aplicar-se a partir de Janeiro de 1999.

A primeira clarificação constante do Regulamento n.º 1467/97 diz respeito à formulação genérica da alínea a) do n.º2 do artigo 104.º (ex 104.º-C). Nela se lê que não haverá lugar à declaração de défice excessivo no caso da ultrapassagem do valor de referência (3% do PIB) ser de carácter 'excepcional e temporário'.

Definiu-se como sendo excepcional e temporário um défice directamente resultante 'de circunstâncias excepcionais não controláveis pelo Estado-membro' ou quando consequência de 'uma recessão económica grave'.

O carácter temporário foi igualmente objecto de uma definição mais rigorosa. Será temporário quando as previsões da Comissão indicarem que o défice se situará abaixo do valor de referência quando passar a situação excepcional que lhe deu origem.

3,2% ao ano. O parecer sobre esse Programa de Estabilidade está publicado no JOC n.º 68 de 11/3/1999.

Na revisão de Fevereiro de 2000 prevê-se um crescimento perto dos 3,5%. O 'Programa' foi apreciado no ECOFIN de 13/3/2000 e publicado o respectivo Parecer no JOC n.º 111 de 18/4/2000.

Por outro lado, foi quantificada a noção de 'recessão económica grave'. Só assim pode ser considerada quando se verificar uma redução do PIB igual ou superior a 2%[1].

Finalmente, retomou-se a indicação constante do n.º6 do artigo 104.º (ex 104.º-C) segundo o qual haverá sempre lugar a uma avaliação global e casuística da situação. Nestes termos, um Estado-membro cujo défice ultrapasse o valor de referência e não se encontre em recessão grave, pode ainda assim invocar outros elementos justificativos que levem o Conselho a não declarar o défice excessivo.

Porém, embora não conste do Regulamento n.º 1467/97, a Resolução política sobre o Pacto introduziu um outro valor intermédio. Segundo o seu ponto 7, os Estados-membros comprometem-se a não invocar a excepcionalidade da situação sempre que a redução do PIB seja inferior a 0,75%[2].

Com base nestes elementos, se o défice de um Estado ultrapassar o limite de 3% podem considerar-se 3 diferentes cenários:

1 – Se o produto interno bruto tiver sofrido uma redução real de 2% ou mais, a situação será sempre considerada excepcional e a ultrapassagem do limite do défice não será penalizada;

2 – Se a redução do PIB não ultrapassar o valor de 0,75%, o défice será sempre considerado excessivo[3];

3 – Se a quebra do PIB se situar entre aqueles dois valores haverá lugar a uma apreciação casuística em que o Estado-membro pode comprovar o carácter excepcional e imprevisto da situação que, sendo aceite, não conduzirá à declaração de défice excessivo[4].

---

[1] Para se ter uma ideia do grau de limitação imposto, recessões desta ordem de grandeza só tiveram lugar 7 vezes entre 1955 e 1996 nos países da OCDE.
Foi o caso do Canadá em 1982 (-3,2%); da Finlândia em 1991 (-7,1%) e 1992 (-3,6%); da Itália em 1975 (-2,7%); da Nova Zelândia em 1991 (-2,3%); Portugal em 1975 (-4,3%); Suécia em 1993 (-2,2%) e EUA em 1982 (-2,2%). Ver EICHENGREEN 1998, 97.

[2] Como neste caso a penalidade é automática trata-se de uma concessão à proposta Weigel, acima referida.
Para mais pormenores sobre estas negociações veja-se GIORDANO 1998, 19.

[3] É fundamentalmente para evitar cair na situação de défice excessivo quando a recessão é inferior a 0,75% do PIB que os Estados-membros se vêm forçados a manter saldos orçamentais positivos ou nulos durante as fases de *boom*. Com essa estrutura das receitas e despesas é possível absorver a redução das primeiras e o aumento das segundas sem que seja ultrapassado o limite de 3% de défice. Cf. CONSTÂNCIO 1997.

[4] Sobre a eventual necessidade de contemplar em termos mais flexíveis o investimento público veja-se CADILHE 1997, MODIGLIANI 1998, PITTA e CUNHA 1999, 122, SOUSA FRANCO 1999, 209.

8.1.1.3. Défice excessivo. Procedimentos e sanções [1]

A declaração de défice excessivo feita pelo Conselho implica a emissão de recomendações sobre medidas a tomar que deverão ser executadas num prazo máximo de 4 meses. Se persistir a situação, o Conselho tornará públicas as recomendações emitidas e, um mês depois, notifica o Estado para que corrija de imediato o montante do défice. Decorridos mais dois meses o Conselho pode aplicar as sanções previstas no artigo 104.º (ex 104.º-C).

Seguindo os procedimentos e os prazos previstos no Regulamento n.º 1467/97 as primeiras sanções têm lugar 10 meses após a comunicação de um défice considerado excessivo [2].

Sempre que um Estado-membro seja declarado em situação de défice excessivo e este não tenha sido corrigido nos prazos determinados pelo Conselho, o Estado em causa terá de constituir um depósito não remunerado que se converterá em multa ao fim de dois anos, caso o défice se mantenha.

Os montantes em causa são constituídos por uma parte fixa correspondente a 0,2% do PIB e uma variável igual a um décimo da parte do défice que exceder o limite de 3%, com um limite global de 0,5% do PIB.

Resumindo o procedimento sancionatório, o depósito não remunerado tem lugar no segundo ano posterior à verificação do défice e as multas efectivas só são aplicadas no quarto ano posterior à verificação e manutenção de um défice excessivo.

As receitas comunitárias resultantes da cobrança destas multas e respectivos juros são distribuídas pelos restantes Estados-membros em função da sua participação no PIB total da UEM.

Para uma interpretação em que o investimento público é um critério fundamental na declaração de défice excessivo veja-se LARANJEIRO 1999a.

[1] Ver LARANJEIRO 1998.

[2] As notificações têm lugar até 1 de Setembro e 1 de Março de cada ano. Cf. Regulamento (CE) n.º 3605/93.

Este Regulamento (CE) n.º 3605/93 foi objecto de uma alteração em Fevereiro de 2000, que adaptou as definições nele previstas ao 'Sistema Europeu de Contas Nacionais e Regionais na Comunidade (SEC 95)' entretanto aprovado. Ver Regulamento (CE) n.º 475/2000 do Conselho de 28 de Fevereiro de 2000, JOL n.º 58 de 3/3/2000.

8.1.2. O 'Pilar Económico'

8.1.2.1. A Resolução sobre o Crescimento e o Emprego

Na sequência da Declaração de Dublin sobre o emprego [1] e dado o especial empenho do novo governo socialista francês – então acabado de ser eleito – o Conselho de Amesterdão de Junho de 1997 aprovou uma Resolução sobre o Crescimento e o Emprego [2].

O seu objectivo explícito é o 'desenvolvimento do pilar económico' da UEM por contraposição ao pilar 'monetário'.

Este último, como vimos, tem sido objecto de um particular cuidado no que respeita à clara definição de metas e pormenorização dos procedimentos. A vertente 'económica' estava confinada à elaboração de 'Orientações Gerais'.

A Resolução de Amesterdão ensaiou os primeiros passos, a nível comunitário, no domínio da promoção do crescimento económico e do emprego centrando-se nos seguintes pontos:

– aumentar a eficácia do mercado de trabalho estimulando a formação contínua e a melhoria dos sistemas de ensino;
– reduzir os custos do emprego para as empresas utilizando os sistemas fiscais e de segurança social;
– evitar a concorrência fiscal entre Estados-membros que promovem a 'deslocalização' dentro do próprio mercado interno;
– actuação do Conselho, tendo por base Programas Plurianuais de Emprego elaborados pelos Estados-membros, podendo emitir recomendações nesta matéria [3];

---

[1] As questões do emprego têm sido sistematicamente abordadas em todos os Conselhos Europeus. A atenção redobrada a este problema teve início com o Livro Branco 'Crescimento, Competitividade e Emprego' de 1993. O Conselho de Essen, de Dezembro de 1994, adoptou um elenco de projectos europeus prioritários que visavam estimular o crescimento e o emprego através de financiamentos, em condições mais favoráveis, por parte do BEI. Essas propostas são retomadas e alargadas na Resolução de Amesterdão.

[2] Resolução (97/C 236/2) do Conselho Europeu relativa ao Crescimento e ao Emprego (Amesterdão, 16/6/97), JOC n.º 236 de 2/8/1997. Ver LARANJEIRO 1999c, 113.

Esta Resolução pretendia ser uma espécie de 'contraponto' ao Pacto de Estabilidade e Crescimento.

[3] Portugal, tal como os restantes Estados-membros, apresentou o seu primeiro 'Plano Nacional de Emprego' em Maio de 1999. A recomendação emitida pelo Conselho foi a seguinte:

"A situação do emprego tem vindo a melhorar constantemente ao longo dos últimos anos, em resultado da forte actividade económica. Contudo, indicadores de

— empenhamento do Conselho em dar seguimento às propostas provenientes do Comité de Emprego [1] e no cumprimento das disposições relativas ao emprego contidas no texto revisto do Tratado [2];
— relançamento dos projectos de redes transeuropeias com particular empenhamento do BEI e do Fundo Europeu de Investimento [3];

---

desempenho positivos em termos de emprego escondem fragilidades estruturais que tornam o mercado de trabalho vulnerável. Os desafios cruciais que se colocam ao mercado de trabalho são:
— Baixos níveis de participação dos trabalhadores em acções de educação ou formação e reduzido nível de educação formal da mão-de-obra adulta;
— Significativo potencial de criação de empregos no sector dos serviços, que emprega apenas 38% da população em idade activa;
— Baixos níveis de produtividade média do trabalho, sugerindo níveis de qualificação insuficientes da mão-de-obra e uma lenta adopção das novas tecnologias, bem como espaço para a modernização da organização do trabalho.
Portugal deveria:
1. Prosseguir esforços para melhorar a qualidade do sistema de ensino e reforçar o apoio à formação contínua, em especial através da participação mais activa dos parceiros sociais;
2. Adoptar e implementar estratégias coerentes, englobando medidas legislativas, fiscais e outras, destinadas a reduzir os encargos administrativos que pesam sobre as empresas, a incentivar o espírito empresarial e a explorar o potencial de criação de empregos do sector dos serviços;
3. Incentivar uma abordagem de parceria e promover compromissos concretos por parte dos parceiros sociais a todos os níveis adequados em matéria de modernização da organização do trabalho, com vista a tornar as empresas mais produtivas e competitivas e alcançar o equilíbrio adequado entre flexibilidade e segurança."

[1] O Comité do Emprego foi introduzido pelo Tratado de Amesterdão. Está previsto no artigo 130.º do TCE e veio a ser instituído pela Decisão (2000/98/CE) do Conselho de 24 de Janeiro de 2000, JOL n.º 29 de 4/2/2000.

[2] O título dedicado ao emprego (Título VIII) introduziu algumas orientações no que respeita ao papel da Comunidade na promoção do emprego.
Passou a existir 'uma estratégia coordenada em matéria de emprego' em que a Comunidade não só apoiará os Estados-membros na sua acção como terá iniciativa própria. Anualmente o Conselho analisará a situação do emprego e adoptará conclusões e orientações específicas nessa área.
A primeira expressão desta estratégia foram as 'Orientações para as Políticas de Emprego' em 1998, 1999 e 2000. Estas últimas constam da Decisão (2000/228/CE) do Conselho de 13/3/2000, JOL n.º 72 de 21/3/2000.
O Comité do Emprego vai acompanhar permanentemente a evolução do emprego na Comunidade e emitir pareceres, tanto a pedido do Conselho ou da Comissão, como por iniciativa própria.

[3] O Fundo Europeu de Investimento foi criado em 25 de Maio de 1994 e tem como membros fundadores a Comunidade, o BEI e um conjunto de instituições financeiras

Cap. VIII – Finalmente a UEM 271

— O BEI e o FEI são convidados a: i) lançar linhas de financiamento para projectos de alta tecnologia para as pequenas empresas com recurso a capitais de risco; ii) estender a sua acção ao ensino, saúde e ambiente; iii) intensificar a sua acção nas redes de infraestruturas em especial nos 14 projectos prioritários de Essen [1].

8.1.2.2. A Resolução sobre a Coordenação das Políticas Económicas

O 'desenvolvimento do pilar económico' da UEM foi retomado no Conselho Europeu do Luxemburgo de Dezembro de 1997 que aprovou uma Resolução relativa à coordenação económica.

Começando por reafirmar a tese segundo a qual a UEM promoverá a convergência do comportamento conjuntural [2], não deixa de alertar para o facto de existir uma contradição entre a unicidade da política monetária e cambial e a multiplicidade de políticas económicas e de formas de determinação dos salários. Implicitamente reconhece-se como potencial fonte de choques assimétricos – de que supra se falou – estes dois últimos elementos, em especial no impacto que podem ter sobre a taxa ou as perspectivas da inflação.

Nos termos da Resolução, o necessário reforço de coordenação das economias passará a ser feito através de um acompanhamento mais estreito das situações macroeconómicas e da supervisão orçamental bem como das políticas estruturais de cada país relativamente aos mercados de trabalho, de bens e serviços. Por outro lado, foi reafirmada a necessidade de promover reformas fiscais que, não apenas aumentem a eficiência dos respectivos sistemas, mas também evitem situações de concorrência fiscal entre os Estados-membros.

(as instituições financeiras portuguesas que originalmente o integraram eram: BCP, BFE, BPI e CGD). O seu objectivo essencial é o apoio ao desenvolvimento das redes transeuropeias de transportes, comunicações e energia bem como o desenvolvimento das pequenas e médias empresas.

Actua dando garantia para financiamentos ou detendo participações no capital de quaisquer empresas (capital de risco).

Os Estatutos do FEI estão publicados no JOL n.º 173 de 7/7/1994.

[1] A lista destes projectos pode consultar-se no *Boletim da UE* 12/1994, p. 19-20. Os projectos que incluíam Portugal eram a auto-estrada Lisboa-Valladolid, a rede de gás natural e interconexões eléctricas e de gás com Espanha.

[2] Reveja-se supra Capítulo V, ponto 2.

As orientações gerais sobre a política económica deverão passar a ser mais desagregadas, concretas e específicas de modo tornarem-se num verdadeiro instrumento de convergência, o que não acontecia até então.

Sob o ponto de vista institucional clarificou-se que é o Conselho de Economia e Finanças (ECOFIN) 'o único órgão competente para elaborar e adoptar as orientações gerais em matéria de política económica'. Foi dada luz verde para, a título informal, terem lugar reuniões do Conselho apenas com representantes dos países da zona euro, com a eventual participação da Comissão e do BCE, o chamado 'Conselho do Euro'.

Por outro lado, em Dezembro de 1997, foi dado o acordo do Conselho a um conjunto de medidas que visam evitar a concorrência fiscal entre os Estados-membros. Foi aprovado um 'Código de Conduta' nesta matéria que pretende evitar 'deslocalizações' de empresas, no interior da União, por motivos meramente fiscais. Esta matéria continua em discussão e tem-se revelado de particular dificuldade.

8.1.2.3. O Emprego. *Leitmotiv* dos últimos Conselhos Europeus

Estando praticamente realizada a integração monetária, o problema do desemprego na Comunidade passou a assumir uma nova importância em termos de acção comum. Na verdade, estando a inflação controlada por uma política monetária unificada, é politicamente necessário fazer face a uma taxa de desemprego que ultrapassa os 9%. Daí que em todos os Conselhos Europeus – particularmente depois do Conselho Extraordinário Sobre o Emprego, realizado no Luxemburgo em Novembro de 1997 – se tenha assistido a uma crescente atenção por parte de Comunidade a este problema.

A nova abordagem do problema do emprego está sintetizada em torno das decisões tomadas em três Conselhos Europeus. São os chamados processo do Luxemburgo, processo de Cardiff e processo de Colónia.

O processo do Luxemburgo – arquitectado no Conselho Extraordinário sobre o Emprego, realizado no Luxemburgo em Novembro de 1997 – consiste em 4 pontos fundamentais. 1) melhorar a capacidade de inserção profissional dos trabalhadores (empregabilidade); 2) melhorar a capacidade de adaptação das empresas e dos trabalhadores; 3) promover o espírito empresarial; 4) promover a participação igualitária de homens e mulheres no mercado de trabalho [1].

---

[1] As Orientações para as Políticas de Emprego, que acima foram referidas, estão estruturadas em torno destes 4 pontos.

Cap. VIII – Finalmente a UEM

O processo de Cardiff – definido no Conselho Europeu de Cardiff realizado em Junho de 1998 – acentua a modernização das estruturas produtivas melhorando o funcionamento dos mercados de bens, serviços e capitais, eliminando regulamentações desnecessárias tanto a nível nacional como comunitário.

O processo de Colónia – discutido no Conselho Europeu de Colónia de Junho de 1999 – acentua a necessidade de uma melhor coordenação entre a política monetária, a política orçamental, a política fiscal e a evolução dos salários. O chamado diálogo macroeconómico entre estas várias instâncias visa criar um ambiente favorável ao emprego com crescimento sustentado e não inflacionário.

No Conselho de Colónia foi aprovado o 'Pacto Europeu para o Emprego' que integra as várias abordagens da Comunidade relativamente ao emprego.

Em síntese, a estratégia de combate ao desemprego baseia-se na elaboração de orientações para o emprego que cada Estado-membro concretizará no respectivo Plano de Acção Nacional, que anualmente será apreciado pelo Conselho. O Comité do Emprego acompanha a evolução do emprego na Comunidade e em cada Estado-membro, podendo emitir pareceres nesta matéria.

As políticas comunitárias, por seu lado, têm como principal objectivo criar as condições para uma maior criação de empregos. Para o conseguir actua ou promove acções nacionais nos domínios da educação e formação profissional (empregabilidade), na melhoria competitiva dos mercados e na coordenação macroeconómica.

8.1.2.4. Ressurgimento do conceito de pleno emprego

O Conselho Extraordinário de Lisboa sobre o emprego, que teve lugar em 23-24 de Março de 2000, pretendeu ser um novo marco na abordagem deste problema.

Durante décadas o pleno emprego foi o objectivo central das políticas económicas e monetárias, como supra já se assinalou. No entanto, desde os anos 80, houve um recentrar de atenções colocando a inflação como o principal inimigo da estabilidade económica. Deu-se acolhimento às teses dos economistas, então minoritários, que sempre se opuseram às 'políticas keynesianas'. F. Hayek, M. Friedman ou R. Lucas são bons exemplos desta linha de pensamento. O resultado daquela mudança de perspectiva foi o desaparecimento do pleno emprego como objectivo central e, mais do que isso, o desaparecimento da própria expressão no âmbito da política económica e monetária e entre a grande maioria dos economistas. Nos textos comunitários sobre o emprego em vão se tentará encontrar qualquer referência ao 'pleno emprego'.

No entanto, nem todos se renderam às novas perspectivas que acabaram por 'fortalecer a posição do capital financeiro contra o capital industrial e do capital contra o trabalho [1].'

De vários sectores começaram a surgir vozes propondo um regresso à noção de pleno emprego no contexto da União Europeia. Entre elas será de destacar o Manifesto sobre o desemprego na UE encabeçado por Franco Modigliani [2]. Neste Manifesto apela-se a um retorno ao objectivo do pleno emprego na Comunidade com base num conjunto de políticas do lado da oferta mas também fazendo recurso à esquecida noção de gestão da procura [3].

Curiosamente o documento da presidência portuguesa, que serviu de base ao Conselho Extraordinário de Lisboa, reintroduz o conceito de pleno emprego, embora não exactamente nos termos daqueles outros proponentes. Sob a epígrafe 'Uma Estratégia Afirmativa', diz-se ser 'preciso reconquistar as condições do pleno emprego ...'.

Esta simples formulação logo dá a entender que o núcleo das propostas se situava nas condições do mercado e não nas políticas de gestão da procura. Em todo o caso, mesmo não ressuscitando as políticas keynesianas, o facto é que colocou em cima da mesa europeia um possível novo objectivo fundamental para a integração comunitária.

Desde o seu surgimento a integração europeia foi-se realizando e crescendo por patamares. Primeiro a União Aduaneira, durante a década de 60. Nos anos 70 deveria ter sido a integração monetária, proposta no Relatório Werner, cujo insucesso levou a um interregno até meados dos anos 80 e ao europessimismo. A partir de 1987 foi o mercado único, seguido em 1992 pela moeda única.

Cada um destes patamares foi marcado por uma ideia central, um objectivo concreto que tinha de ser realizado num prazo determinado.

---

[1] ETXEZARRETA 1998. Memorando posto a circular nos meios académicos por economistas das universidades de Barcelona, North London, Bremen e Paris-Nord. Nele se incitam os políticos europeus a uma estratégia macroeconómica comum expansionista definindo objectivos quantificados para a taxa de desemprego em vez de fixar metas para a taxa de inflação.

[2] Ver MODIGLIANI, JEAN-PAUL FITOUSSI; et aliud 1998.

[3] Vejam-se igualmente as preocupações manifestadas por PITTA E CUNHA 1999, 121, no artigo sintomaticamente intitulado 'Saudades de Keynes ...'

Cap. VIII – Finalmente a UEM

Foram essas ideias a força motriz para o avanço da integração económica e política.

Hoje, realizada a UEM, o processo de integração precisa de uma outra grande ideia. O Tratado de Amesterdão, seguindo o que já constava do Acto Único e do Tratado da União, parece tê-la fornecido sob a forma da política externa e de defesa comum. Essa será, sem dúvida, uma das linhas de força do processo europeu no que se refere à integração política e militar [1]. Será que uma mesma ideia, unificadora e mobilizadora das vontades políticas, vai surgir no campo da economia? Será a Comunidade capaz de criar os necessários instrumentos e cumprir, com igual rigor com que o fez para o euro, um novo objectivo de pleno emprego? O resultado do Conselho de Lisboa pretende apontar nesse sentido.

O objectivo estratégico definido para a próxima década é criar um espaço mundialmente competitivo centrado no conhecimento, na inovação e nos sectores da dita 'Nova Economia' [2]. O pleno emprego será o resultado da realização daquele desiderato que permitirá um crescimento médio em torno dos 3% ao ano.

As medidas concretas para assegurar um crescimento e um nível de emprego elevado são relativamente fluidas [3]. Aliás nem sequer se fixa ou pretende fixar um objectivo quantificado para a taxa de desemprego que concretamente sirva de guia para a política económica.

É demasiado cedo para fazer uma previsão sobre esta matéria. Pode, no entanto, destacar-se o facto de o Conselho Europeu passar a ter a 'direcção estratégica' da economia comunitária, com reuniões anuais na Primavera, isto é, antes mesmo de serem adoptadas as Orientações para a Política Económica que são propostas pelo ECOFIN recolhendo os

---

[1] Ver infra.

[2] Já agora, consulte-se o artigo *on line* de Alan Blinder sobre a Internet e a 'nova economia' para uma visão séria, realista e cautelosa das virtudes atribuídas a tais 'novidades'. BLINDER 2000.

O recentemente criado (Novembro de 1999) Internet Policy Institute (www.internetpolicy.org) pretende desenvolver um programa de investigação sobre os reais efeitos deste sector na economia partindo da admissão que "os economistas não produziram estimativas credíveis sobre o quanto e a que taxa estas alterações estão efectivamente a reduzir os custos ...". (Descrição de Projecto do Brookings Institute).

[3] A sua enunciação é, porém, longa. Leiam-se as 'Conclusões do Conselho Europeu de Lisboa'. Consistem, basicamente, em medidas ligadas à educação e formação profissional, com aumento no investimento per capita em recursos humanos; na literacia informática e na promoção do comércio electrónico fazendo baixar os custos das telecomunicações através de novos enquadramentos regulamentares.

contributos das várias formações do Conselho. É possível – e desejável – que a evolução da economia europeia venha a ser marcada por uma crescente importância das questões do emprego na definição das políticas nacionais e comunitárias [1]. Talvez esteja a nascer um novo grande objectivo que congregue os esforços políticos visando uma Comunidade com menos desemprego e exclusão social. Só o futuro poderá dizer se assim será.

---

[1] Veja-se a Recomendação da Comissão sobre as Orientações Gerais para a Política Económica para 2000 – apresentada em Abril de 2000 e adoptadas no Conselho Europeu da Feira – onde o 'regresso ao pleno emprego' é particularmente enfatizado. JOL n.º 210 de 21/8/2000.

CAPÍTULO IX

A INTEGRAÇÃO MONETÁRIA. UMA APRECIAÇÃO GERAL

1. VANTAGENS DA UEM

1.1. A perspectiva económica

A introdução da União Económica e Monetária no espaço Comunitário poderá trazer, a curto e longo prazo, um conjunto significativo de vantagens.
Comecemos pelo cidadão comum.
A primeira, e mais evidente, vantagem é a possibilidade de efectuar transacções em toda esta zona utilizando a sua própria moeda. Deixa de ser necessária a aquisição de moeda estrangeira sempre que alguém se deslocar para fora das fronteiras nacionais. A eliminação do câmbio de moeda implica desde logo um ganho que é o não pagamento das respectivas taxas. Por outro lado uma só moeda significa uma só unidade de conta. Na aquisição de bens ou serviços desaparece a necessidade da transposição mental para a moeda nacional a fim de avaliar o respectivo custo.
Se hoje já se pode circular livremente por todo o espaço comunitário sem que, por vezes, nos apercebamos das linhas de fronteira, com a UEM a noção de zona integrada será muito maior quando existir um único meio de pagamento e unidade de conta.
No entanto, é para as transacções económicas de tipo empresarial que as vantagens são mais sensíveis.
Em primeiro lugar, a **eliminação das taxas bancárias** cobradas nas operações cambiais representa ganhos significativos em relação à situação anterior [1]. Este custo foi estimado (talvez com exagero) em cerca de 0,5%

---

[1] Só as trocas franco francês-marco estavam avaliadas em 250 mil milhões de francos por dia, sobre as quais, evidentemente, incidiam taxas bancárias. Cf. DESCHEEMAEKERE 1996, 44.

para transferências de 10.000 ecus representando, em termos globais, 0,5% do PIB comunitário e 1% para as pequenas economias abertas cuja moeda é pouco usada internacionalmente [1].

Por outro lado, e com efeitos mais profundos, a moeda única **elimina a incerteza cambial e o risco** que lhe vai associado bem como as perturbações resultantes de ataques especulativos.

Esta total ausência de risco **favorece os fluxos comerciais** e facilita grandemente a tomada de decisões no que respeita ao **investimento directo intracomunitário**. Com a moeda única há a certeza de que custos e receitas não serão afectados por meras variações cambiais, impossíveis de prever e de cobrir sem custos acrescidos.

É também a eliminação da incerteza que potencia os **ganhos na eficiência económica** que resultam, principalmente, da exploração de novas economias de escala e da criação de um clima mais optimista entre os homens de negócios [2]. São as economias de escala – a redução de custos que resulta de produzir-se para um mercado muito maior do que qualquer mercado nacional – que explicam o recrudescimento dos processos de fusão e aquisição de empresas verificado após a introdução do euro. A unificação monetária veio reforçar o movimento, nesse mesmo sentido, gerado pela globalização dos anos 90.

Este clima poderá favorecer o investimento e o emprego em toda a área da Comunidade [3].

A forma como foi pensado o funcionamento da UEM pode também favorecer a actividade económica na medida em que esta se vai desenvolver num ambiente em que existe **estabilidade de preços e de enquadramento macroeconómico**. Este elemento, por sua vez, vai **ter efeitos nos mercados financeiros** ao promover a sua maior integração e eficiência concorrencial. Veja-se o que está a suceder nos mercados de capitais onde se assiste à celebração de acordos e a fusões entre algumas das principais bolsas europeias. A prazo é bem possível que se venha a verificar uma total unificação destes mercados.

---

[1] Cf. One Market, One Money 1990 e EMMERSON 1991, 468.

[2] Deve, aliás, notar-se que desde há muito, são os homens de negócios os maiores entusiastas da unificação monetária. Os inquéritos que foram realizados, demonstraram serem eles os principais adeptos de uma só moeda num só mercado, tendo inclusive criado uma associação para a promoção da UEM e do ecu.

[3] Recorde-se que foram exactamente argumentos deste tipo os utilizados por Roy Jenkins, no supra citado discurso de 1977.

Por fim, a moeda única terá reflexos significativos no sistema monetário internacional. O euro vai passar a ser uma **moeda de dimensão mundial** com um estatuto equiparável, a prazo, ao que tem hoje o dólar. O euro é já usado como moeda de reserva dos bancos centrais não comunitários e será cada vez mais utilizado como moeda internacional. As principais utilizações são como unidade de conta ou de facturação – com a fixação em euros do preço internacional de bens e serviços; como moeda veicular – em que se usa o euro como intermediário em operações realizadas entre outras moedas; finalmente, como reserva de valor internacional [1].

1.2. A perspectiva política

Por outro lado a UEM não é apenas – nem fundamentalmente – uma questão meramente técnico-económica. Já foi referido o contexto político em que o projecto da UEM ganhou corpo [2]. Mas, além disso, a União Económica e Monetária insere-se numa estratégia política mais vasta que tem em conta o posicionamento da Europa no início do séc. XXI.

Não pode esquecer-se que no plano mundial a União Europeia não detém um papel político equiparável à potência dominante, os EUA [3]. Daí que a formação de um bloco economicamente coeso e com uma só moeda represente um passo suplementar de integração que só faz sentido se interpretado à luz de um objectivo de integração política [4].

---

[1] Veja-se sobre este ponto PORTO 1999a, European Parlament 1998, COMMISSION 1997, HARTMANN 1996. A maior parte destes efeitos só se fará sentir após 2002.

[2] Ver supra Cap. VI, 3.

[3] O caso da desagregação da ex-Jugoslávia é bem elucidativo.

Os acordos de paz, assinados em Dayton, conseguidos pela mediação americana representaram um vexame político para a Europa que se manifestou incapaz de resolver os seus próprios problemas. No plano militar foram, mais uma vez, os EUA que vieram liderar, através da NATO, uma operação no palco europeu.

Mais recentemente a história veio a repetir-se com os acontecimentos no Kosovo. Além de, novamente, ter sido a NATO a intervir militarmente procedeu-se a uma revisão da sua linha estratégica que parece retirar espaço a um autonomia militar europeia.

A redobrada importância que a política externa, e em especial a política de defesa, tem vindo a assumir após o Tratado de Amesterdão é uma clara resposta a este tipo de debilidades.

[4] Veja-se a seguinte afirmação de SILGUY: "Não esqueçamos que a Europa sempre se tem construído pela economia, seguramente mais do que pela diplomacia, em sentido

A União Europeia anseia por um papel de maior peso na cena internacional – que seja equiparável ao seu peso económico – e a UEM funciona como um meio para atingir esse fim. A moeda única, em especial, será um factor que representa não só a unidade do bloco mas também pretende ser a expressão da sua força.

A esta luz a UEM e a moeda única são expressão de um objectivo político que tem no seu horizonte a formação de um espaço, que embora constituído por nações, cada vez mais terá um conteúdo federalizante. As decisões autónomas dos Estados irão confrontar-se com decisões tomadas por instâncias comunitárias. Já hoje – e desde há muito – existem vastos domínios em que a vontade nacional é superada por decisões maioritárias que se lhe impõem.

O funcionamento do Banco Central Europeu e a elaboração e execução da política monetária são o exemplo mais acabado desta estratégia. A incipiente política externa e de defesa comum vai no mesmo sentido [1].

A principal vantagem da UEM é o de ela própria ser um passo fundamental para a formação de um bloco político-económico na cena mundial. Concluído o processo da integração monetária a Comunidade vai precisar de uma outra força motriz, de um outro grande projecto. A lógica introduzida pela UEM vai, por certo, potenciar o desenvolvimento das políticas externa e de defesa, cujos primeiros passos foram dados com o Acto Único Europeu, retomadas no Tratado da União Europeia e objecto de inúmeras alterações introduzidas pelo Tratado de Amesterdão.

Pouco depois da entrada em vigor do Tratado de Amesterdão – e da correspondente revisão do Tratado da União – deram-se desenvolvimentos no plano militar. Os Estados-membros que não integram a União Europeia Ocidental (UEO) tinham já o estatuto de observadores mas não podiam participar em acções que viessem a ser desencadeadas. Numa Decisão tomada em 10/5/1999 [2] foi definida a forma como a UEO poderá actuar

---

tradicional, ou pela defesa.(...) E no entanto, não subestimo de forma alguma a dimensão do projecto nem o seu carácter profundamente político. Reconheço e proclamo que a união monetária *é já* uma etapa significativa em direcção à união política." SILGUY 1996, 209.

[1] Leia-se com atenção o que foi estipulado sobre esta matéria no Tratado da União e a forma como veio a ser desenvolvida no Tratado de Amesterdão. É patente a ligação temporal entre a criação de um moeda única e de uma política externa e de defesa comum (no TUE) e a necessidade de desenvolver esta última vertente após a criação da UEM (no Tratado de Amesterdão).

[2] Decisão (1999/321/PESC) do Conselho de 10/5/1999, JOL n.º 123 de 13/5/1999.

em nome da Comunidade incluindo todos os Estados-membros. Mesmo os que apenas têm o estatuto de observador não podem ser impedidos de participar nas reuniões e decisões da UEO bem como poderão também fornecer forças militares para as acções que vierem a ser empreendidas.

São essas políticas que nos próximos tempos vão ocupar o palco da integração europeia [1].

Por outro lado, caso o objectivo do Conselho Extraordinário de Lisboa venha a ganhar raízes, ele será igualmente expressão de um novo impulso integrador, agora na vertente económica.

Se a União Europeia avançar decididamente por estas duas vias poderá num relativo curto prazo transformar-se numa verdadeira potência em pé de igualdade com os Estados-Unidos.

2. DIFICULDADES DA UEM

2.1. Balanço do processo de convergência

O conjunto de procedimentos que conduziram à 3.ª fase da UEM – o processo de convergência – foi a primeira das dificuldades que teve de ser transposta.

A moeda europeia só poderia ver a luz do dia se tivesse condições para se tornar uma moeda forte em termos mundiais e poder ser um verdadeiro padrão, como foi a libra e depois o dólar norte-americano.

Este objectivo, digamos que 'externo', articulava-se com o problema 'interno' de como criar uma tal moeda.

Lembre-se que uma das moedas comunitárias – o marco – tinha o estatuto mundial de 'moeda refúgio', sendo um verdadeiro paradigma de moeda forte. Daí que a dissolução do marco numa nova unidade monetária só podia fazer-se havendo todas as garantias de que o euro viesse a ser, pelo menos, tão sólido como a divisa alemã. É isto que explica o facto de o processo de criação da moeda única ter sido, no fundo, uma negociação entre alemães, por um lado, e os restantes membros da União, por outro [2].

---

[1] Durante o ano de 1999 foi tomado um grande número de decisões nesta matéria. Não cabendo aqui analisá-los em pormenor sempre se destacará a formação de uma força de intervenção rápida para a gestão de crises do tipo 'Missões de Petersberg'.

[2] Numa carta publicada no semanário 'O Independente' em Novembro de 1995, o então Ministro das Finanças, Sousa Franco, punha preto no branco aquilo que todos

Sem a Alemanha não haveria moeda única e esta só poderia existir se fossem aceites as condições alemãs. Como o Banco Central Europeu é dirigido por um Conselho que delibera por maioria simples, bem se compreende a necessidade da fixação de regras estritas tanto na preparação inicial como, depois, na gestão da moeda única.

*

A forma como foi planeada, em 1991, a construção da União Económica e Monetária desde logo fez pensar num conjunto de problemas que necessariamente se levantariam, muito especialmente, durante as fases preliminares da UEM.

Era patente que os países comunitários que pretendessem acompanhar na primeira linha esta nova etapa do processo de integração teriam de fazer um esforço considerável até 1997.

Até finais de 1995 poucos Estados-membros satisfaziam o conjunto de condições requerido para que se pudesse iniciar a 3.ª fase da UEM. Uns com taxas de inflação demasiado altas; outros penalizados pelos 'défices excessivos'[1]; outros ainda com as suas moedas não integradas no mecanismo de taxas de câmbio do SME.

Atendendo ao calendário fixado pelo texto do Tratado, facilmente se compreende que o esforço suplementar de convergência nominal teria de ser feito rapidamente.

Com o início da 3.ª fase marcado para 1999 e a respectiva decisão de inclusão baseada nos dados de 1997, todos os países que dela pretendessem fazer parte teriam de, o mais tardar até essa data, evidenciar uma taxa de inflação próxima da mais baixa média comunitária o que, por sua vez, era condição para que a taxa de juro se situasse nos limites requeridos. E tudo isto teve de ser feito controlando – ou para a maioria dos países reduzindo – os défices públicos e o endividamento.

---

sabiam mas que raramente se vê escrito. Chamava-se a atenção, justamente, para o facto de a questão da moeda única ser na verdade uma negociação entre a Alemanha e os restantes Estados-membros.

Em 1998, Sousa Franco reiterou a ideia em artigo publicado no Expresso de 1 de Maio: "O euro representa uma partilha generosa da Alemanha com os outros países europeus e não o contrário."

Em caso algum os alemães aceitariam prescindir de uma das mais fortes moedas do mundo substituindo-a por algo que lhe ficasse atrás. Daí a absoluta necessidade de fixar regras estritas para a condução da futura política monetária.

[1] A própria Alemanha não foi capaz, nos anos de 1995 e 1996, de cumprir o critério do défice público, tendo sido declarada pelo Conselho a existência de um défice excessivo.

Cap. IX – A Integração Monetária. Uma Apreciação Geral

Por umas ou outras razões, os Estados-membros passaram por um período de gestão muito apertada das suas economias, em especial se considerarmos o período recessivo que teve início por volta de 1992 e só totalmente superado em 1995.

Aqueles que simultaneamente necessitaram de reduzir drasticamente a taxa de inflação e conter o défice público tiveram necessariamente de sofrer efeitos negativos sobre as taxas de crescimento e de emprego.

As pressões políticas e sociais que podiam ser desencadeadas por uma situação deste tipo jogavam claramente contra o objectivo da integração monetária. Nos anos de 1995, 1996 e 1997 assistiu-se a um conjunto de movimentos de contestação um pouco por toda a Europa, em especial na Bélgica, Alemanha, Espanha e França, tendo como pano de fundo comum os cortes orçamentais e/ou nas prestações sociais e os baixos aumentos salariais, particularmente na função pública [1].

Por essas razões os critérios de convergência, que determinam as condições *sine qua non* para a inclusão na terceira fase, foram considerados por muitos demasiado exigentes e o horizonte temporal para o cumprimento daqueles objectivos excessivamente curto.

Os critérios, definidos – recorde-se que em 1991 – eram já ambiciosos mesmo no clima de crescimento que ainda se vivia. A partir de 1992, porém, as economias entraram numa fase de clara desaceleração, com taxas de crescimento muito baixas e não geradoras de emprego. Além disso a reunificação alemã revelou-se bem mais custosa do que havia sido previsto, o que provocou naquele país uma política económica e monetária que em nada ajudou a recuperação das economias comunitárias.

Neste quadro seria possível, e para alguns desejável, que os critérios de convergência previstos viessem a ser alterados [2] de modo a flexibilizar um pouco as exigências e a adequá-los à evolução mais recente das economias. Venceu, porém, a opinião daqueles que consideraram terem os critérios suficiente flexibilidade para dar resposta àquelas necessidades.

A verdade é que em finais de 1996 a grande maioria dos países tinha já conseguido colocar-se numa posição tal que permitia antecipar a sua participação da 3.ª fase. Entre eles, com alguma surpresa, estava Portugal.

---

[1] Para uma análise particularmente desencantada e crítica deste período pode ver-se Fitoussi 1997.
Sobre a pressão a que os dirigentes políticos foram sujeitos (mas a que resistiram) devido àquelas condições veja-se Cavaco Silva 1999, 40.

[2] O que como vimos só seria possível se a decisão fosse tomada por unanimidade.

Para atenuar todas estas dificuldades a Comunidade teve consciência da necessidade de transferir recursos dos seus membros economicamente mais fortes para aqueles que se defrontavam com maiores dificuldades.

O papel dos Fundos estruturais tornou-se, por isso, mais importante que nunca. Reconhecendo este facto, foi prevista (aquando da revisão do Tratado pelo TUE) a criação de um novo fundo – o Fundo de Coesão – com o objectivo de financiar projectos no domínio das infraestruturas de transportes e do ambiente [1]. A Comunidade passou igualmente a dar outros tipos de apoio – como a elaboração de projectos, o caucionamento de empréstimos ou a bonificação de juros – para acções que viessem a se desenvolvidas pelos Estados-membros no âmbito das redes transeuropeias de telecomunicações e de energia [2].

O financiamento destas novas obrigações comunitárias estava relacionado com uma reformulação do sistema de recursos próprios da Comunidade: o chamado 'Pacote Delors II', aprovado pela Comissão em Fevereiro de 1992.

Após quase um ano de negociações, no Conselho de Edimburgo foi, finalmente, desbloqueada a constituição do Fundo de Coesão e assegurada a duplicação dos restantes Fundos até 1999 [3].

*

Um dos aspectos negativos de que mais se falou foi o potencial conflito entre convergência nominal e real.

A convergência nominal apenas pretende uma aproximação numérica de um conjunto de variáveis. É o que sucede com as taxas de inflação e de juro ou com os valores dos défices e dívida pública.

A convergência real, por outro lado, diz respeito à aproximação dos níveis de desenvolvimento económico, do rendimento real dos cidadãos, em suma, do bem-estar da população.

---

[1] Ver artigo 130.º-D do TUE (actual 161.º).

[2] Ver artigo 129.º-C do TUE (actual 155.º).

[3] Posteriormente – não obstante o adiamento da entrada em vigor do Tratado da União – o Conselho de Ministros dos Assuntos Gerais da Comunidade aprovou, em Março de 1993 e no seguimento do acordado no Conselho Europeu de Edimburgo, a constituição de um "Instrumento Financeiro de Coesão", de carácter temporário, até que o Fundo de Coesão previsto no artigo 130.º-D(161.º) entrasse em vigor. Os montantes em causa eram de 1.500 milhões de ecus para 1993 e 1.750 milhões para 1994. Portugal recebeu entre 16% e 20% da totalidade dos valores referidos.

Cf. o Regulamento n.º 729/93 de 30 de Março, JOL n.º 79 de 1/4/1993.

Ora, é por demais evidente, que convergência nominal não é, só por si, sinónimo de convergência real. Pior ainda. Para se alcançar a primeira pode prejudicar-se a segunda. Tal oposição resulta da necessidade imposta aos países que mais longe se encontravam da convergência de aplicarem políticas económicas genericamente de tipo restritivo ou, pelo menos, não expansivo. Os países mais pobres da Comunidade não podiam, assim, utilizar a política monetária ou orçamental para promoverem um mais rápido desenvolvimento ou o crescimento do emprego, sob pena de não atingirem as metas exigidas para a inflação ou a dívida pública.

Durante algum tempo assistiu-se à execução de políticas pró-cíclicas, isto é, políticas restritivas – necessárias para cumprir os critérios de convergência – quando a economia estava numa fase em que era desejável um estímulo orçamental e monetário.

É certo que a macroeconomia actual não propõe já as medidas de cariz keynesiano, idênticas às que eram comuns até finais da década de 70. As 'novas' visões contestam a eficácia duradoura daquelas políticas. No entanto, nem por isso deixa de ser verdadeiro, e admitido, que, a prazo dito curto, políticas de forte contenção geram desemprego e menor crescimento económico [1]. Mesmo que, a prazo mais longo, fosse possível recuperar algum terreno perdido, a convergência real poderia ficar mais longe.

As transferências de recursos, previstas no Fundo de Coesão e nos restantes Fundos comunitários, foram e são absolutamente essenciais para que a convergência real não fique prejudicada.

É fundamental realçar e não deixar esquecer que o princípio da coesão económica e social está bem vincado no texto do Tratado de Roma [2].

O conjunto dos Fundos comunitários foi um dos elementos que permitiu a Portugal colocar-se na primeira linha da integração monetária. A manutenção do objectivo da integração, nos vários governos, e o período de crescimento económico global, tornou possível realizar a convergência nominal sem prejuízo notório da convergência real entre os países mais

---

[1] Isto mesmo foi reconhecido pela Comissão: "Na via assim traçada, desenha-se uma grande contradição. (...) os critérios adoptados para apreciar a convergência exigem, nomeadamente, um maior rigor orçamental que não pode realizar-se sem que produza efeitos negativos no crescimento ou no bem-estar social." (Comissão 1992)

[2] Veja-se, logo no artigo 2.º do Tratado, como se considera que "A Comunidade tem como missão ... promover ... a coesão económica e social e a solidariedade entre os Estados-membros".

ricos e mais pobres. Em contrapartida, segundo alguns, o processo de convergência foi um dos principais responsáveis pelas elevadas taxas médias de desemprego [1].

*

Outra das questões, muito justamente debatida durante as fases preparatórias – e que continua hoje a ser debatida – é a perda de poderes soberanos implicada nesta nova fase da integração europeia [2].

O último projecto do TUE, apresentado no Conselho de Maastricht, ainda continha, logo no primeiro artigo, uma explícita referência "à vocação federal" da União [3]. A tónica federalista, e a consequente admissão, por princípio, da transferência genérica de soberania, foi, porém, eliminada do texto aprovado. Mas tal não significa que as componentes federais tenham sido afastadas.

Mesmo centrando a atenção exclusivamente na UEM (não considerando as questões relativas à cooperação política e à defesa comum) é por demais evidente o "sabor federalizante" da sua construção.

Não há qualquer dúvida que as atribuições do Banco Central Europeu absorvem parcelas importantes das soberanias nacionais num domínio, aliás, com profundas raízes históricas.

A prerrogativa da emissão de moeda tem sido, ao longo da história, um dos traços distintivos do poder soberano. Os Estados modernos mais não fizeram que dar continuidade a essa longa tradição. O poderio económico, militar e político da Inglaterra, enquanto potência dominante, podia sintetizar-se no poder da libra e o mesmo se dirá do dólar norte-americano desde o fim da II Guerra.

Não restando dúvidas quanto à transferência formal de soberania monetária elas surgem, porém, quando se tenta avaliar o conteúdo concreto dessa soberania nacional.

---

[1] Veja-se MODIGLIANI et aliud 1998, p.9. Segundo os autores do 'Manifesto' o diferente comportamento do desemprego na economia americana e europeia a partir dos anos 70, foi marcado por dois episódios em 1982 e 1992. Em torno destas datas o desemprego cresceu igualmente dos dois lados do Atlântico mas em ambos os casos voltou a decrescer rapidamente nos EUA tendo-se mantido na Europa. O ano de 1992 coincide, grosso modo, com a aplicação das medidas necessárias para cumprimento dos critérios de convergência.

[2] Ver PITTA E CUNHA 1999 em que quase todos os artigos recolhidos nesta publicação acabam por tocar no (óbvio) problema político do federalismo.

[3] Cf. O Projecto do Tratado da União Europeia de 1991.

Cap. IX – A Integração Monetária. Uma Apreciação Geral

Como acima se fez notar, o grau de independência das várias políticas monetárias nacionais era já bem restrito – quando enquadradas no sistema cambial do SME e considerando a liberdade de circulação de capitais, em especial após 1992.

Detendo embora a capacidade formal de emitir moeda e a possibilidade de manipular as variáveis monetárias fundamentais, os Estados--membros estavam afinal fortemente dependentes das decisões tomadas pela economia dominante na Comunidade, a alemã. Daí o papel chave da sua moeda e da sua política monetária que era ditada – com grande autonomia do seu próprio governo – pelo *Bundesbank*[1].

Assim sendo, era para todos evidente que a transferência de soberania formal para o Banco Central Europeu representaria a passagem de uma situação em que as políticas monetárias nacionais estavam de facto subordinadas aos ditames do *Bundesbank* – sem qualquer participação nas decisões – para uma outra em que, mantendo-se, por certo, alguma predominância alemã essencialmente por via das regras pré-fixadas, os restantes Estados-membros sempre teriam algo a dizer na formulação e execução da política monetária europeia.

A influência alemã é, desde logo, patente no modo como foi concebido o funcionamento do BCE (agindo com total independência) e ditada a regra fundamental que o orienta (a estabilidade dos preços), bem à semelhança do banco central alemão. Porém, as decisões, no que respeita à condução da política monetária única, passaram, na 3.ª fase, a caber a um órgão – o Conselho do BCE – onde os bancos centrais nacionais têm representação paritária e as decisões são tomadas por maioria simples de votos. Deste modo, as eventuais pretensões alemãs quanto a medidas concretas de política monetária só terão expressão prática se a maioria dos membros com elas concordar. Daqui se pode concluir que a situação anterior, em que existia um domínio *de facto* por parte dos alemães, foi substituída por acções consensuais ou maioritárias.

---

[1] No clima recessivo que se manifestou entre 1991 e 1993 na maior parte dos países comunitários, foi quase chocante como todos eles aguardavam ansiosamente as decisões do *Bundesbank* relativas às taxas de juro. O relançamento das economias através de um abrandamento da política monetária, em particular descendo significativamente as taxas de juro, tornava-se impossível de levar a cabo sem que as autoridades alemãs dessem o primeiro passo. Cf. supra Cap.IV.

Será que perante uma tal situação se pode falar verdadeiramente de soberanias monetárias nacionais?

A perda formal de soberania não representa, afinal, uma perda substancial, relativamente à situação pré-Maastricht. Se é verdade desaparecer a pequena margem de manobra de que os Estados-membros ainda dispunham, não é menos certo que passaram a participar, por direito próprio, nos centros de decisão fundamentais.

Mesmo que assim seja, dir-se-á, ao perder o controlo sobre um dos signos historicamente mais enraizados, como é a moeda, não pode deixar de "sentir-se" alguma *caput diminutio* no orgulho soberano nacional. Não deixa de ser curioso que quando, em Portugal, se lastimava a perda de soberania monetária, os inquéritos realizados mostravam que ela era sentida fundamentalmente nos Estados-membros mais prósperos [1].

A coesão de Estados e Nações faz-se, necessariamente, através de signos. Mas seria um erro tentar deter o movimento integrador por recusa do abandono dos signos monetários. Afinal a sua importância é bem pequena quando comparada com outros espaços simbólicos. O sentimento de pertença a um território geográfico – seja uma província ou um país – a língua, a cultura, a história, os pequenos hábitos e idiossincrasias do quotidiano, são mais que bastantes para cimentar a unidade das partes e manter a diversidade do todo.

É quase uma afronta à sua história, velhas nações recearem pela sua identidade a propósito de tão pouco.

*

Questão diferente é a atitude doutrinal que se possa ter relativamente à integração política e à respectiva perda de soberania.

O que agora está em causa não é a avaliação de efeitos produzidos pela UEM ou uma qualquer contabilidade de ganhos e perdas de soberania. O problema de fundo é a eventual recusa de um novo passo no processo de integração europeia tendo por base princípios políticos.

O que acima se considerou uma das vantagens da UEM pode ser visto também como uma das suas desvantagens.

---

[1] Os países onde existia maior oposição à moeda única eram: Alemanha, Áustria, Dinamarca, Reino Unido e Grécia. Cf. 'Livro Verde', 83.

O caso do Reino Unido merece uma atenção especial. Não será de admirar a oposição ao desaparecimento da libra por razões histórico-culturais. Ao contrário de todas as outras moedas europeias, de criação mais ou menos recente, a libra é unidade de conta à 1.300 anos e moeda única em Inglaterra desde o ano 928. Cf. DESCHEEMAEKERE 1996, 41.

No Reino Unido foi particularmente forte este tipo de oposição, em especial nos governos de M.Thatcher e J.Major. Rejeita-se a ideia de construir um bloco político coeso justamente porque se entende ser politicamente inadmissível a diluição da soberania nacional.

A oposição que se faz à UEM resulta essencialmente das suas implicações políticas e não tanto das eventuais dificuldades técnicas ou económicas [1]. Não é por acaso que no Reino Unido existe uma corrente de opinião – que se manifesta inclusive na Câmara dos Lordes – que não só rejeita a integração monetária como propõe o abandono da própria União Europeia.

Este tipo de postura não é, obviamente, sindicável recorrendo a teorias ou análises económicas. Trata-se de uma opção cujo futuro será decidido pelo confronto político e pelo desenrolar da História. Mas não será preciso recorrer à futurologia para prever uma rápida expansão da zona euro aos Estados que dela ainda não fazem parte. A dinâmica de um espaço económico e monetário tão vasto vai acabar por impor-se. As objecções políticas acabarão por ceder à simples pragmática [2].

2.2. Os problemas pós-UEM

Os critérios de convergência – durante a 2.ª fase – e os elementos balizadores da política económica e monetária – depois da 3.ª fase – visam criar as condições para uniformizar as variáveis macroeconómicas que podem afectar a estabilidade monetária.

---

[1] Sob o ponto de vista económico o Reino Unido não teria qualquer dificuldade em preparar-se para aceder à 3.ª fase da UEM.

[2] A atitude do Reino-Unido perante a integração europeia parece obedecer a um padrão recorrente.

Quando foi criada a CEE as objecções britânicas levaram à sua não participação e consequente criação da EFTA. Poucos anos volvidos o Reino-Unido pedia a adesão, tendo-se sujeitado ao vexame dos dois vetos franceses. Tarde e a más horas entrou para a Comunidade em 1973.

No Tratado da União Europeia recusou subscrever o Acordo relativo à Política Social. Em 1997 arrepiou caminho e adoptou tal acordo. No que se refere à UEM, fez aprovar a cláusula de 'opting out' que manteve o Reino-Unido fora da moeda única. O que agora está em aberto é apenas a data de revisão da sua atitude.

Na prosa saborosa de Renato Flôres, "O Reino Unido, qual noiva dos melhores romances açucarados de antanho, continua a hesitar sobre a consumação final de seu casamento com o continente." (FLÔRES 1999, 28)

Qualquer economista aceitará que uma política orçamental desregrada, geradora de elevados défices sistemáticos, ou uma inflação elevada têm efeitos negativos sobre a economia. Todos estão de acordo que é importante que o Estado controle os seus défices a um nível aceitável, tal como a taxa de inflação, para com isso ser possível praticar baixas taxas de juro, potenciadoras de mais elevada actividade económica [1]. É igualmente óbvio que, após a introdução do euro, aquelas variáveis têm de continuar a comportar-se do mesmo modo.

Se é certo que o controlo daquelas varáveis é condição *sine qua non* para a robustez monetária, está por provar que sejam também condição suficiente. Quer dizer, só haverá moeda forte cumprindo-se os requisitos exigidos, antes como agora, mas o seu cumprimento não assegura o objectivo em vista.

A divisa alemã não fazia derivar o seu estatuto internacional de moeda refúgio apenas do comportamento do banco central. O marco era forte porque a economia alemã sempre revelou uma enorme robustez e competitividade.

Embora o marco se tenha sistematicamente valorizado, desde os anos 60, a economia alemã conseguiu ganhar competitividade interna e externa. A valorização cambial foi mais que compensada pela capacidade de adaptação das empresas que buscaram, com sucesso, ganhos de eficiência na qualidade, na inovação ou na organização.

A força do marco resultava da conjugação daqueles dois factores: comportamento estável e previsível das 'variáveis macroeconómicas' e notável capacidade económica de gerar riqueza.

Será aqui que reside uma das maiores dificuldades e a grande incógnita da moeda única. Que irá acontecer se se pretender conjugar uma moeda forte com economia(s) fraca(s)?

A criação de um quadro macroeconómico estável (com uma inflação controlada, baixas taxas de juro e garantia de que a acção estadual não perturbará esse quadro – por via das limitações ao défice e dívida pública), só terá efeitos positivos sobre todas as economias participantes se os respectivos tecidos empresariais forem capazes de responder às exigências postas pelo actual quadro económico mundial.

---

[1] Menos seguro é aceitar-se o valor concreto de cada um dos indicadores ou uma interpretação rígida. Não há nada na teoria económica que exija, para a construção da UEM, um défice de 3% ou uma dívida pública de 60%. A própria Comunidade teve dentro de si um exemplo contrário. A Bélgica e o Luxemburgo partilharam desde 1944 uma união monetária tendo aqueles indicadores valores muito divergentes entre si. O caso não será generalizável mas é, pelos menos, indiciador.

Cap. IX – A Integração Monetária. Uma Apreciação Geral

No espaço puramente comunitário, as economias mais débeis terão de obter ganhos de eficiência e competitividade relativamente aos seus parceiros, sob pena da estrutura produtiva ser, lenta ou rapidamente, canibalizada pelas mais fortes.

Ao mesmo tempo, a concorrência é cada vez mais globalizada por força da liberalização financeira e das decisões que, nos anos 90, foram tomadas no âmbito da Organização Mundial do Comércio. Muitos afirmam até existir hoje uma forma particular de concorrência 'desleal'[1] em que se confrontam directamente espaços empresariais que produzem os mesmos bens, com idêntica tecnologia e custos muito diversos no plano das condições de prestação de trabalho. Esta forma de 'dumping social'[2] obriga as empresas a tentarem ganhos competitivos que se manifestam sobretudo na redução das despesas associadas ao factor trabalho. Sob o ponto de vista da racionalidade empresarial é, não só correcto como obrigatório, aumentar a competitividade mesmo que em prejuízo do emprego. O pro-

---

[1] Veja-se o discurso da presidente do Parlamento Europeu, Nicole Fontaine, na abertura do Conselho Extraordinário de Lisboa de 23-24 de Março de 2000. Nele se pode ler uma crítica ao 'capitalismo desenfreado, que através da deslocalização, pratica o *dumping* social ...'

[2] O actual 'dumping social' não deve ser avaliado considerando apenas os diferentes níveis salariais ou de protecção social. Se assim fosse todos os países do mundo o praticariam relativamente àquele que tivesse salários mais elevados. Com esta interpretação o conceito seria totalmente esvaziado.

O novo tipo de *dumping social* só surge porque desde finais dos anos 80 se assistiu à desregulamentação dos mercados financeiros, ao abate dos controlos de capitais e ao desarmamento alfandegário a que se associou uma redução significativa dos riscos políticos.

É esta nova realidade que permite a deslocalização de empresas, os fluxos de capitais e de tecnologia. Neste quadro, países subdesenvolvidos, com os correspondentes baixos custos salariais, passam a ter ao seu dispor capital e meios técnicos anteriormente inacessíveis.

Existirá *dumping social* quando são produzidos os mesmos bens, com a mesma tecnologia (e, por isso, produtividades não muito diferentes) e reduzidos custos associados ao trabalho.

O aumento do emprego nessas zonas tem como contrapartida a destruição de emprego em alguns sectores dos países geradores da tecnologia e dos capitais.

Daqui não pode concluir-se, porém, por uma avaliação negativa da situação. O que está em causa é uma reestruturação dos tecidos produtivos a nível global. É certo que os países mais desenvolvidos não podem competir com base em baixas remunerações salariais mas também nunca foi essa a característica de tais economias. Para estas a nova especialização mundial impõe uma aposta nos sectores de produção de conhecimentos, de elevada tecnologia e de serviços.

blema revela-se quando afastamos o olhar da árvore e contemplamos a floresta. O que para cada empresa pode ser correcto para o conjunto da sociedade pode ser desastroso [1]. Como aceitar níveis elevadíssimos de desemprego [2] que as condições da concorrência impedem que seja rapidamente absorvido?

Mesmo admitindo – como as correntes hoje dominantes no pensamento económico tendem a aceitar – que tudo isto é apenas um efeito transitório do processo de ajustamento estrutural da economia comunitária e mundial, está por provar que seja politicamente viável.

Acrescendo a isto, é da própria experiência comunitária que os efeitos regionais do processo de integração podem agravar as disparidades entre economias com diversos níveis de desenvolvimento.

A ser assim, decorreriam efeitos perversos de vária ordem. Podia assistir-se a deslocações de trabalhadores em larga escala, com efeitos fortemente desestabilizadores, ou ao declínio permanente de certas regiões (países) em termos dos respectivos níveis de rendimento e de bem-estar.

No caso português, os estudos mais recentes apontam claramente para uma grande aproximação do comportamento cíclico entre Portugal e os restantes países da UE [3], bem como uma convergência das respectivas estruturas produtivas.

---

[1] Um dos aspectos mais curiosos do 'estado das coisas' (ou do estado a que as coisas chegaram) pode encontrar-se na corrida presidencial americana de 1996. Um dos candidatos às primárias pelo partido Republicano – Pat Buchanan – sendo um representante da ala mais conservadora do, então, seu partido, baseou a campanha num ataque feroz às multinacionais e 'ao grande capital' (sic) em nome da defesa dos interesses dos trabalhadores americanos. O raciocínio é simples e entronca na lógica empresarial de que se falava. Se uma empresa pode produzir os mesmos bens em outra parte do mundo onde os custos salariais são muito menores, sem entraves alfandegários e baixo risco político, obviamente 'deslocaliza-se'. Como resultado temos uma empresa com maior índice de produtividade e um país com uma população trabalhadora desempregada ou com rendimentos reais decrescentes. A solução – proposta por Buchanan – é fácil(?) de encontrar. Reintroduzam-se barreiras alfandegárias e a deslocalização deixa de ser possível.

A questão não se resolve, obviamente, com medidas tão simplistas mas sempre será de ponderar se não se foi depressa demais.

[2] A taxa de desemprego em Espanha em 1996 – a maior da Comunidade – era equivalente ao máximo atingido nos EUA em 1933 em plena Grande Depressão! A taxa alemã, no início de 1997, bateu o recorde do pós-guerra e em França estava muito perto disso.

[3] Entre 1980 e 1994, 74% das flutuações na actividade económica portuguesa foram resultado das variações europeias. Cf. MINISTÉRIO DAS FINANÇAS, 1998.

No entanto, não pode afastar-se por completo os aspectos negativos que as forças do mercado podem desencadear e que terão de ser contrabalançadas por um sistema de transferência de recursos e uma política regional particularmente eficaz.

O resultado da Agenda 2000, em que foram renegociados os recursos comunitários [1], teve uma conclusão relativamente feliz – quando comparada com as perspectivas negativas na altura das negociações [2] – mas trouxe ao de cima um problema fundamental. O financiamento comunitário é particularmente frágil para fazer frente às necessidades de toda a área económica que abrange. Em especial as políticas estruturais, as únicas que podem evitar os comportamentos divergentes ao promover o nivelamento das condições de competitividade, estão periodicamente em risco.

Talvez venha a ser essencial a reformulação estrutural do orçamento comunitário tornando-o bem mais importante do que no esquema actual. Sem isso todo o processo fica dependente de negociações políticas mais ou menos *ad hoc* pondo em risco a situação das regiões mais necessitadas de auxílio [3].

Como, porém, compatibilizar essas necessidades de financiamento quando muitos Estados se confrontam em simultâneo com níveis elevados de desemprego, cortes nas várias modalidades de segurança social, redução do seu papel como entidade empregadora?

A manutenção da paz social num ambiente de elevado desemprego só tem sido possível graças ao papel redistributivo e providencial do Estado. As actuais dificuldades do *Welfare-State* poderão gerar comportamentos sociais fortemente contrários às lógicas da integração e de solidariedade comunitária. Novos 'bárbaros podem estar à porta da cidade' como no séc.XIX se dizia dos movimentos operários.

*

Um outro aspecto prende-se com a perda de instrumentos de intervenção na economia.

Tradicionalmente tem sido possível gerir as economias recorrendo, nomeadamente, à política orçamental, monetária e cambial. Após a conclusão da UEM já assim não é.

---

[1] O 'Pacote Delors II' terminou em 1999.
[2] Sobre as implicações das propostas então sobre a mesa veja-se WISHLADE and YUILL 1997, German Institute for Economic Research 1998 e EMERSON and GROS 1998.
[3] Cf. LAMFALUSSY 1989 que já nessa altura chamava a atenção para este problema.

É certo que a política orçamental continua a desempenhar um importante papel e a manter alguma autonomia. Porém, as limitações, obrigatoriamente impostas aos défices públicos, reduzirão consideravelmente a sua margem de actuação.

A política monetária e cambial, totalmente fora do controlo das autoridades nacionais, não mais poderá ajudar, diferenciadamente, na promoção do emprego ou do rápido crescimento de regiões ou países. Refém do objectivo 'estabilidade dos preços'[1], a sua acção pode mesmo ser contrária àquelas outras metas.

A nova 'magistratura monetária' – como se diz no Relatório do Banco de Portugal de 1991 – ou uma espécie de 'monarquia constitucional – como escreve Braga de Macedo[2] – significa que a gestão das economias se baseará na crença da quase ilimitada eficiência do mercado, sendo a política monetária não já um verdadeiro instrumento de gestão e manipulação da economia, antes o mero garante da estabilidade dos preços.

O futuro dirá se é compatível a existência de uma zona monetária, integrada por economias estruturalmente ainda diversas, com uma só política monetária guiada por um só objectivo, mas as dúvidas são legítimas.

É indiscutível que as economias comunitárias vão perder flexibilidade na sua gestão. Com a UEM não só se reduzem os instrumentos como os que restam vão actuar sobre diferentes realidades económicas.

Será que nos resta acreditar ou descrer nas virtualidades do mercado (quase) entregue a si próprio[3]?

---

[1] A fixação de um único objectivo para a acção do Banco Central Europeu corresponde à aceitação da mais pura ortodoxia monetária. Sendo de certo modo compreensível a sua aceitação por parte dos bancos centrais, não deixa de ser surpreendente que uma tal postura tenha sido claramente maioritária no Conselho da CE.

Três razões fundamentais parecem explicar a adesão àquela norma:

a) o crescente reconhecimento de que a estabilidade de preços é compatível com o crescimento do produto e do emprego;

b) a necessidade de instalar um regime monetário de grande firmeza como modo de dar garantias ao sistema financeiro privado;

c) a noção de que a listagem de outros objectivos macroeconómicos poriam em causa a autonomia do SEBC.

Cf. THYGESSEN 1991.

[2] MACEDO 1999, 56.

[3] JOHN HICKS, na introdução ao segundo volume dos seus Collect Essays, diz que nos anos 20 os membros da London School of Economics partilhavam uma mesma fé, que alguns mantiveram e outros abandonaram. "A fé em causa era uma crença em que

É hoje apontada por inúmeros economistas e políticos – defensores da UEM – a necessidade de reformular o seu funcionamento após a 3.ª fase. Um ponto crucial é o maior peso do orçamento comunitário e a coordenação efectiva dos orçamentos nacionais, como acima se referiu [1]. Esta necessidade conduzirá a avanços inevitáveis na integração política [2] que alguns consideram até ser uma condição prévia para o sucesso da UEM [3].

2.2.1. Mecanismo de ajustamento conjuntural

Como foi dito no Cap. V, um dos tópicos de que mais se fala é a eventual necessidade de transferências conjunturais de rendimento entre zonas/países da UM. Este é talvez o problema fundamental no funcionamento da UEM.

Se no interior da zona, económica e monetariamente unificada, se vier a verificar um choque conjuntural específico a um país, a função estabilizadora fica inteiramente confinada aos orçamentos nacionais sem qualquer apoio previsto por parte da Comunidade. Ora, como a flexibilidade orçamental está substancialmente reduzida fica configurada uma situação eventualmente perigosa.

Daí que seja essencial usar uma estratégia defensiva, ensaiando uma maior coordenação das políticas orçamentais nacionais, tentando por esta via eliminar uma potencial fonte de choques assimétricos.

Muitos entendem [4], no entanto, que a verdadeira solução sempre

---

o mercado livre, ou o 'mecanismo dos preços', livre de todas as 'interferências, do governo ou de coalizões monopolistas, por parte do trabalho ou do capital, sempre encontraria um 'equilíbrio'." (HICKS 1984, p. 3)
Nos anos 90 aumentaram os crentes e reduziram-se os incréus.

[1] Veja-se CAVACO SILVA 1997, cap. XIX, em especial p.144; CONSTÂNCIO 1977, 33.
[2] É, explicitamente, a posição que foi defendida por DELORS 1997.
[3] Veja-se AMARAL 1997.
[4] Embora a Comunidade, enquanto tal, não tenha ainda sido capaz de abordar claramente esta questão, há uma concordância generalizada quanto à sua necessidade entre os especialistas.
Victor Constâncio é de opinião que se deveria ter já acordado a formação de um Fundo Conjuntural com essas características, fazendo parte da arquitectura da UEM. Ver CONSTÂNCIO 1997, 33.
Também os críticos da UEM consideram ser este um dos elementos que mais atritos podem gerar no interior da União. FELDSTEIN, por entender ser necessário um mecanismo de transferências intracomunitário, situa o problema no seu financiamento.

terá de passar por um aumento da dimensão do orçamento comunitário e pela efectiva introdução de um mecanismo de transferências automáticas.

Esta questão foi claramente abordada no próprio momento em que se propôs a criação da actual UEM [1]. O que agora está em jogo é justamente o reconhecimento desta necessidade.

Se admitirmos comportamentos diferenciados dos vários países que compõem a UM, pode vir a ser necessário o estabelecimento de um mecanismo de redistribuição de rendimento ao nível central. O papel que hoje cabe aos orçamentos nacionais será desempenhado para o espaço da UEM – mesmo que supletiva ou complementarmente – pelo orçamento comunitário. Os países/regiões em que se verificasse um decréscimo de rendimento receberiam transferências daqueles em que a situação fosse inversa.

Embora quase todas as análises concordem com esta ideia [2], ela (ainda?) não faz parte do esquema previsto para a UM europeia.

Para um mecanismo desse tipo poder funcionar seria essencial que o orçamento comunitário se aproximasse muito mais de um verdadeiro orçamento do espaço económico, isto é, que tivesse uma dimensão percentual equiparável ao que actualmente têm os orçamentos dos Estados

---

Segundo este autor, se tal mecanismo for criado, 'a perda de controlo nacional sobre os impostos e as transferências será outra séria fonte de irritação no interior da UE.' FELDSTEIN 1997, 67.

Sobre o consenso em torno desta questão veja-se, a título de exemplo, AMARAL 1997, 9; CAVACO SILVA 1997, 88; CONSTÂNCIO 1997, 32-33, SILVA LOPES 1999.

[1] Veja-se LAMFALUSSY e POHL 1989.

Segundo PHOL, "A monetary union presupposes considerable shifts in the responsability for economic policy to a central authority and hence a far-reaching reshaping of the Community in political and institutional terms in the direction of a broader union. Although complete political union is not absolutely necessary for the establishment of a monetary union, the loss of national sovereignty in economic and monetary policy associated with it is so serious that it would probably be bareral only in the context of extreme close and irrevocable political integration. At all events, within a monetary union, monetary policy can only be conducted at a Community level. A substancial transfer of authority will also be necessary in the field of fiscal policy." (136).

[2] Há, porém, algumas excepções. António Fatás, num artigo publicado em 1998, defendeu duas ideias curiosas. A primeira foi a de que o orçamento federal norte-americano, normalmente usado como referência, tem na verdade menores efeitos estabilizadores do que normalmente admitido. Em segundo lugar, ao distinguir entre transferências inter-temporais e inter-regionais, entende que a Comunidade não tem vantagem em adoptar um orçamento de tipo federal. Ver FATÁS 1998.

federais. Enquanto assim não for – e por maioria de razão quando o que está em causa é a sua limitação ou mesmo redução – aquele mecanismo poderá ter efeitos perversos.

Para o erigir seria imprescindível o aumento do orçamento comunitário num montante que não é fácil de calcular. É provável que não seja muito significativo em termos do PIB comunitário [1]. Recorde-se que o que está em causa é apenas a estabilização de situações assimétricas e não a estabilização da União no seu conjunto [2]. Assim sendo, os recursos necessários à estabilização de apenas um país/região terão relativamente pouco peso no PIB comunitário. Mesmo que assim seja, um valor 0,2% é já muito elevado quando se tem em conta que o orçamento da UE está limitado 1,27% do seu PIB.

Por outro lado é evidente a dificuldade política em acordar um mecanismo de transferência. Fosse qual fosse a sua arquitectura, países menos afectados pela fase baixa do ciclo económico ou por choques teriam de transferir rendimento para os mais afectados. Não há problema algum quando isto se verifica entre, digamos, a região de Lisboa e do Alentejo. Já é problemático se a transferência de rendimento for entre, digamos, a Alemanha e Portugal.

A existência de um tal mecanismo seria, por si só, um claro indicador do nível de integração política da Comunidade. Prever a hipótese de transferências conjunturais de rendimento denotaria que a economia comunitária começava a ser vista e gerida como uma só por um verdadeiro centro de política económica, mesmo que limitado [3]. A UE, patentemente, ainda não está em condições de dar um tal salto no processo de integração.

Mas o maior problema pode nem sequer ser esse.

O aumento das contribuições para o orçamento comunitário dificilmente se poderá fazer sem um qualquer rearranjo da actual estrutura orçamental. Nesta negociação podem ficar em perigo os fundos estruturais ou as regras da sua atribuição.

Se os fundos requeridos viessem a ser retirados dos actuais instrumentos estruturais e diminuísse a eficácia da política regional a troca

---

[1] Veja-se CAVACO SILVA 1997, 145, que aceita o cálculo de 0,2% do PIB comunitário.
[2] Para esta última continua disponível a política monetária e cambial além do efeito coordenado dos orçamentos nacionais.
[3] Daí a clara articulação deste problema com o grau de integração política. Veja-se, a título de exemplo, AMARAL 1997; CONSTÂNCIO 1997; CAVACO SILVA 1997; FELDSTEIN 1997.

seria claramente desvantajosa para países como Portugal e mesmo para o funcionamento da UEM no seu conjunto. Como acima se disse, o mais importante para o bom funcionamento da economia de uma UM é a homogeneidade das suas estruturas produtivas. Os fundos estruturais cumprem essa função sendo por isso ainda mais importantes que antes. Avançar na criação daquele mecanismo sem alargamento do financiamento seria um mau 'trade-off'. Podia chegar-se ao ponto de as economias menos desenvolvidas verem canalizar parte do apoio financeiro que recebiam para financiar economias mais fortes, embora conjunturalmente em dificuldade [1].

Daí que, ao contrário do que sucede na literatura económica, o tópico da redistribuição por via do orçamento comunitário não seja um tema em que os Estados-membros coloquem uma particular ênfase política [2]. Segundo a leitura de Manuel Porto, "Fez-se assim uma opção no sentido da Comunidade se responsabilizar só pelo apoio ao reforço das condições de competitividade, devendo cada país cuidar dos ajustamentos conjunturais ..." [3]

A questão não está, porém, silenciada e pode mesmo afirmar-se que está parcialmente prevista no Tratado.

Valerá a pena uma pequena análise jurídica do Tratado para enquadrar esta questão.

*

No texto original do Tratado CEE, de 1957, estava prevista – no artigo 108.º – 'a assistência mútua' para os casos em que houvesse

---

[1] Veja-se LARANJEIRO, 1998, 43 ss e PORTO, 1999, 47.

[2] As dificuldades – e segundo alguns os perigos – da crescente utilização do orçamento comunitário relaciona-se com uma questão política de fundo que é o federalismo financeiro.

A mera lógica implícita nas funções redistributivas e estabilizadoras do orçamento facilmente pode conduzir ao federalismo financeiro e deste ao federalismo político, mesmo que 'sui generis'. O tema do financiamento comunitário directo, através do lançamento de impostos europeus – de que existem propostas já bem antigas – é assunto que depende fundamentalmente do tipo de integração política a que se chegar.

O tema, que por mim não desenvolverei, tem entre nós merecido, em várias ocasiões, a atenção de Pitta e Cunha. Veja-se PITTA E CUNHA 1999, especialmente a páginas 95 e ss.

[3] Cf. PORTO 1997, 436. Se entendermos tratar-se de uma 'opção' fica ainda mais vincada a essencialidade do reforço das políticas estruturais após a construção da UEM, como acima se defendeu.

'dificuldades' ou 'crises súbitas' nas balanças de pagamentos. Só em 1971 [1], porém, veio a ser regulamentada a 'concessão de créditos limitados por parte de outros Estados', como constava da alínea c) do n.º 2 do artigo 108.º.

Porque tal mecanismo estava condicionado às crises nas balanças de pagamentos e estas deixam de fazer sentido após a realização da UEM, o TUE transferiu os artigos 108.º e 109.º para o Capítulo IV onde foram reunidas as 'Disposições Transitórias'. Aos artigos 109.º-H e 109.º-I – actuais 119.º e 120.º – foi acrescentado um número 4 onde se estipula que eles deixam de ser aplicáveis no início da 3.ª fase, i.e., após 1/1/1999, para os Estados que a integrem [2]. Desapareceu, assim, do texto do Tratado a assistência mútua prevista desde 1957. No mesmo momento, porém, o TUE introduziu um novo artigo – o 103.º-A, actual artigo 100.º – no qual se fala agora em eventuais dificuldades motivadas por ocorrências excepcionais que um Estado-membro não possa controlar. A posição da balança de pagamentos já não é critério para a concessão de 'ajuda financeira comunitária' prevista no seu n.º 2.

O actual artigo 100.º que, por força do n.º 3 do artigo 116.º, entrou em vigor em 1/1/1999, vem, por isso, substituir o âmbito daqueles dois outros artigos no contexto da UEM.

A verificação de um choque conjuntural assimétrico cai facilmente na categoria das 'condições excepcionais' e não controláveis previstas nesse artigo [3]. Assim sendo, é o próprio Tratado que abre claramente a porta à solidariedade comunitária para estes casos. Tudo depende, porém, da forma como a 'ajuda financeira' venha a ser regulamentada. O facto é que, neste momento, a Comunidade está impedida de conceder tal ajuda por ausência da necessária regulamentação.

A urgência de regulamentar o previsto no artigo 100.º foi reconhecida, ainda em 1998, pelo Parlamento Europeu.

Em 16 de Dezembro de 1998 foi aprovada uma Resolução sobre o mecanismo de ajustamento em caso de choques assimétricos [4], na sequência do Relatório Metten [5].

---

[1] Ver supra Capítulo II, ponto 2.14 e Capítulo III, ponto 3.2.4.
[2] Cf. o n.º 6 do artigo 122.º.
[3] Entre nós Cavaco Silva – que aliás não refere a Resolução do PE a seguir analisada – tem uma diferente opinião. Cf. CAVACO SILVA 1999, 92.
[4] JOC n.º 98 de 9/4/1999, p. 171.
[5] Proposta semelhante foi feita por EMERSON and GROS 1998, 12.

Aceitando a ideia de que a probabilidade dos choques assimétricos será menor após a conclusão da UEM, a Resolução não deixa de fora a hipótese de tal se vir a verificar e chama a atenção para os efeitos que tal poderá ter no funcionamento da UEM no seu conjunto. Por ser assim, a Resolução insta a Comissão e o Conselho a rapidamente [1] porem de pé um instrumento creditício, basicamente semelhante ao que continua a existir para os Estados-membros fora da UEM [2], a fim de criar 'uma rede de segurança' para os países em dificuldades [3]. Paralelamente à eventual criação de instrumentos nacionais, propõe-se a criação, a nível comunitário, de um 'instrumento de garantia a título de último recurso.'

Embora não se trate de um instrumento de tipo redistributivo mas meramente creditício, sempre seria possível, se rapidamente regulamentado, recorrer-se a ele para fazer face a dificuldades específicas de um Estado--membro. A grande vantagem deste esquema é a superação das dificuldades, tanto políticas como de limitação orçamental comunitária, acima descritas. A desvantagem é a possível insuficiência dos fundos disponibilizados para efectivamente contrariar um eventual choque assimétrico.

A verdadeira prova de fogo irá ter lugar no momento em que a União se confrontar com a próxima recessão. Então se verá de que modo as diferentes estruturas produtivas a ela vão reagir. Se colhermos ensinamentos da história da integração europeia, podemos ter fundadas esperanças que, se efectivamente necessário, um qualquer mecanismo de estabilização comunitário acabará por ver a luz do dia.

O futuro dirá até que ponto a integração política vai permitir o surgimento de uma política económica europeia minimamente comparável à política monetária encetada em 1999.

---

[1] Cf. os pontos 11 e 12 da Resolução.

[2] Revejam-se as condições de atribuição e o funcionamento do Apoio Financeiro a Médio Prazo supra Cap. III, ponto 3.2.4.

[3] Cf. RELATÓRIO METTEN. Na parte justificativa do Relatório encontra-se ainda uma interessante análise que pretende compatibilizar o Pacto de Estabilidade com o Fundo de Estabilização proposto. Entre outras coisas, é proposta a aceitação da ultrapassagem do limite do défice orçamental de 3% sem que tal implique a aplicação de sanções.

BIBLIOGRAFIA

AGLIETTA, M. 1986. Introduction. In *L'Ecu et la Vieille Dame*, ed. M.Aglietta, 13-21. Paris: Economica.
AMARAL, João Ferreira do. 1999. A opção pela primeira linha da União Monetária. Instituto Europeu da FDUL:17-27. In *Aspectos jurídicos e económicos da introdução do euro*. Lisboa.
—— 1997. O impasse da Europa: O esgotamento do Zollverein. *Europa Novas Fronteiras* 1:6-9.
ANDRADE, João Sousa. 1989. *Sistema Monetário Europeu e Cooperação Económica*. Separata do Boletim de Ciências Económicas da Faculdade de Direito de Coimbra XXXII.
ARTIS, Mike. 1997. European Monetary Union. In *The Economics of The European Union*, M.J. Artis e N. Lee (eds), Cap. 13, 349-71. Oxford: Oxford University Press.
ARTUS, P., S. Avouyi-Dovi, and E. Bleuse e F. Lecointe. 1991. Transmission of U.S. monetary policy to Europe and assimmetry in the European Monetary System. *European Economic Review* 35(7):1369-84.
BAER, G., and T. Padoa-Schioppa. 1989a. The Ecu, the commum currency and the monetary union. In *Report on Economic and Monetary Union in the European Community*. Committee for the study of economic and monetary union in the European Community, 209-12. Luxemburgo: Serviço das Publicações Oficiais das CE.
—— 1989b. The Werner Report revisited. In R*eport on Economic and Monetary Union in the Europen Comunity*. Committee for the study of economic and monetary union in the European Community. Luxemburgo: Serviço das Publicações Oficiais das CE.
BANCO DE PORTUGAL. 1991. *Relatório do Conselho de Administração*. Gerência de 1990. Lisboa: Banco de Portugal.
BARATA, José Martins. 1979. *Política Monetária da Teoria à Realidade*. Lisboa: Caminho.
BARBOSA, António M. Pinto. 1983. Problemas monetários internacionais de actualidade. I- A 2.ª Emenda ao Acordo do FMI. In *Memórias da Academia de Ciências de Lisboa*, 67-75. Lisboa: Academia de Ciências.
BARRO, Robert J. 1974. Are government bonds net wealth? *Journal of Political Economy*:1095-117.

——— 1989. The ricardian approch to budget deficits. *Journal of Economic Perspectives* 3 (Spring 1989):37-54.
——— 1990. *Macroeconomics*, 3.ª ed. New York: John Wiley & Sons.
BCE. 1998. *A Política Monetária Única na Terceira Fase – Documentação geral sobre os instrumentos e procedimentos de política monetária do SEBC*. BCE.
——— 1999a. Diferenciais de inflação numa união monetária. *Boletim Mensal*, Outubro.
——— 1999b. Instrumentos Jurídicos do Banco Central Europeu. *Boletim Mensal*, Novembro, 59-65.
BELEZA, Luís Miguel. 1999. O Pacto de Estabilidade e o euro. Instituto Europeu da FDUL:135-43. In *Aspectos jurídicos e económicos da introdução do euro*. Lisboa.
BELEZA, Luís Miguel, and Vitor Gaspar. 1994 , Setembro. *Seigniorage and Exchange Rates*. Working Paper n.º 233. Faculdade de Economia, Univ. Nova de Lisboa.
BERNHEIM, Douglas B. 1989. A neoclassical perspective on budget deficits. *Jounal of Economic Perspectives* 3 (Spring):55-72.
BESSA, Daniel. 1996. *Esforço de convergência nominal e taxa de juro de longo prazo*. Jornal Público 28/10.
BIACABE, Pierre. 1970. Le marché international du dollar en europe. *Revue d'Economie Politique*: 548-69.
BLADEN-HOVELL, Robin. 1997. The European Monetary System. In *The Economics of The European Union*, M.J. Artis e N. Lee (eds), Cap. 12, 330-48. Oxford: Oxford University Press.
BLINDER, Alan. 2000. The internet and the new economy. *Brookings Review*, Janeiro. *on line*:www.brookinkgs.edu/views/papers/blinder/20000131.htm.
BORTOLANI, Sergio. 1977. *A evolução do Sistema Monetário Internacional*. Lisboa: Edições 70.
BOUZAS, Roberto, and Jaime Ros, eds. 1994. *Economis Integration in the Western Hemisfere*. Notre Dame, Indiana: University of Notre Dame.
CADILHE, Miguel. 1997. Trivialidades sobre recessão e défices públicos. *Europa Novas Fronteiras* 1:17-29.
CAVACO SILVA, A. 1997. *Portugal e a Moeda Única*. Lisboa: Verbo.
——— 1999. *União Monetária Europeia. Funcionamento e Implicações*. Lisboa: Verbo.
COMISSÃO. 1991. Conferências Intergovernamentais: Contribuições da Comissão. Comunicação da Comissão de 21/8/90. *Boletim das Comunidades Europeias 2.º Suplemento*. Luxemburgo: Serviço das Publicações Oficiais das CE.
——— 1992. Do Acto Único ao pós-Maastricht: Os meios para realizar as nossas ambições. Comunicação da Comissão [COM(92) 2000]. *Boletim das CE – Supl. 1/92*:16-43. Luxemburgo.

—— 1993. Crescimento, Competitividade, Emprego. Os desafios e as pistas para entrar no século XXI. 'Livro Branco'. *Boletim das CE-Suplemento 6/93*. Luxemburgo: Serviço das Publicações Oficiais das CE.
—— 1995. *Uma moeda para a Europa – Livro Verde sobre as Modalidades Práticas para a introdução da Moeda Única*. Luxemburgo: Serviço das Publicações Oficiais das CEs.
—— 1997. *O Impacto da Introdução do Euro sobre os Mercados de Capitais*. COM(97)337 final.
—— 1998. *Report on progress towards convergence and the recommendation with a view to the transition to the third stage of economic and monetary union*. Luxemburgo: Office for Official Publications of the EC.
COMISSION. 1997. *External aspects of economic and monetary union*. Commission Staff Working Paper.
—— 1997a. *The introduction of the euro and the rounding of currency amounts*. DG II- II/717/97.
CONSTÂNCIO, Victor. 1999. Instrumentos de política monetária na União Europeia. Instituto Europeu da FDUL:107-19. In *Aspectos jurídicos e económicos da introdução do euro*. Lisboa.
—— 1997. Portugal na UEM. *Europa Novas Fronteiras* 1:29-39.
CORDON, W. Max. 1994. *Economic Policy, Exchange Rates and the International System*. Oxford: Oxford University Press.
CREGO, Alvaro Anchuelo. 1997. Las consecuencias económicas del euro. *Revista de Estudios Europeos* 17 (Dezembro):75-81.
CURRENCY FORECAST 1995. Changes in the foreign exchange markets. *Euromoney*: 2-5.
DAM, Kenneth W. 1985. *The Rules of the Game. Reform and Evolution in the International Monetary System*. Tradução Francesa Le System Monetaire Internacional. Paris: PUF.
DAVIDSON, Paul. 1996. What revolution? The legacy of Keynes. *Journal of Post Keynesian Economics*: 47-60.
DE GRAUWE, Paul. 1992. "German Monetary Unification" *European Economic Review* 36:445-33
—— 1995. Alternative stratagies towards monetary union. *European Economic Review* 39:483-91.
—— 1997. *The Economics of Monetary Integration*. 3.ª ed. Oxford: Oxford University Press.
DE VRIES, Margaret Garritsen. 1986. *The IMF in a Changing World*. Washington: International Monetary Fund.
DELORS, Jacques. 1989. Economic and monetary union and relauching the the construction of Europe. In *Report on Economic and Monetary Union in the European Community*, 63-68. Luxemburgo: Serviço das Publicações Oficiais das CE.

—— 1997. L'Union économique et monétaire ou la rampe de lancement de l'Union politique. *Europa Novas Fronteiras* 1:42-49.
DESCHEEMAEKERE, François. 1996. *L'Euro – Mieux Connaitre Notre Future Monnaie Européenne*. Paris: Les Édition d' Organization.
DIAS, Luís Manuel de Aguiar. 1997. *O Descarrilamento e a Regeneração do Sistema Monetário Europeu*. Coimbra: Almedina.
DORNBUSCH, Rudi, Carlo Favero, and Francesco Giavazzi. 1998. Immediate challenges for the European Central Bank. *Economic Policy* 26 (Abril):17--61.
DOYLE, Maurice. 1989. Regional policy and the European economic integration. In *Report on Economic and Monetary Union in the European Community*. Committee for the study of Economic and Monetary Union, 69-89. Luxemburgo: Serviço das Publicações Oficiais das CE.
DUISENBERG, W. F. 1989. The ECU as parallel currency. In *Report on Economic and Monetary Union in the European Community*. Committee for the study of Economic and Monetary Union, 185-89. Luxemburgo: Serviço das Publicações Oficiais das CE.
—— 1997. The impact of stability. *Europa Novas Fronteiras* 1:47-49.
DYKER, David A., ed. 1999. *The European Economy*, 2.ª ed. London: Longman.
EICHENGREEN, Barry. 1999. *A Globalização do Capital. Uma história do sistema monetário internacional*. Trad. Portuguesa. Lisboa: Editorial Bizâncio.
EICHENGREEN, Bary and Charles Wyplosz. 1998. The stability pact: More than a minor nuisance? *Economic Policy* 26 (Abril):67-104.
EISNER, Robert. 1989. Budget deficits: Rhetoric and reality. *Journal of Economic Perspectives* 3 (Spring):73-93.
EMERSON, Michael. 1991. Aspects of the economics of EMU. *European Economic Review* 35:467-73.
EMERSON, Michael and Daniel GROS. 1998. Interactions between Enlçargment, Agenda 2000 and EMU – the case of Portugal. Center for European Policy Studies. Brussels
ETXEZARRETA, M., John Grahl, Jorg Huffshmid, and Jaques Mazier. 1998. *Full employment, solidarity and sustainability in Europe. Europeans Economists for an Alternative Economic Policy. Memorandum*. Memorando posto a circular nos meios académicos por economistas das universidades de Barcelona, North London, Bremen e Paris-Nord.
EUROPEAN PARLIAMENT. 1998. *The international role of the euro*. Directorate-General for Research. Working Paper 1-98(Economic Affaires Series).
EUROSTAT. 1997. Press Realese n.º 4097 de 13-6-1997.
FATÁS, António. 1998. Does EMU need a fiscal federation? *Economic Policy* 26 (Abril):165-203.
FELDSTEIN, Martin. 1997a. EMU and international conflict. *Foreign Affairs* Nov./Dez., 60-73.
—— 1997b. The political economy of the european economic and monetary

union: Political sources of an economic liability. *Jounal of Economic Perspectives* 11:23-42.

FERREIRA, Eduardo Paz. 1999. O modelo do Banco Central Europeu. Instituto Europeu da FDUL:89-106. In *Aspectos jurídicos e económicos da introdução do euro.* Lisboa.

FISHER, Irving. 1911. *The Purchasing Power of Money.* New York: Macmillan

FITOUSSI, Jean-Paul. 1997. *O Debate Tabu. Moeda, Europa, Pobreza.* Tradução Portuguesa. Lisboa: Terramar.

FLÔRES, Renato. 1999. O euro e a recente desvalorização cambial brasileira: Lições para o MERCOSUL. *Temas de Integração* 7:27-32.

FRATIANNI, Michele, and Theo Peeters, eds. 1978. *One Money For Europe.* London: Macmillan.

FRIEDMAN, Milton. 1968. The role of monetary policy. Presidential Address. *American Economic Review* LVIII:1-17.

GADZEY, Anthony Tuo-Kofi. 1996. *The Political Economy of Power.* London: MacMillan.

GERMAN INSTITUTE FOR ECONOMIC RESEARCH. 1998. Productivity and Structural Funds. Agenda 2000 and its Impact on the most lagging Regions of the EU. Berlin.

GHYMERS, G. 1986. Réagir à l'emprise du dollar. In *L'Ecu et la Vieille Dame*, ed. M.Aglietta, 23-47. 1986: Economica.

GIORDANO, Francesco, and Sharda Persaud. 1998. *The Political Economy of Monetary Union* – Towards the Euro. London: Routledge.

GIOVANNINI, Alberto. 1991. On gradual monetary reform. *European Economic Review* 35:457-66.

—— 1992. Currency reform as the last stage of economic and monetary union. *European Economic Review* 36:433-44.

GRAMLICH, Edward M. 1989. Budget deficits and national saving: Are politicians exogenous? *Journal of Economic Perspectives* 3 (Spring 1989):23-35.

GROS, Daniel. 1999. *Why did Germany agree to EMU? Why did other member countries agree to German conditions?* Paper prepared to the Conference on:Adjusting to the euro: Internal and external perspectives. Jerusalém.

GUSTIN, Lisa. 1984. The current debate: The return to gold and the liberalization of banking. In *Currency Competition and Monetary Union*, 135-69. Haia: Martinus Nijhoff.

HALLET, Martin. 2000. *Regional Specialisation and concentration in the EU.* Economic Papers n.º 141. Directorat-General for Economic and Financial Affaires. Março.

HARTMANN, Philipp. 1996. *The future of the euro as an international currency: A transactions perspective.* Centre for European Policy Studies Research Report n.º 20.

HAYEK, Friedrich A. 1991. *Economic Freedom.* Oxford: Basil Blackwell.

HELLEINER, Eric. 1995. Explaining the globalization of financial markets: Bringing States back in. *Review of International Political Economy*: 315-41.

HELPMAN, Elhnan, and Paul Krugman. 1989. *Trade Policy and Market Structure.* Cambridge, Mass.: MIT Press.

HICKS, John. 1982. *Collected Essays*, II. Oxford: Basil Blackwell.

HINE, Robert C. 1997. Trade and unskilled workers: Do rising imports from low-wages countries result in higher unemployment and grater differentials? Seminar Paper – Preliminary Draft.

HINE, Robert C., and Peter Wright. 1996. The impact of changing trade patterns on the demand for labour in the United Kingdom. In *Integração e Especialização*, 271-93. Coimbra: Fac. de Direito de Coimbra. Curso de Estudos Europeus.

HOEKMAN, Bernard, and Michel Kostecki. 1995. *The Political Economy of the World Trading System. From GATT to WTO.* Oxford: Oxford University Press.

HOGAN, W. P., and I.F. Pearce. 1984. *The Incredible Eurodollar*, 3.ª ed. London: Unwin Paperbacks.

ISHIAMA Yoshihide. 1975. The theory of currency areas: A suvey. *International Monetary Fund Staff Papers* XXII: 344-83.

ISSING, Otmar. 1999. *The ECB and its Watchers.* Brussels: BCE.

—— 2000. *How to Promote Growth in the Euro Area: The Contribution of Monetary Policy.* Brussels: BCE.

JENKINS, Roy. 1977. Discurso proferido em Florença em Outubro de 1977. *Boletim das Comunidades Europeias* 10:6-15. Luxemburgo: Serviço das Publicações Oficiais das CE.

KENEN, Peter B. 1969. The theory of optimum currency areas: An eclectic view. In *Monetary Problems of the International Economy*, 41-60. Robert Mundel and Alexander K. Swoboda. Chicago: University of Chicago Press.

KEYNES, J. M. 1973. The General Theory. In *The Collected Writings of John Maynard Keynes*. Vol. VII. Cambridge: Macmillan.

—— 1980. "Shaping the Postwar World. The Clearing Union". In *the Colected Writings of John Maynard Keynes. Vol. 25*

KOCK, M. H. 1982. *A Banca Central.* Revisão técnica e notas adicionais de Álvaro Ramos Pereira. Lisboa: Banco de Portugal.

KOL, Jacob. 1996. Regionalization, polarization and blockformation in the world economy. In *Integração e Especialização*, 17-38. Coimbra: Fac. Direito de Coimbra. Curso de Estudos Europeus.

KRUGMAN, Paul. 1991. *Geography and Trade.* Cambridge, Mass.: MIT Press.

—— 1993. Lessons of Massachussetts for EMU. In *Adjustment and Growth in the European Monetary Union*, Torres e Giavazzi (eds). Cambridge: CUP.

—— 1996. *Pop Internationalism.* Cambridge, Mass.: MIT Press.

LAFAY, Gérard. 1997. *L'Euro contre l'Europe?* Paris: Arléa.

LAMFALUSSY, A. 1989. Macro-coordination of fiscal policies in an economic and monetary union in Europe. In *Report on Economic and Monetary Union in the European Community*, 91-125. Luxemburgo: Serviço das Publicações Oficiais das CE.

LARANJEIRO, Carlos. 1994. Os passos da União Económica e Monetária. In *A União Europeia*, 17-44. Coimbra: Faculdade de Direito de Coimbra.

—— 1998. O enquadramento jurídico e económico da UEM. *Temas de Integração* 3:5-51.

—— 1999a. Investimento público e défice orçamental. *Temas de Integração* 7:89-98.

—— 1999b. Seis meses de euro: Um balanço. *Temas de Integração* 7:199-206.

—— 1999c. *União Económica e Monetária e Euro. Legislação comunitária. Legislação portuguesa*. Coimbra: Almedina.

LOUREIRO, João. 1999. *Euro. Análise Macroeconómica*. Porto: Vida Económica.

LUCAS, Robert. 1996. Nobel lecture: Monetary neutrality. *Journal of Political Economy* 104(4):665-82.

MACEDO, Jorge Braga de. 1995. *Portugal and the European Monetary Union: Selling Stability at Home, Earning Credibility Abroad*. Working Paper n.º 259. Faculdade de Economia – Univ. Nova de Lisboa.

—— 1999. Relações monetárias entre a zona euro e os Estados-membros. Instituto Europeu da FDUL:55-61. In *Aspectos jurídicos e económicos da introdução do euro*. Lisboa.

MAILLET, Pierre. 1999. Plus d'integration au service de l'euro: Aspects économiques et politiques. *Revue du Marché Commun* 428 (Maio): 298-309.

—— 1998. *L' euro, achevement et point de depart*. Leçon Inaugural – Colloque L' Euro et le Monde – Coimbra-Lisboa, 1-4 de Julho de 1998.

MALINVAUD, Edmond. 1987. The legacy of european stagflation. *European Economic Review*:53-65.

MARQUES, Walter. 1986. *Política Monetária*. Mem Martins: Europa-Amé-rica.

—— 1991. *Moeda e Instituições Financeiras*. Lisboa: Dom Quixote.

—— 1992. Independência e consistência na banca central. *Revista da Banca* 22 (Abril-Junho): 5-11.

MARTA, António. 1999. Problemas jurídicos e económicos da transição: A supervisão prudencial das instituições financeiras. Instituto Europeu da FDUL: 163-85. In *Aspectos jurídicos e económicos da introdução do euro*. Lisboa.

Ministério das Finanças. 1998. *O Impacto do Euro na Economia Portuguesa*. Estudo Coordenado Pela Faculdade de Economia da Universidade Nova de Lisboa. Lisboa: Ministério das Finanças.

MODIGLIANI, Franco, JEAN-PAUL FITOUSSI, et aliud. 1998. An economists' manifesto on unemployment in European Union. *Banca Nazionale del Lavoro* (206) (Setembro):1-34.

Moussis, Nicolas. 1985. *As Políticas da Comunidade Económica Europeia*. Tradução Portuguesa. Coimbra: Almedina.
Muet, P.-A. *Déficit de croissance et chômage, le cout de la non-cooperation*. Etude Realisée Pour le Groupement D'etudes et Recherche Notre Europe.
Mundell, Robert. 1961. A theory of optimum currency areas. *American Economic Review* 51:657-64.
Nunes, A. J. Avelãs. 1984. *Emprego e Desemprego na Controvérsia Keynesianos versus Monetaristas*. Separata do Número Especial do Boletim da Faculdade de Direito de Coimbra "Estudos em Homenagem ao Prof. Doutor António de Arruda Ferrer Correia". Coimbra.
—— 1999. *Economia*. Serviço de Acção Social da U. C. Serviço de Textos. Coimbra
OCDE. 1996. *Étude Économique du Portugal*.
—— 1998. *Etudes Économiques de L'OCDE: Portugal*.
Ohmae, Kenichi. 1996. *The End of the Nation State. The Rise of Regional Economies. How new engines of prosperity are reshaping global markets*. London: HarpenCollins.
One Market, one Money. 1990. *European Economy* 44 (Out.).
Patrício, José Simões. 1999. A continuidade dos negócios jurídicos. Instituto Europeu da FDUL:187-201. In *Aspectos jurídicos e económicos da introdução do euro*. Lisboa.
Pench, Lucio R., Paolo Sestito, and Elisabetta Frontini. 2000. *Some unpleseant arithmetics of regional unemployment in the EU. Are there any lessons for EMU?* Direcção Geral dos Assuntos Económicos e Financeiros. Economic Paper n.º 134.
Phelps, Edmund. 1967. Phillips curves, expectations of inflation and optimal unemployment over time. *Economica* XXXIV: 254-81.
Phillips, A. W. 1958. The relations between unemployment and the rate of change of money wages rates in the U.K., 1861-1957. *Economica* XXV: 283-99.
Pitta e Cunha, Paulo. 1992a <11 de Abril>. *A integração 'negativa' na encruzilhada*. Expresso.
—— 1992b <17 de Abril>. *Reflexões sobre a União Europeia*. Expresso.
—— 1994. A União Monetária e suas implicações. In *A União Europeia*, 45--59. Coimbra: Faculdade de Direito de Coimbra.
—— 1999a. *De Maastricht a Amesterdão*. Coimbra: Almedina.
—— 1999b. Integração monetária e federalismo financeiro. Instituto Europeu da FDUL:63-71. In *Aspectos jurídicos e económicos da introdução do euro*. Lisboa.
Pohl, Karl Otto. 1989. The further development of the European Monetary System. In *Report on Economic and Monetary Union in the European Community*, Committee for the study of Economic and Monetary Union, 129-55. Luxemburgo: Serviço das Publicações Oficiais das CE.

PORTO, Manuel. 1994. A Dimensão espacial da União Monetária. In *A União Europeia*, 61-89. Coimbra: Faculdade de Direito de Coimbra.
—— 1997. *Teoria da Integração e Políticas Comunitárias*. Coimbra: Almedina.
—— 1998. *Portugal e a Agenda 2000*. Coimbra: Almedina.
—— 1999a. As implicações externas do euro. Instituto Europeu da FDUL: 215-29. In *Aspectos jurídicos e económicos da introdução do euro*. Lisboa.
—— 1999b. *A Europa no Dealbar do Novo Século* – Intervenções Parlamentares. Coimbra: Almedina.
—— 2000. *Teoria da Integração e Políticas Comunitárias* – 3.ª ed. Coimbra: Almedina.
PORTO, Manuel, e Victor Calvete. sd. *O Fundo Monetário Internacional – FMI – O Grupo Banco Mundial*. Ed. da Fundação Calouste Gulbenkian. Separata de 'Organizações Internacionais':455-534.
QUELHAS, José M. G. Santos. 1996. *Sobre a Evolução Recente do Sistema Financeiro*. Coimbra: Separata do Boletim de Ciências Económicas da Faculdade de Direito.
RAPAZ, Virgílio. 1980. Sistema monetário europeu: Fundamentos, evolução e perspectivas. *Economia* IV(1):26-77.
REBOUD, Louis. 1998. Entre le passé et l'avenir: L'euro. *Revue du Marché Commum* 420: 421-28.
REES, A. 1970. The Phillips Curve as a menu for public choice. *Econometrica*: 227-38.
RELATÓRIO METTEN. 1998. *Report on the adjustment mechanism in cases of asymetric shocks*. Parlamento Europeu (A4-0422/98). Committee on Economic and Monetary Affairs and Industrial Policy.
RELATÓRIO SCHIOPPA. 1987. *Eficacité, Stabilité, Equité*. Tommaso Padoa--Schioppa. Paris: Economica.
RIBOUD, Jacques. 1996. *Un Mécanisme Monétaire avec L'EURO CONSTANT (L'EUROSTABLE)*. Paris: Centre Jouffroy Pour la Reflexion Monétaire.
RICARDO, David. 1951. *On the Principles of Political Economy and Taxation*. Cambridge: Cambridge University Press.
ROBSON, Peter. 1985. *The Economics of International Integration*. Tradução Portuguesa Teoria Económica da Integração Internacional. Coimbra: Coimbra Editora.
RODRIK, Dani. 1997. *Has Globalization Gone Too Far?* Washington, DC: Institute for International Economics.
SALGUEIRO, João. 1999. A integração monetária e o sistema bancário. Instituto Europeu da FDUL:144-62. In *Aspectos jurídicos e económicos da introdução do euro*. Lisboa.
SAMUELSON, Paul, and W. Nordhaus. 1993. Economia. Tradução Portuguesa da 14.ª Ed. Lisboa: MacGraw-Hill.

SILGUY, Yves-Thibault de. 1996. *Le Syndrome du Diplodocus – Un nouveau souffle pour l'Europe*. Paris: Albin Michel.
—— 1998. No cause for euro-phofia. TIME 23/02/1998, 38.
SILVA LOPES, J. 1999. Prós e contras da integração monetária europeia. Instituto Europeu da FDUL:122-34. In *Aspectos jurídicos e económicos da introdução do euro*. Lisboa.
SILVA, Joaquim Ramos. 1996. A regionalização multiforme da economia mundial. In *Integração e Especialização*, 39-55. Coimbra.
SOLOW, Robert. 1990. *Labor Market as a Social Institution*. Cambridge: Basil Blackweel.
SOUSA FRANCO, António. 1996. *Finanças Públicas e Direito Financeiro* (4.ª edição). Coimbra: Almedina.
—— 1999. Problemas de introdução da moeda única. Instituto Europeu da FDUL:203-14. In *Aspectos jurídicos e económicos da introdução do euro*. Lisboa.
SUMNER, Michael. 1999. European monetary integration. In *The European Economy*, 139-57. London: Longman.
TEIXEIRA RIBEIRO, J. J. 1963. *Economia Política* – 3.º ano. Copiografado. Coimbra.
—— 1991. *Reparos à Lei do Enquadramento do Orçamento*. Separata do Boletim de Ciências Económicas da Faculdade de Direito de Coimbra.
—— 1995. Lições de Finanças Públicas, 5.ª ed. Coimbra: Coimbra Editora.
THYGESSEN, Niels. 1991. Monetary management in a monetary union. *European Economic Review* 35:474-83.
TORRES, Francisco. 1997. The economic political debate on EMU: Europe and Portugal. *Temas de Integração* 2:73-111.
—— 1997. EMU:Economic and political misgivings. *Europa: Novas Fronteiras* 1:103-11.
TRIFFIN, Robert. 1960. *Gold and the Dollar Crisis. The Future of Convertibility*. New Haven: Yale University Press.
—— 1978. "'Europe and the Money Muddle' Revisited." *Banca Nazionale del Lavoro Quarterly Review* XXXI: 49-60.
—— 1980. "The Future of the International Monetary System. "*Banca Nazionale del Lavoro Quarterly Review* XXXIII: 29-51
TSOUKALIS, Loukas. 1996. Economic and monetary union: The primacy of high politics. In *Policy-Making in the European Union* – 3.ª ed., ed. Helen Wallace and William Wallace, 279-99 – Cap. XI. Oxford: Oxford University Press.
—— 1977. *The Politics and Economics of European Monetary Integration*. London: Allen & Unwin.

VIEIRA, José Manuel Bracinha. 1999. A condução da política monetária e da política cambial na zona do euro. Instituto Europeu da FDUL: 74-88. In *Aspectos jurídicos e económicos da introdução do euro.* Lisboa.

VISSER, Hans. 1995. *A Guide to International Monetray Economics.* Aldershot: Cambridge Un. Press.

WELFENS, Paul J. J. 1998. *Exchange rate policy for the euro: Theory, strategic issues and policy options.* Paper Presented at the Symposium 'THE EURO AND THE WORLD'. Coimbra-Lisboa 1-4 de Julho de 1998.

WISHLADE, Fiona; Douglas **Yuill**; Laurent **Davezies** and Remy **Prud'Homme.** 1997. *EU Cohesion Policy: Eligibility and Allocation Criteria* . European Policies Research Center. University of Strathclyde.

WINTERS, Alan. 1985. *International Economics.* London: Allen & Unwin.

YPERSELE, J., and J-C. Koeune. 1984. *O Sistema Monetário Europeu.* Luxemburgo: Serviço das Publicações Oficiais das CE.

ÍNDICE

CAPÍTULO I
NOÇÕES BÁSICAS

1. **A POLÍTICA MONETÁRIA**	8
1.1. A moeda	9
1.1.1. Um primeiro conceito de moeda (M1)	9
1.1.2. A quase moeda(M2)	12
1.1.3. O Agregado (M3)	13
1.1.4. Base monetária	13
1.1.4.1. Criação da Base monetária	14
1.2. Instrumentos da política monetária	15
1.2.1. Redesconto	15
1.2.2. As reservas mínimas	16
1.2.3. Operações de mercado aberto (*open-market*)	17
1.3. A moeda e os preços de bens e serviços	17
1.4. Conclusão	20
2. **BALANÇA DE PAGAMENTOS**	21
2.1. Definição	21
2.2. Divisões da Balança de Pagamentos	23
3. **CÂMBIOS**	24
3.1. Mercados cambiais	24
3.2. Regimes cambiais	29
3.3. Câmbios e reequilíbrio da Balança de Pagamentos	30
3.3.1. Equilíbrios automáticos	30
3.3.1.1. Equilíbrio via-preços ou o modelo das elasticidades	30
3.3.1.2. Equilíbrio via-rendimentos ou o modelo do multiplicador	36
3.4. Medidas de política económica	39
4. **PADRÕES MONETÁRIOS**	40
4.1. Padrão-ouro	40
4.1.1. Tipos	42
4.1.2. Reequilíbrio da balança de pagamentos em padrão-ouro	43
4.1.3. Reservas ouro e circulação monetária	45
4.1.4. Fim do padrão-ouro	45

4.2. Papel-moeda 45
    4.2.1. Desmonetarização interna do ouro 46
    4.2.2. Opção entre equilíbrio interno e externo 46
    4.2.3. Bases para o surgimento do FMI 47

5. **ORGANIZAÇÃO DO SISTEMA MONETÁRIO INTERNACIONAL** . 48
    5.1. Papel do ouro e do dólar 49
    5.2. Margens de oscilação cambial 50
    5.3. A crise do sistema de Bretton Woods 52
    5.4. A balança de pagamentos americana 52
    5.5. Os Eurodólares 53
    5.6. Fim da convertibilidade do dólar 54
        5.6.1. Acordo Smithsoniano e novas margens de oscilação 55

CAPÍTULO II
POLÍTICA MONETÁRIA EUROPEIA ANTERIOR AO SME

1. **PRIMEIRA EXPERIÊNCIA REGIONAL EUROPEIA** 57
    1.1. Situação europeia no pós-guerra 57
    1.2. União Europeia de Pagamentos 58
        1.2.1. Criação da U.C.E. 58
    1.3. Acordo Monetário Europeu 59

2. **EVOLUÇÃO MONETÁRIA NO QUADRO DA CEE: 1958-71** 60
    2.1. Escassa importância das questões monetárias no texto original do Tratado de Roma 60
    2.2. A Primeira Directiva sobre a liberalização dos movimentos de capitais 61
    2.3. A Revalorização do Marco e do Florim em 1961 62
    2.4. O "Programa de Acção" de 1962 62
    2.5. A PAC e a ilusão de estabilidade monetária 63
        2.5.1. A U.C.E. de 1962 63
    2.6. O Plano Werner e o 1.º Plano Barre 64
    2.7. A instabilidade monetária e a crise de 1968 65
    2.8. Surgimento dos Montantes Compensatórios Monetários 66
    2.9. Cimeira de Haia e a UEM 67
    2.10. Definição de União Económica e Monetária 67
    2.11. O Conselho de Janeiro de 1970 68
    2.12. As duas posições sobre a integração monetária 68
        2.12.1. Os "monetaristas" 69
        2.12.2. Os "economistas" 69
    2.13. O Relatório Werner 70
    2.14. O Conselho de Março de 1971 e a Resolução sobre a UEM 70
    2.15. A crise do dólar de Agosto de 1971 e as implicações do Acordo Smithsoniano 71
        2.15.1. Implicações da nova oscilação cruzada das moedas europeias ... 72

3. A EVOLUÇÃO ENTRE 1971 E 1979	74
3.1. Acordo de Basileia de Abril de 1972: "Serpente no Túnel"	74
3.1.1. Funcionamento da "Serpente"	74
3.2. A Cimeira de Paris	77
3.3. Os movimentos especulativos de 1973	77
3.3.1. Desvalorização do dólar e o fim dos câmbios fixos	77
3.4. A "Serpente" sem túnel	78
3.5. As reacções divergentes das economias europeias ao primeiro choque petrolífero	79
3.6. O problema das taxas flexíveis	79
3.7. O deficiente funcionamento da Comunidade e as várias propostas para superar aquela situação	81
3.8. O Discurso de Roy Jenkins	82

CAPÍTULO III
O SISTEMA MONETÁRIO EUROPEU

1. DECISÕES INSTITUCIONAIS	83
1.1. O Conselho Europeu de Copenhaga	83
1.2. O Conselho Europeu de Bremen	83
1.3. O Conselho Europeu de Bruxelas	84
2. ELENCO DOS ELEMENTOS ESSENCIAIS DO SME	84
2.1. Mecanismo cambial	84
2.2. Mecanismos de crédito	84
2.3. Medidas de convergência	85
3. FUNCIONAMENTO DO SME	85
3.1. Os mecanismos cambiais e de intervenção	85
3.1.1. O ecu	85
3.1.1.1. Definição e características	85
3.1.1.2. Funções	88
3.1.1.3. Criação, utilização, remuneração	88
3.1.2. Taxas centrais e margens de intervenção	89
3.1.3. O indicador de divergência e seu funcionamento	96
3.2. Mecanismos de crédito	101
3.2.1. Decisões institucionais	101
3.2.1.1. Facilidades de Crédito a Muito Curto Prazo	101
3.2.1.2. Apoio Monetário a Curto Prazo (AMCP)	102
3.2.1.3. Apoio Financeiro a Médio Prazo (AFMP)	102
3.2.2. Financiamento a Muito Curto Prazo (FMCP)	102
3.2.2.1. Limites, prazos e funcionamento	102
3.2.3. Apoio Monetário a Curto Prazo (AMCP)	103
3.2.3.1. Quotas credora e devedora	103
3.2.3.2. Funcionamento	103
3.2.4. Apoio Financeiro a Médio Prazo (AFMP)	104
3.2.4.1. Funcionamento	104

3.3. Medidas de convergência	104
3.3.1. Empréstimos bonificados para investimentos infra-estruturais	105
3.3.2. Utilização dos Fundos comunitários	105
4. EVOLUÇÃO DO SME	105
4.1. Deficiências	105
4.2. Alterações do funcionamento do SME	106
4.2.1. O Conselho de 15/3/1982	107
4.2.2. A Resolução do Parlamento Europeu de16/2/1984	107
4.2.3. As alterações de 1985 e 1987	108
4.2.3.1. O Acto de 10 de Junho de 1985	108
4.2.3.2. As alterações de 1987	108
4.3. A estabilidade cambial	109
4.3.1. Os ajustamentos das taxas centrais	109
4.3.2. A turbulência de 1992	110
4.3.2.1. O caos de Setembro de 1992	111
4.3.3. A evolução até Dezembro de 1998	112
4.4. O SME e a UEM no Acto Único Europeu	114
5. PORTUGAL E O SME	116
5.1. O comportamento do escudo no SME	118

CAPÍTULO IV
OS MOVIMENTOS DE CAPITAIS NA COMUNIDADE

1. ENQUADRAMENTO HISTÓRICO	121
2. EVOLUÇÃO HISTÓRICA	123
2.1. Os pagamentos correntes	123
2.2. Os movimentos de capitais	126
2.2.1. O direito originário	126
2.2.2. O direito derivado	129
2.2.2.1. A primeira Directiva de 1960	129
2.2.2.2. A segunda Directiva de 1963	134
2.2.2.3. As Directivas de 1972 e 1985	135
2.3. Medidas de protecção	136
3. O PROCESSO DE LIBERALIZAÇÃO PLENA	143
3.1. A Directiva de 1986 (3.ª Directiva)	143
3.2. A Directiva de 1988 (4ª Directiva)	144
3.3. As alterações ao Tratado de Roma	146
3.4. Portugal e os movimentos de capitais	146
3.4.1. Derrogações decorrentes do Acto de Adesão	146
3.4.1.1. Os invisíveis correntes	147
3.4.1.2. Os restantes movimentos de capitais	147
3.4.2. Aplicação da 4.ª Directiva	149
3.4.3. A liberalização plena	150

Índice 317

4. EFEITOS ECONÓMICOS DA LIBERDADE DE CIRCULAÇÃO DE CAPITAIS	150
4.1. Regras de estruturação dos mercados	151
4.2. Implicações para a política económica	153
4.2.1. Mercados bolsistas	153
4.2.2. Mercados monetários	154
4.2.3. Efeitos conjugados	155
4.2.4. Efeitos cambiais no quadro do SME	155

CAPÍTULO V
TEORIA DAS UNIÕES MONETÁRIAS

1. UNIÕES MONETÁRIAS E A TEORIA ECONÓMICA	159
1.1. Custos da UM com base na Curva de Phillips	160
1.2. Custos da UM com base na interpretação monetarista	162
2. UNIÃO MONETÁRIA E CHOQUES ASSIMÉTRICOS	165
2.1. Mecanismos de resposta a choques assimétricos	166
2.1.1. Flexibilidade de salários e preços	167
2.1.2. Mobilidade de factores	168
2.2. Tipo e probabilidade de choques assimétricos	169
2.3. Choques assimétricos. Visão crítica	171
2.3.1. Instrumentos preventivos	173
2.3.2. Maior eficácia dos mecanismos de ajustamento	174

CAPÍTULO VI
DO ACTO ÚNICO A MAASTRICHT

1. NOVO INTERESSE PELAS QUESTÕES MONETÁRIAS	177
2. DECISÕES INSTITUCIONAIS	178
2.1. O Conselho Europeu de Hanôver	178
2.2. O Conselho Europeu de Madrid	178
2.3. O Conselho Europeu de Estrasburgo	178
2.4. O Conselho Europeu de Dublin	179
2.5. O Conselho Europeu de Roma	179
3. OS ASPECTOS POLÍTICOS	179
4. O RELATÓRIO DELORS	182
4.1. Desenvolvimentos do Relatório Delors	184
4.1.1. Alteração de Decisões em vigor	184
4.1.1.1. A Decisão 90/141	184
4.1.1.2. A Decisão 90/142	185
5. A CONFERÊNCIA INTERGOVERNAMENTAL SOBRE A UEM	185

CAPÍTULO VII

O PROCESSO DE CONSTRUÇÃO DA UEM

1. 1.ª FASE, ATÉ DEZEMBRO DE 1993 188
   1.1. Política económica 188
   1.2. Política monetária 191

**2. A 2.ª FASE E O PROCESSO DE CONVERGÊNCIA
(1/1/1994 a 31/12/1998)** 191
   2.1. Política económica 191
   2.2. Política monetária 193
   2.3. O Instituto Monetário Europeu 194
   2.4. Decisão de passagem para a 3ª fase 196
      2.4.1. O Conselho Europeu de 1996 197
      2.4.2. O Conselho Europeu de 2 de Maio de 1998 198
         2.4.2.1. Análise do processo de convergência 198
         2.4.2.2. Sentido dos critérios de convergência 202
         2.4.2.3 Decisão política final 207
   2.5. Período intercalar 207
      2.5.1. Anúncio das taxas bilaterais 209
      2.5.2. Instituição do BCE e do SEBC 211
      2.5.3. Decisões de enquadramento 213
      2.5.4. Plano de transição para o sector bancário e financeiro 214
      2.5.5. Início do fabrico de moedas 215

CAPÍTULO VIII

FINALMENTE A UEM

1. O EURO 217
   1.2. Definição, notas e moedas 217
   1.2. Taxas de conversão 218
   1.3. Regras de conversão e arredondamento 219
   1.4. Estatuto jurídico do euro 222

2. COMITÉ ECONÓMICO E FINANCEIRO 223

**3. O SISTEMA EUROPEU DE BANCOS CENTRAIS
E O EUROSSISTEMA** 223
   3.1. Objectivo da acção do BCE 224
   3.2. O estatuto de independência do BCE 224
   3.3. Órgãos do SEBC/BCE 227
   3.4. Funções do SEBC e do BCE 228
      3.4.1. Instrumentos jurídicos do BCE 229
   3.5. Capital do BCE 234

Índice 319

3.6. Representação externa	235
3.7. Articulação com o Conselho e o Parlamento	236
4. POLÍTICA MONETÁRIA	237
4.1. Definições e Estratégia da Política monetária	237
4.2. Fixação do valor de referência para M3	239
4.3. Instrumentos da política monetária	240
4.3.1. O sistema de reservas mínimas	240
4.3.2. O Mercado Monetário Interbancário	241
4.3.2.1. As Facilidades Permanentes	243
4.3.2.1.1. Facilidade Permanente de Cedência de Liquidez	243
4.3.2.1.2. Facilidade Permanente de Depósito	244
4.3.3. As operações de mercado aberto 'open market'	244
4.4. A manipulação das taxas de juro	247
5. POLÍTICA CAMBIAL	248
5.1. Os activos de reserva do BCE	251
5.1.1. Gestão dos activos de reserva do BCE	251
5.1.2. Reservas cambiais dos BCNs	252
5.2. O novo mecanismo de taxas de câmbio (MTC II)	252
5.3. Apresentação do euro nas tabelas cambiais	255
6. EFEITOS IMEDIATOS DA UEM	256
6.1. Mercados cambiais	256
6.2. Contas bancárias e operações em euros	257
6.3. Títulos. Denominação e redenominação	257
6.3.1. Dívida pública	257
6.3.2. Títulos privados	258
6.4. Capital social das empresas	258
6.5. Operações de bolsa	259
6.6. Obrigações fiscais e contabilísticas	260
7. CONCLUSÃO DA UEM EM 2002	261
8. O NOVO QUADRO DA ECONOMIA COMUNITÁRIA	262
8.1. Coordenação das políticas económicas	262
8.1.1. O Pacto de Estabilidade e Crescimento	264
8.1.1.1. Novos procedimentos da supervisão multilateral	265
8.1.1.2. Défice excessivo. Definição	266
8.1.1.3. Défice excessivo. Procedimentos e sanções	268
8.1.2. O 'Pilar Económico'	269
8.1.2.1. A Resolução sobre o Crescimento e o Emprego	269
8.1.2.2. A Resolução sobre a Coordenação das Políticas Económicas	271
8.1.2.3. O Emprego. *Leitmotiv* dos últimos Conselhos Europeus	272
8.1.2.4. Ressurgimento do conceito de pleno emprego	273

CAPÍTULO IX
A INTEGRAÇÃO MONETÁRIA. UMA APRECIAÇÃO GERAL

1. VANTAGENS DA UEM 277
   1.1. A perspectiva económica 277
   1.2. A perspectiva política 279

2. DIFICULDADES DA UEM 281
   2.1. Balanço do processo de convergência 281
   2.2. Os problemas pós-UEM 289
        2.2.1. Mecanismo de ajustamento conjuntural 295